El presente libro es una versión facsimilar de la edición original de El Colegio de México, que ha sido rescatada mediante un trabajo profesional de escaneo para mantener la obra en circulación.

CAMBIO ESTRUCTURAL
Y MOVILIDAD SOCIAL EN MÉXICO

CENTRO DE ESTUDIOS SOCIOLÓGICOS

CAMBIO ESTRUCTURAL
Y MOVILIDAD SOCIAL EN MÉXICO

Fernando Cortés
Agustín Escobar
Patricio Solís
coordinadores

EL COLEGIO DE MÉXICO

301.240972
C175

Cambio estructural y movilidad social en México / Fernando Cortés. Agustín Escobar. Patricio Solís. coordinadores. -- 1a ed. -- México, D.F. : El Colegio de México, Centro de Estudios Sociológicos, 2007.
382 p. ; 21 cm.

Incluye referencias bibliográficas.
ISBN 968-12-1302-5

1. Movilidad social -- México. 2. Empleo -- México.
I. Cortés, Fernando. II. Escobar, Agustín. III. Solís, Patricio.

Primera edición, 2007

Camino al Ajusco 20
Pedregal de Santa Teresa
10740 México, D. F.
www.colmex.mx

ISBN 968-12-1302-5 (versión original)
978-968-121-302-2 (versión facsimilar)

Impreso en México

ÍNDICE

PREFACIO

Los capítulos de Escobar y Cortés y de Rodríguez se basan en la encuesta del proyecto "Género, familia y trabajo", financiado por la Fundación Ford y el Consejo Nacional de Ciencia y Tecnología. La encuesta comprendió muestras aleatorias basadas en la Encuesta Nacional de Empleo Urbano en las ciudades de México, Guadalajara, Monterrey, Veracruz, Córdoba-Orizaba y Mérida. Se entrevistó a 24 000 individuos económicamente activos y se recopiló información de trayectorias inter e intrageneracionales de 16 000 trabajadores. Este mismo proyecto fue la base de la tesis de Hipólito Rodríguez, presentada en el CIESAS Occidente en 1996.

El trabajo de Patricio Solís, así como parte del capítulo de Solís y Zenteno, se apoyan en la Encuesta sobre Movilidad Ocupacional y Curso de Vida, aplicada a 1 200 hombres entre 30 y 60 años en el año 2000. Esta encuesta formó parte del proyecto de tesis de doctorado en sociología de Solís en la Universidad de Texas en Austin, y recibió financiamiento por parte del Population Research Center de esa Universidad, así como de la Andrew W. Mellon Foundation, el Population Council, y el Consejo Nacional de Ciencia y Tecnología.

La Encuesta Demográfica Retrospectiva Nacional (EDER), primera encuesta en recolectar historias de vida de una muestra representativa de hombres y mujeres residentes en todo el territorio nacional, constituye la principal base de datos en el análisis de Solís y Zenteno, de Emilio Parrado y Marie-Laure Coubés. Los datos de la

EDER conciernen a las generaciones de mexicanos nacidas en 1936-1938, 1951-1953 y 1966-1968, y sobrevivientes al momento de la encuesta. El levantamiento de la EDER, en 1998, fue posible gracias al auspicio del Consejo Nacional de Ciencia y Tecnología, El Colegio de la Frontera Norte, la Universidad Autónoma de Baja California, el Tecnológico de Monterrey y diversas instituciones académicas francesas y estadounidenses.

El capítulo de Gustavo Verduzco se basa en datos recopilados en 31 localidades rurales de los municipios de San Juan del Río, Tequisquiapan, Ezequiel Montes y Cadereyta en el estado de Querétaro. Se levantaron 756 encuestas aleatorias en hogares y se recogió información sobre 4 952 miembros de esos hogares. Este trabajo formó parte de una investigación sobre la construcción de capital social en comunidades campesinas, financiada por la Fundación Ford y realizada junto con Alfonso Castillo, director de la Unión Regional de Apoyo Campesino (URAC).

INTRODUCCIÓN

Agustín Escobar
Patricio Solís
Fernando Cortés

Los trabajos incluidos en este volumen presentan los resultados de investigaciones que examinan los cambios que se han producido en la movilidad social en México a raíz del abandono del modelo sustitutivo de importaciones, y su reemplazo por un modelo económico con preeminencia del mercado tanto interno como externo.

Hacia finales de la década de 1960 se hizo manifiesta la pérdida de dinamismo del viejo modelo estabilizador; su primera manifestación nítida fue la crisis cambiaria de 1976, que fue seguida por la primavera petrolera, interrumpida en 1982 por la crisis originada por el endeudamiento externo combinado con la caída internacional del precio del petróleo. Se intentó remontar la crisis de 1982 empleando un paquete de medidas ortodoxas de estabilización y ajuste que no tuvieron éxito en recuperar la senda del crecimiento económico dentro del marco del modelo sustitutivo de importaciones. El fracaso de esta estrategia, las presiones por el pago de la enorme deuda externa que se acumuló por el alza desmesurada en las tasas de interés y los cambios en la economía mundial generaron las condiciones para modificar la esencia del modelo económico —que lleva aparejada una serie de consecuencias sociales, una de las cuales es materia de este libro, pero claramente no son las únicas, piénsese, por ejemplo, en la evolución de la pobreza, de la distribución del ingreso, del sector informal, del acceso a la seguridad social etc.—, lo que llevó a que en diciembre de 1987 se declarara oficialmente muerto el antiguo modelo económico, esto sin perjuicio de que las medidas que darían origen al Consenso de Washington hubieran empezado a aplicarse años antes.

Con estos antecedentes la pregunta central puede replantearse con mayor precisión cuestionando si hubo cambios en los patrones de movilidad social a raíz de la modificación en la orientación del modelo —normalmente denominado cambio estructural— y cuáles fueron éstos. El interés se centra —dejando a un lado las especificidades de cada estudio— en el análisis de cuáles son las opciones para tener acceso a determinadas posiciones ocupacionales dado el origen social; tangencialmente se analiza si las "calidades de los puestos de trabajo" son las mismas en uno u otro modelo económico, pero no se problematiza respecto a los posibles cambios en la jerarquización de las ocupaciones.

Se retoma así uno de los viejos temas de las ciencias sociales en América Latina y particularmente en México. Son paradigmáticos los trabajos de Balán, Browning y Jelin sobre la movilidad social en Monterrey, en los sesenta, y los de Muñoz, Oliveira y Stern realizados en la Ciudad de México en el primer quinquenio de los setenta. En los casi 30 años transcurridos hasta hoy el tema no se ha tratado en investigaciones de esa envergadura, sino más bien se ha estudiado tangencialmente o en ámbitos geográficos reducidos.

El tema desaparece del horizonte de preocupación de la sociología por casi treinta años y al retomarse es clara la carencia de líneas de acumulación, que se manifiesta por lo menos en los siguientes aspectos.

En primer lugar, los orígenes de los trabajos incluidos en este volumen son diversos, lo que revela la inexistencia de un esfuerzo mancomunado. En efecto, algunos provienen de una investigación iniciada por Agustín Escobar en

1993, dentro de la cual se levantó una encuesta en seis ciudades del país, en 1994; otros se articulan en torno a la Encuesta Demográfica Retrospectiva (EDER) coordinada por Coubès, Zavala y Zenteno; uno más utiliza una encuesta realizada en la ciudad de Monterrey el año 2000, con información comparable a la del estudio realizado en 1965 por Balán *et al.*; este texto también contiene un trabajo cuya información proviene de una investigación de campo coordinada por Gustavo Verduzco, en el año 2000, en pequeñas localidades rurales del estado de Querétaro, cercanas a San Juan del Río y a Tequisquiapan.

En segundo lugar, difieren en las unidades de análisis. Se preocupan por seguir la pista tanto de la movilidad intergeneracional como de la intrageneracional; de la movilidad absoluta como de la relativa, que tienen lugar en ciudades grandes y medias así como en zonas netamente rurales.

En tercero difieren en la aproximación metodológica. Hay estudios que se basan en la tabla de movilidad social, siguiendo así el derrotero clásico trazado por los antecesores para la realización de este tipo de análisis. Otros emplean técnicas multivariadas más modernas, que echan mano de instrumentos estadísticos especialmente diseñados para tratar con variables dependientes no métricas; técnicas que tienen la virtud de identificar los factores asociados a la probabilidad de movilidad social relativa. Para culminar, el espectro de enfoques metodológicos se completa con investigaciones que utilizan técnicas de análisis etnográficos y sociológicos tradicionales.

En cuarto y último lugar, están las diferencias disciplinarias —sociología, antropología, demografía y sociodemografía— que marcan la multiplicidad de aproximaciones al objeto de estudio.

La diversidad que exhiben los estudios contenidos en los capítulos de este libro en cuanto al tipo de movilidad social que se analiza, la cobertura temporal y espacial, los enfoques y la aproximación disciplinaria, no es obstáculo para que los diferentes capítulos se integren en una totalidad. La atadura que le da unidad a este libro es que a pesar de que hubo cuatro equipos de trabajo, que laboraron de manera relativamente independiente a partir de la década de los noventa, compartieron la misma preocupación y se formularon la misma pregunta.

El primer capítulo del libro es el trabajo de Agustín Escobar y Fernando Cortés titulado "Modelo de acumulación de capital y movilidad social". En él se analiza la movilidad ocupacional intergeneracional en seis ciudades del país (Ciudad de México, Guadalajara, Monterrey, Mérida, Veracruz y Córdoba-Orizaba). Con base en una encuesta retrospectiva realizada en 1994 en el marco del proyecto "Género, familia y trabajo" coordinado por Agustín Escobar, se estiman los cambios en la movilidad entre la ocupación del padre y la primera ocupación del entrevistado a lo largo de tres periodos: antes de 1982, 1982-1988 y después de 1988. Esta periodización permite a los autores establecer una conexión entre los cambios observados en las tasas de movilidad ocupacional y el tránsito de un modelo de acumulación orientado hacia el mercado interno —la industrialización por sustitución de importaciones— a otro basado en la apertura económica, la reducción de la participación del Estado en la regulación de la economía y la orientación del crecimiento económico hacia los mercados internacionales.

Sus resultados muestran una caída importante en las oportunidades de acceso al estrato de profesionales, funcionarios y grandes patrones, particularmente entre los hombres provenientes de estratos bajos, así como una marcada reducción en la diversidad de destinos ocupacionales para los trabajadores provenientes de dichos estratos. Ambos resultados apuntan hacia una mayor rigidez del régimen de estratificación social a partir de 1988.

Además, es importante destacar que este capítulo es el único de los que se presentan en este libro que analiza la movilidad ocupacional de las mujeres, un tema que ha sido frecuentemente olvidado en los estudios de estratificación, pero que resulta imperativo retomar en la nueva generación de estudios de movilidad social, debido a la creciente incorporación de las mujeres al mercado de trabajo y a su papel cada vez más importante como proveedoras de recursos en la economía nacional.

El capítulo de Patricio Solís, titulado "Cambio estructural y movilidad ocupacional en Monterrey, México", también analiza las principales tendencias en la movilidad ocupacional intergeneracional, pero para el caso específico de la ciudad de Monterrey. Esta ciudad es interesante por dos razones. En primer lugar, ofrece la rara oportunidad en el contexto de América Latina en general, y de México en particular, de explorar las tendencias de largo plazo en la movilidad social, pues se dispone de los datos de la encuesta realizada en 1965 por Balán, Browning y Jelin (1977), así como de una encuesta coordinada por el autor del capítulo y levantada en el año 2000, que ofrece información comparable con la de 1965.

En segundo lugar, Monterrey representa un ejemplo de adaptación "exitosa" a los cambios estructurales de las dos últimas décadas, por lo que puede servir para ilustrar los efectos que tuvieron sobre lo que podría ser definido como el "mejor escenario posible" de la reestructuración económica. En este caso el análisis de la movilidad ocupacional toma como puntos de referencia la ocupación del padre al nacimiento del entrevistado y la ocupación de éste a los 33 años de edad. Los resultados revelan tres tendencias principales: la primera es la continuidad en la movilidad estructural ascendente, aunque ahora ligada a la expansión de los servicios en lugar de la industria manufacturera; la segunda es el incremento en la desigualdad de oportunidades entre estratos sociales respecto del acceso a las mejores ocupaciones, y la tercera es el deterioro de las retribuciones económicas asociadas a las ocupaciones no manuales, lo que sugeriría que existe una creciente disociación entre la movilidad ocupacional y la movilidad social efectiva.

Los siguientes tres capítulos tienen en común, además de su interés por la movilidad ocupacional, haber sido realizados a partir de la información levantada por la EDER, la primera encuesta que recopiló información de historias de vida a escala nacional en México, y que por tanto representa una fuente de datos con potencial para el análisis de la movilidad social.

El estudio de René Zenteno y Patricio Solís, intitulado "Continuidades y discontinuidades de la movilidad ocupacional en México", establece un diálogo directo con el capítulo precedente, al plantear la pregunta de qué tan generalizables al conjunto urbano nacional son dos de los resultados reportados para Monterrey: la continuidad de la movilidad estructural ascendente y la creciente desigualdad de oportunidades entre estratos sociales. Para responder a esta pregunta los autores realizaron algunas adecuaciones metodológicas que garantizan la adecuada comparación entre los datos de Monterrey y los de la EDER. Entre ellas destacan el cambio en la especificación de las cohortes estudiadas en Monterrey y el uso de técnicas de análisis idénticas en ambos contextos.

En contra de lo que podría argumentarse en torno a Monterrey como una excepción, los resultados sugieren que el panorama para el conjunto urbano nacional es bastante parecido al que presenta esta ciudad, aunque con algunas particularidades de relevancia. Así, por ejemplo, si bien en ambos universos se presenta cierta continuidad en las altas tasas de movilidad absoluta ascendente, en el caso de Monterrey ésta se vincula a una mejora en el estatus ocupacional de los hijos, mientras que en el conjunto urbano nacional se origina principalmente en el empeoramiento de la posición de origen, es decir, del estatus ocupacional de los padres.

A diferencia de los tres capítulos anteriores, el de Emilio Parrado, "La reestructuración económica y la movilidad intrageneracional de clase en México", analiza la movilidad ocupacional a lo largo de la trayectoria laboral de los individuos, esto es, la movilidad intrageneracional. Esta nueva mirada es importante, pues implica, por una parte, un cambio de temporalidad en los procesos estudiados, debido a que la movilidad intrageneracional suele tener lugar en un intervalo de tiempo más corto que la intergeneracional, y por otra, un cambio de unidad de análisis, ya que la posición de origen no es la del padre sino la que tuvo el propio individuo en un momento anterior en el tiempo. El estudio utiliza modelos estadísticos de tiempo discreto para analizar dos clases de eventos: la movilidad hacia tipos determinados de ocupaciones y la movilidad que tiene una dirección específica, ya sea ascendente o descendente. El análisis se restringe a las trayectorias ocupacionales entre los 8 y los 30 años de edad, lo que permite establecer los vínculos entre la experiencia de las tres cohortes de nacimiento (1936-1938, 1951-1953 y 1966-1968) y los procesos de crisis y cambio estructural que experimentó el país desde fines de los años setenta. Los resultados apuntan hacia una reducción de las oportunidades de movilidad ocupacional ascendente en la cohorte más reciente, lo cual se refleja, por un lado, en las menores probabilidades de llegar a ocupar posiciones de alta jerarquía, y por el otro, en la reducción de los momios de movilidad ocupacional ascendente y el correspondiente incremento en los momios de movilidad descendente.

Marie-Laure Coubès, en su capítulo "Movilidad ocupacional en el cambio del modelo económico: la transición hacia un micronegocio dentro de las trayectorias laborales", distingue su análisis de los precedentes al no centrar su interés en la movilidad entre distintas posiciones en la jerarquía ocupacional, sino en las transiciones hacia ocupaciones en micronegocios. Este vuelco en el tipo de movilidad permite visualizar otros aspectos del cambio estructural que se prefiguran en los trabajos que le anteceden, pero que aquí se estudian directamente. Entre dichos aspectos se encuentra la tendencia, documentada en la investigación reciente sobre los mercados de trabajo en México, hacia la precarización del empleo, que se expresa parcialmente en la reducción del tamaño de las unidades económicas.

El trabajo de Coubès permite vincular con claridad estas tendencias estructurales con la trayectoria ocupacional de los individuos, pues documenta el incremento en la probabilidad de tránsito hacia ocupaciones en micronegocios para los individuos pertenecientes a la cohorte más joven de la EDER, es decir, aquellos cuyas trayectorias ocupacionales tuvieron lugar luego del cambio estructural de finales de los años ochenta, en un contexto de contracción del empleo industrial tradicional y creciente expansión del empleo informal. Llama la atención que este incremento en las probabilidades de transitar a ocupaciones en micronegocios no se asocie a ramas de actividad específicas (por ejemplo, el comercio), lo que parecería indicar que no se trata de un fenómeno localizado en sectores determinados de la economía sino que tienes raíces estructurales más profundas.

Hipólito Rodríguez, en "La movilidad ocupacional en la ciudad de Veracruz", propone otro análisis local en el contexto del tránsito del modelo ISI al nuevo. Se basa en la encuesta del proyecto "Género, familia y trabajo", que también utilizan Escobar y Cortés. Se distingue por su análisis tanto de la movilidad inter como intrageneracional. Si el capítulo sobre Monterrey aporta el caso de una ciudad que siempre se estructuró como conjunto social a partir de la industria privada, el de Rodríguez muestra el impacto del mismo tránsito en una región donde la industria o bien era pública o bien dependía estrechamente de grandes paraestatales como Pemex.

Sorprende la magnitud de los cambios observados, derivados de la catastrófica caída del empleo manufacturero, al mismo tiempo que los estratos superiores muestran un dinamismo no despreciable. Si bien el trabajo de Rodríguez concuerda con el resto del volumen respecto de la caída de las oportunidades relativas de movilidad ascendente, es de especial interés porque muestra una activa circulación de personas entre los dos estratos medios (no manual bajo y manual alto) de la estructura ocupacional. Esto no obsta para explicar por qué el estado de Veracruz, y la ciudad misma, se han convertido en poco tiempo en fuertes expulsores de población.

El último capítulo, intitulado "Trayectorias laborales de habitantes rurales: un estudio de caso en una zona del centro de México", de Gustavo Verduzco, a diferencia de todos los anteriores, se basa en información levantada en pequeñas localidades rurales —la mayoría tenía menos de 1 500 habitantes— cuya actividad principal en el pasado fue la agricultura. Dichas localidades están en municipios de Querétaro, estado que experimentó un desarrollo industrial tardío.

A consecuencia del decaimiento del sector agrícola —no sólo por la competencia de los productos importados, sino también por el cambio de política agraria— y del avance del proceso de industrialización —aunque modesto en la zona— experimentado por San Juan del Río y Tequisquiapan, los miembros de la segunda generación —los hijos de los antiguos agricultores— tendieron a insertarse en otros trabajos mejor ubicados en la estratificación social, tales como: construcción, manufactura y otros servicios diversos, entre los cuales empiezan a aparecer empleados, profesionistas, secretarias y choferes.

La transformación económica de la zona, unida a la geografía plana en un país en que predomina la topografía accidentada, en combinación con la movilidad social absoluta ascendente, crearon condiciones económicas favorables al arraigo de los habitantes más jóvenes de la zona, constituyéndose así en un freno a la emigración con destino a las grandes ciudades del país o a Estados Unidos.

MODELOS DE ACUMULACIÓN DE CAPITAL Y MOVILIDAD SOCIAL: UN ESTUDIO EN SEIS CIUDADES MEXICANAS

FERNANDO CORTÉS
AGUSTÍN ESCOBAR LATAPÍ

RESUMEN

Con base en una encuesta retrospectiva de movilidad social aplicada en seis ciudades mexicanas, los autores estiman los cambios en las oportunidades absolutas y relativas de acceso a los estratos altos de la estructura socioocupacional urbana en México. Se analiza la movilidad intergeneracional en tres periodos: antes de 1982, de 1982 a 1988, y después de 1988. Los resultados muestran una caída notable de las oportunidades de acceso al estrato de profesionales, funcionarios y grandes patrones. Esta caída no es lineal. Afecta en primer lugar a los originarios de los estratos más bajos, en segundo lugar a los originarios de los estratos privilegiados, y casi no afecta a los originarios de los estratos medios de la estructura socioocupacional. También se hace un análisis de la evolución de las oportunidades absolutas y relativas según el género, tanto intragénero como intergénero, para entender la evolución de las oportunidades de hombres y mujeres de todas las clases sociales.

INTRODUCCIÓN[1]

Desde sus orígenes a principios del siglo XX, el estudio de la movilidad social ha debatido la articulación entre sistemas de movilidad social y sistemas económicos. La naturaleza de esta relación se discute en los estudios pioneros sobre movilidad social en Estados Unidos (Sorokin, 1927), y se amplía al resto del mundo industrial de Occidente posteriormente (Lipset y Zetterberg, 1959). A partir de los años setenta, la mayor parte de los estudios de movilidad social giran en torno a la llamada "hipótesis FJH" (Featherman, Jones y Hauser, 1975; Erikson y Goldthorpe, 1992), que afirma que los sistemas de movilidad social de las sociedades industriales occidentales son sustancialmente fluidos y homogéneos.

Dicha discusión constituye un punto de enfrentamiento crucial entre los sociólogos liberales y los materialistas. Para los primeros, la estructura económica industrial y posindustrial basada en el mercado, por sí misma y con mayor razón gracias a las reformas de los mercados, acarrea una ampliación relativamente constante de las oportunidades para la movilidad social, es decir una igualación de oportunidades. Los segundos sostienen una diversidad de posiciones que coinciden en afirmar que dicha tendencia no existe (Goldthorpe, 1987; Erikson y Goldthorpe, 1992; Haller, 1990). Así pues, en estos análisis es crucial la noción de una relación estrecha entre el sistema económico y el de movilidad social. Pero hay poco consenso cuando se discute exactamente qué es lo que se pone en relación, y qué

[1] El material aquí analizado proviene del proyecto "Género, familia y trabajo", que recibió financiamiento de la Fundación Ford (Donativo 93-0649), del Conacyt y del CIESAS. Varias versiones preliminares fueron generosa y acertadamente comentadas por M. González de la Rocha, Rosa Ma. Rubalcava y B. García.

procesos económicos concretos producen cambios en los sistemas de movilidad social.

Ahora bien, los niveles absolutos de movilidad social están definidos tanto por variables exógenas a ésta (división social del trabajo, dinámica demográfica, crecimiento económico, urbanización), como endógenas (todos los factores que definen las capacidades, el nivel, las formas y los resultados de la competencia por las mejores posiciones sociales). Según la formulación de Featherman, Jones y Hauser y de muchos otros analistas, el estudio importante debe hacerse al nivel del "genotipo", es decir, de los factores endógenos al sistema de movilidad social, una vez que se ha limpiado el análisis de todas las variables exógenas. Este análisis define el grado de "apertura" o "fluidez" del sistema de movilidad social[2] independientemente de los altibajos del crecimiento económico y demográfico.

Estas ideas pueden explorarse en Latinoamérica, que ha transitado de un modelo de acumulación (orientado hacia el mercado interno) que produjo la urbanización, el crecimiento y el desarrollo de la región a otro que, en términos generales, ha mostrado un deterioro del crecimiento económico, de la capacidad del Estado para manejar las nuevas circunstancias internacionales, y de las condiciones de igualdad y desigualdad económica y social. En México se han estudiado ampliamente las consecuencias de este tránsito sobre los niveles de pobreza y de desigualdad del ingreso (Boltvinik y Hernández Laos, 1999; Cortés, 2000; Rubalcava, 1999). Al mismo tiempo, se conoce la evolución de la población y de la creación de empleo (CONAPO, 2000a, b, c, Escobar, 2000a). Lo que hasta hoy prácticamente no se ha estudiado es la relación entre el cambio de modelo económico y el grado de apertura del sistema de movilidad social.

[2] Una vez más, dentro del campo hay un debate considerable sobre la definición y la medición de estas tasas.

Además, por el deterioro del crecimiento y las notables oscilaciones económicas, es imprescindible realizar este análisis con una metodología que permita aislar el genotipo del sistema de movilidad, conforme nuestros países transitan entre periodos sustancialmente distintos y grandes oscilaciones económicas y demográficas.

Este análisis se puede desarrollar en dos etapas. En la primera se establece el nivel general de incorporación de los individuos a cada estrato o clase social, es decir, las oportunidades absolutas de movilidad. Dichas oportunidades están fuertemente influidas por el nivel de crecimiento económico y demográfico. En la segunda se estudian las oportunidades relativas, es decir, el nivel de desigualdad en las condiciones de competencia independientemente del desempeño económico y demográfico. Éste es, propiamente, el análisis "endógeno" del sistema de movilidad social. Muchas veces la discusión confunde los cambios en los niveles de participación o en la distribución ocupacional con cambios en las condiciones de desigualdad en la competencia por alcanzar las máximas posiciones socio-ocupacionales. Por ejemplo, en general hoy hay más mujeres en el mercado de trabajo y en puestos altos, pero estos hechos, por sí mismos, no indican una apertura del sistema de movilidad social. Es decir, el hecho de que más mujeres lleguen a posiciones altas no dice nada acerca de las condiciones y barreras que enfrentan para llegar a ellas, puesto que hoy compiten muchas más mujeres que antes. Para eso hace falta un análisis específico que muestre la evolución de la desigualdad en su competencia con mujeres de otras clases y con los hombres, es decir, un análisis de oportunidades relativas según clase y género.

Éste es el objeto del presente trabajo, que explora el cambio en la apertura de los sistemas de movilidad cuando las ciudades mexicanas transitaron de la "industrialización por sustitución de importaciones" (ISI) a un periodo de crisis, ajuste e incertidumbre (fase de transición), y finalmente (hasta hoy) a un tercero que llamamos "reestructuración". Para nosotros, y en este texto, el análisis a nivel del genotipo del sistema de movilidad social se puede definir como el *análisis de las oportunidades relativas de movilidad social según clase y género, y más concretamente como el análisis de momios y razones de momios de todos los grupos sociales respecto de la clase más alta de la estructura ocupacional.*

El análisis se basa en una encuesta aleatoria de hogares e individuos en seis ciudades mexicanas (Ciudad de México, Guadalajara, Monterrey, Mérida, Veracruz y Córdoba-Orizaba), parte medular del estudio "Género, edad, familia y trabajo en el México urbano". Aunque con limitaciones, se trata de la encuesta más amplia sobre movilidad social realizada en México y, por su cobertura, pensamos que refleja las condiciones generales de la estructura social urbana.

Antecedentes

Los sistemas de movilidad social fueron estudiados en México durante los años sesenta y principios de los setenta. En estos estudios el análisis de la movilidad social se relacionaba con la rápida urbanización mexicana y con la inserción desigual de la población en el proceso de modernización del trabajo y del empleo que se observaba entonces: expansión del aparato de Estado y de los servicios sociales, así como de las funciones de servicios en las empresas (Balán, Browning y Jelin, 1973; Muñoz, Oliveira y Stern, 1977; Contreras, 1978).

Sus aportaciones son las siguientes: *1)* establecen la desigualdad en los logros de los individuos según la clase de origen, *2)* destacan la influencia del origen migratorio y de la "exposición" al medio urbano en los logros y *3)* permiten distinguir la movilidad social estructural de la movilidad circular.

Sin embargo, esas investigaciones tienen cuatro limitaciones: *1)* se refieren a una sola ciudad, la ciudad de México o Monterrey, y no son comparables entre sí; *2)* se restringen a hombres; *3)* no ofrecen un análisis de los cambios en el sistema de movilidad social propiamente dicho, es decir, en las características "endógenas" o de desigualdad de la movilidad social, y *4)* carecen de una reflexión sobre la heterogeneidad estructural de las ocupaciones, los estratos y las clases sociales, por lo que ésta no se incorpora al análisis de la movilidad.

Estas limitaciones definen los principales retos para las investigaciones contemporáneas sobre movilidad social. Sin embargo, el principal desafío para los nuevos análisis reside en conocer cómo y cuánto han variado los componentes básicos de la movilidad social, para contar con un diagnóstico histórico de mediano plazo sobre la apertura o cerrazón de los sistemas de estratificación y movilidad en nuestros países. Esto es primordial dada la profundidad de los cambios económicos e institucionales en las sociedades de América Latina.

El peso de la ciudad de México ha disminuido. México es hoy un país menos primado que antes, y las ciudades más dinámicas son las medianas. Por esta razón el análisis, si bien debe incluir a las principales ciudades, también debe poderse generalizar al sistema urbano en su conjunto.

Las mujeres deben incluirse. Ya es inaceptable la premisa de que la clase o el estrato social se basan de manera predominante en el empleo del jefe de hogar varón; ya no se puede aceptar, si se considera la duplicación de las tasas de participación femenina, la reestructuración económica —que puede afectar más a los hombres que a las mujeres— y el crecimiento de los hogares encabezados por mujeres (Payne y Abbott, 1990).

El análisis que se presenta a continuación busca superar estos retos. Su principal contribución estriba en el establecimiento de los niveles de cambio en las oportunidades absolutas y relativas de movilidad social con el cambio de un modelo de acumulación a otro, y en la interacción entre la creciente participación de las mujeres en el empleo y las condiciones generales del sistema de movilidad.[3]

OBJETIVOS E HIPÓTESIS DEL PRESENTE ANÁLISIS

El presente análisis se propone medir el cambio en las oportunidades de acceso a ocupaciones superiores en las ciudades mexicanas. El primer eje de esta medición es la clase social.[4] Para esto se diseña una estratificación específica. El segundo es el tiempo. Se analizan las carreras ocupacionales de individuos que se insertaron en el empleo antes de

[3] Sin embargo, quedan muchos otros problemas para futuros trabajos. Cabe mencionar dos: las reformas económicas no redujeron, sino que reafirmaron, la heterogeneidad estructural del empleo en América Latina, donde por una parte hay un sector de empleos corporativos o públicos modernos regidos por normas burocráticas, y por otra se encuentran contingentes crecientes de personas en circuitos o economías "negras", informales o el autoempleo. ¿Deben los análisis de movilidad social crear por lo menos dos sistemas de movilidad, cada uno identificado con un sector de empleo? ¿Cómo deben reconocer esta diversidad? ¿Hay suficiente tránsito entre estos sectores como para hablar de un solo sistema? ¿Es uno de los dos una "trampa" para los que ingresan, o son ambos sectores "abiertos", lo cual indicaría que en conjunto constituyen un solo sistema? Otro reto analítico está en la relevancia creciente de la exclusión ocupacional y social en América Latina, que implica un análisis que rebasa al centrado en las ocupaciones.

[4] Estamos conscientes de la ambigüedad del término "clase social" cuando se refiere a conglomerados sociales que comparten niveles educativos, de ingresos y de posición en la escala social, más que relaciones de producción. En algunos casos se usará, por esta razón, el término "estrato social". Sin embargo, cabe hacer notar que en este texto ambos términos se usan como sinónimos.

1982, entre 1982 y 1988, y después de 1988, con lo cual contrastamos las oportunidades relativas de los individuos de distintas clases sociales durante el periodo de ISI, los años de transición comprendidos entre 1982 y 1988, y la reestructuración económica posterior. Se incorpora una variable más: el género, con el fin de establecer si las mujeres compiten hoy en las mismas condiciones de desigualdad (de género y de clase) que antes de 1982.

La importancia de un análisis empírico de estos fenómenos es vital porque durante estos periodos operan fuerzas opuestas sobre los sistemas de movilidad. El estancamiento del crecimiento de los puestos modernos y no manuales en su conjunto puede llevar a algunos grupos privilegiados a poner en práctica mecanismos de restricción del ingreso, lo cual produce cerrazón del sistema y acentuación de la desigualdad de acceso. Por otra parte, los patrones privados y el Estado han buscado emplear en estos puestos a personas con menores demandas salariales y de seguridad, lo cual puede llevar a más apertura (y a una disminución correlativa del privilegio). Las instituciones sociales que producen cierta equidad para la competencia (subsidios a los alimentos básicos, servicios educativos gratuitos, servicios de salud universales) también están en proceso de reestructuración, aunque no se puede decir que en México se observe una clara disminución de su influencia. Los subsidios vía precios a alimentos y servicios básicos se han desmantelado. Los servicios educativos públicos han ampliado su cobertura. Los servicios "abiertos" de salud también lo han hecho, pero el sistema más desarrollado (el de salud ligado al empleo, provisto por el Instituto Mexicano de Seguridad Social, IMSS) cubre hoy a una proporción menor de la fuerza de trabajo, por el aumento de la informalidad. En otras palabras, durante el proceso de crisis, transición y reestructuración, mientras estos sistemas funcionen, es probable que su efecto sea promover la equidad y la apertura del sistema de movilidad social. En tanto entren en crisis, por el contrario, se puede producir una mayor cerrazón. Por último, la rápida expansión de programas sociales "focalizados" que promueven la salud y la educación también deberá poder evaluarse en términos de equidad en la movilidad social, aunque sus efectos todavía no son observables.[5]

Los hogares compensaron parcialmente el descenso salarial real a través del aumento de la participación laboral de las mujeres y los jóvenes (González de la Rocha y Escobar, 1986; González de la Rocha, 1988; Oliveira, 1988; Selby *et al.*, 1990; De Barbieri, 1989; Cortés y Rubalcava, 1991; Tuirán, 1993; González de la Rocha, 1994: 136-139; Escobar y González de la Rocha, 1995; Hernández-Licona, 1997: 547-560). Hoy, la participación de las mujeres en el empleo (39%) es de aproximadamente el doble de lo que fue en 1979 (García y Oliveira, 1994, INEGI: BIE, 2002). Si esta intensificación del empleo disminuye la carrera educativa de los jóvenes y las mujeres pobres, entonces se podría observar una mayor desigualdad. Pero si el incremento se distribuye de manera igual entre todas las clases sociales, entonces tal vez no se observe una variación.

Además de que operan fuerzas opuestas, durante estos periodos es probable que sucedan cambios en la naturaleza del mercado de empleo. Nos referiremos sólo a dos. En primer lugar, es posible que el significado de llegar a "la cima" de la jerarquía ocupacional cambie. En otras palabras, puede suceder que el creciente poder de los patronos acarree

[5] En México, el PROGRESA (hoy OPORTUNIDADES) comenzó a operar en 1997 en comunidades rurales marginadas, y no incluyó zonas urbanas pobres sino hasta 2001 y 2002. Este programa otorga transferencias monetarias a familias pobres (4.2 millones en 2002), con la condición de que envíen a sus hijos a la escuela y que cumplan con programas de salud (Escobar, 2000b y 2000c).

una "degradación" de estas posiciones superiores respecto de las inferiores, y que por lo tanto el acceso a ellas retribuya menos que antes, o que esto suceda por lo menos en un sector del empleo (el sector público, por ejemplo). Reyes Heroles (1983) ya había notado los inicios de un proceso de este tipo en la segunda mitad de los años setenta, cuando el diferencial de ingresos manual / no manual se redujo perceptiblemente, y Solís (2002) ha observado esto en un análisis reciente de movilidad ocupacional y de ingresos en Monterrey. En segundo lugar, puede suceder que el estancamiento de los niveles no manuales y superiores lleve a una estructuración más larga de la carrera, es decir, a la multiplicación de los pasos intermedios entre su inicio y su culminación. Esto puede querer decir que las carreras empezarán más abajo, aunque algunos de los que inician en posiciones inferiores a las de cohortes anteriores puedan llegar también a las posiciones más altas, aunque más tarde en su carrera.

En suma, durante una época de cambio de modelo económico hay un conjunto importante de fuerzas que operan en sentidos múltiples sobre la estructura social y del empleo, y algunas producen cambios en la naturaleza de dicha estratificación. Pero esto no obsta para que, con las fuentes y métodos adecuados, se pueda establecer el rumbo y el significado del cambio económico en la apertura o cerrazón de la estructura social del empleo.

CONSIDERACIONES METODOLÓGICAS Y EL MODELO DE ANÁLISIS

Introducción

Este trabajo se limita a indagar hasta qué punto y de qué manera se han producido cambios en los patrones de movilidad laboral, tanto de hombres como de mujeres, *vis a vis* las fases por las que ha atravesado la economía mexicana durante las últimas cinco décadas. El trabajo se propone buscar respuestas a la siguiente pregunta: ¿ha habido cambios en los patrones de movilidad de clase y de género?, y si ésta es positiva, identificar el sentido de los cambios.

Con este propósito se analiza una de las principales bases de datos del proyecto "Género, familia y trabajo", dirigido por Agustín Escobar. Se trata de un cuestionario amplio, aplicado a una muestra aleatoria de 11 800 hogares, en seis ciudades (México, Guadalajara, Monterrey, Mérida, Veracruz y Córdoba-Orizaba), que respondieron 25 000 personas mayores de 18 años. La cédula inquiría sobre la historia migratoria, educativa, laboral y familiar tanto de *ego* como del responsable económico cuando aquél tenía 14 años. El cuestionario se adicionó a la Encuesta Nacional de Empleo Urbano (ENEU), encuesta que levanta trimestralmente el Instituto Nacional de Estadística Geografía e Informática (INEGI) en 44 ciudades mexicanas. Dada la naturaleza de la investigación, se tuvo especial cuidado en evitar los sesgos promasculinos característicos de las encuestas clásicas de movilidad social. Los detalles de su diseño y sus resultados se encuentran en Escobar (1996).

El modelo

El análisis de la movilidad social se realiza entre seis estratos ocupacionales que, jerarquizados desde la cúspide a la base, fueron los siguientes:

(I) Profesionales, funcionarios y patrones de más de cinco trabajadores.
(II) Técnicos y empleados.

(III) Pequeños patrones y trabajadores autoempleados no profesionales.
(IV) Trabajadores capacitados de la industria y trabajadores formales en los servicios.
(V) Trabajadores no capacitados de la industria y trabajadores informales en los servicios.
(VI) Ejidatarios y pequeños propietarios rurales y jornaleros.

El cuadro 1 muestra que el ingreso medio de ego, según los estratos de ocupación, disminuye sistemáticamente desde la cima a la base de la jerarquía.

Nótese que el ingreso mensual de los profesionales, funcionarios y patrones de más de cinco trabajadores (estrato I) resulta ser 3.25 veces el ingreso que alcanzan los técnicos y empleados (estrato II) y 3.3 veces el promedio; desde el segundo estrato en adelante el descenso es monótono y suave.

Cuadro 1 Estratos ocupacionales e ingreso medio de *ego*[6]

Estratos	*Ingreso por mes en eltrabajo principal*
I	1 403.1
II	430.6
III	404.3
IV	274.8
V	245.0
VI	201.8
Total	427.6

Nota: en dólares de 1994.

[6] Todos los cuadros se basan en material de la encuesta de este proyecto.

Cuadro 2. Estratos ocupacionales y niveles de instrucción[7]

Estratos	*Sin estudios*	*Primaria incompleta*	*Primaria completa*	*Secund. incompleta*	*Secund. completa*	*Med-sup income.*	*Med-sup. completa*	*Superior incom.*	*Superior completa*	*Posgrado*	*Sin datos*	*Total*	*Total de casos*
I	0.0	0.6	2.0	0.6	4.8	1.2	3.0	5.2	71.7	10.9	0.0	100.0	1 280
II	0.9	3.9	10.3	5.3	37.6	6.7	11.6	8.1	15.1	0.7	0.0	100.0	5 657
III	9.3	18.9	26.4	6.5	19.7	3.4	4.6	3.5	7.0	0.9	0.0	100.0	3 251
IV	3.7	14.6	30.0	9.6	28.4	6.2	4.9	1.5	1.1	0.0	0.0	100.0	3 567
V	6.3	18.3	29.8	8.2	26.2	4.3	4.3	1.8	0.8	0.0	0.0	100.0	2 367
VI	4.0	22.0	26.0	10.0	24.0	0.0	0.0	10.0	4.0	0.0	0.0	100.0	50
Total	3.9	11.2	20.1	6.5	27.6	5.1	6.9	4.6	12.7	1.3	0.0	100.0	16 172

[7] En México, el nivel primario incluye seis años de escolaridad básica; el secundario tres más, y el medio superior otros tres. El superior equivale al universitario.

La polarización que muestra el cuadro es un reflejo de la desigual distribución del ingreso en México.

Por otra parte, los niveles de instrucción disminuyen sistemáticamente en la medida que descienden los estratos ocupacionales.

De este cuadro vale la pena destacar que: *1)* los niveles de instrucción de las personas que están en el estrato superior (I) se diferencian claramente de los restantes; su distribución está concentrada en la educación superior completa y el posgrado; *2)* los técnicos y empleados se caracterizan por el predominio de los niveles de instrucción secundaria y superiores, y *3)* a partir del tercer estrato predominan los niveles más bajos de instrucción.

En este trabajo se estudia la movilidad entre el estrato ocupacional del primer empleo de *ego* y el del responsable económico del hogar cuando *ego* tenía 14 años. Se trata, entonces, de la movilidad a los primeros empleos de hombres y mujeres pertenecientes a todas las clases sociales urbanas.[8]

La medición de la movilidad social debe tener en cuenta que en una muestra de personas cuyas edades fluctúan entre 18 y más de 97 años, hay que diferenciar entre los cambios en la estratificación ocupacional que se originan en el espectro de oportunidades que ofrece la estructura econó-

[8] Si las oportunidades laborales se hubiesen mantenido constantes a lo largo del tiempo, el aumento sistemático en los años de escolaridad a través de las generaciones habría hecho que *ego* hubiese ingresado al mercado laboral a edades más tardías que el responsable económico, y bajo el supuesto de una relación positiva entre educación y ocupación, los datos tenderían a registrar mayores logros que si se hubiese mantenido constante el nivel educativo al momento del ingreso al trabajo.

Este sesgo en la selección de los casos juega en contra de la hipótesis sostenida en este trabajo de una persistente disminución de la movilidad social. Si la hipótesis no es refutada quiere decir que es robusta.

mica, comúnmente denominada movilidad estructural, de aquella que está condicionada por la clase de origen del sujeto. Por ejemplo, está ampliamente documentado que la expansión de los servicios que experimentó la economía mexicana en los setenta acrecentó las oportunidades laborales de las mujeres; en consecuencia, parte de la movilidad social de ellas respondió al ensanchamiento de las oportunidades que les brindó la evolución de la estructura económica. Se necesita entonces un método que mida la desigualdad de los logros de distintas personas y no sólo su movilidad ascendente o descendente absoluta.

Suelen distinguirse tres periodos por los que habría pasado la economía mexicana durante las cinco últimas décadas, a saber: la época del desarrollo estabilizador que fenece con la crisis de 1982, aunque sus padecimientos empiezan a comienzos de los setenta y se manifiestan dramáticamente en la crisis de 1976; el periodo de transición en que coexisten las orientaciones de políticas de la época del desarrollo sustitutivo con las que serían propias del tercer periodo; la última fase sería la del cambio estructural cuyo inicio se data en 1988 y que podría caracterizarse por la fórmula "más mercado y menos Estado" (Cortés, 2000).

Si a cada uno de estos tres periodos corresponden estructuras económicas cualitativamente distintas, entonces deberían registrarse alteraciones significativas en los patrones de movilidad ocupacional urbana. Por ejemplo, es sabido que uno de los rasgos destacables del modelo sustitutivo de importaciones (Fase I) fue, entre otros, el acentuado crecimiento de los empleos típicos de la clase media; a su vez, las notas predominantes del cambio estructural (Fase III) han sido, por lo menos hasta los albores del siglo XXI, el aumento de la pobreza y la acentuación de la polarización social al nivel mundial (Banco Mundial, 2000; UNRISD, 2000: 11-13), y México no ha sido la excepción (Hernández Laos, 2001: 56-67 Y 98-119).

Habida cuenta de las tres fases por las que habría pasado la economía mexicana a lo largo de la segunda mitad del siglo XX, se procedió a dividir la muestra en tres, según la edad del entrevistado: hasta 26 años, de 27 a 35 años, y de 36 o más años. Estas categorías sitúan al responsable económico ya sea en el mismo periodo de *ego* o bien en el inmediatamente anterior, tal como se observa en el cuadro 3 (recuérdese que la información del responsable económico está referida al año en que *ego* tenía 14 años).

Esta división de la población permite realizar el análisis entre y dentro de cada uno de los tres periodos señalados. En sentido estricto, el estudio dentro de las fases informa acerca de la movilidad social, manteniendo constante la movilidad estructural, sin embargo, este control sólo será

Cuadro 3. Periodos de la economía de la primera ocupación de *ego* y del responsable económico, cuando *ego* tenía 14 años, según grupos de edad

Grupos de edad	Ego	*Antecesor (Padre de* ego *o responsable económico)*[9]
1. De 18 a 26 años	(III, II)	(III, II)
2. De 27 a 35 años	(II, I)	(I)
3. De 36 y más años	(I)	(I)

I: desarrollo estabilizador, 1982 y antes; II: transición, 1983 a 1987, y III: cambio estructural 1988 a 1994.

[9] La categoría "padre o responsable económico" se refiere al padre (cuando vivía con *ego*) o, en su defecto, al principal aportador económico de la unidad doméstica donde vivía *ego* a los 14 años. En el caso de las personas que ingresaron al mercado de trabajo en el periodo I, se trata del padre en 86% de los casos. En el caso de los que lo hicieron después, es el padre en 91% de los casos.

parcial pues los intervalos contiguos se solapan. Esta imprecisión en los cortes empíricos debe superarse para alcanzar resultados depurados.

Ahora bien, se simbolizará por P_{ije} la probabilidad de que una persona que pertenece al grupo de edad *e* tenga un empleo del estrato *j* dado que el responsable económico estuvo en el estrato *i* cuando aquel tenía 14 años. Sin embargo, para simplificar la exposición y la notación se decidió no considerar el subíndice *e*, lo que equivale a limitar las probabilidades y los análisis a un grupo cualquiera. Esta decisión no altera, pero sí simplifica, la exposición de este apartado, en tanto que equivale a suponer que lo que se afirma para un grupo de edad se puede extender legítimamente a los dos restantes. Este supuesto es plenamente válido en lo relativo a la forma del análisis pero no en cuanto a la sustancia. En consonancia con esta decisión, de aquí en adelante las probabilidades de transición se simbolizan por P_{ij}.

Sean A_i y B_j los estratos ocupacionales del responsable económico y de *ego*, respectivamente, donde i, j = 1, 2, 3, 4, 5, 6. El subíndice 1 representa la categoría "Profesionales, funcionarios y patrones de más de cinco trabajadores"; el 2, "Técnicos y empleados", y así sucesivamente hasta llegar al 6, "jornaleros". Las 36 probabilidades de transición entre los seis estratos del responsable y los seis de *ego* se pueden escribir como:[10]

$$P\left[B_j / A_i\right] = P_{ij} \text{ con i, j} = 1, 2, 3, 4, 5, 6.$$

Las estimaciones de las probabilidades de transición para los tres periodos se encuentran en el anexo I. Los cálcu-

[10] Estas probabilidades de transición se refieren a sólo un grupo de edad; como hay tres, entonces se tendrá un total de 108 probabilidades de transición (36 multiplicado por 3).

los informan acerca de la proporción de "sucesores" que alcanzaron cada uno de los seis estratos, dados los estratos de los "antecesores". Estos datos son bastante informativos en el caso de que no haya habido cambios en la estructura de oportunidades, o de que éstos hayan sido paulatinos y el tiempo de observación breve, o bien que la estructura económica no haya experimentado alteraciones significativas durante el periodo en análisis. Ninguna de estas situaciones caracteriza al México de la segunda mitad del siglo XX, por lo que las probabilidades de tránsito no sólo dependen del estrato del responsable sino también de los cambios en la estructura.

Con base en las probabilidades suelen calcularse los momios que se definen como el cociente entre la probabilidad de moverse y no moverse entre los estratos i y j.

$$M_{ij} = \frac{P_{ij}}{1 - P_{ij}} \quad \text{i, j} = 1, 2, 3, 4, 5, 6$$

Si esta medida es 1, entonces es igualmente probable moverse que no moverse entre los estratos i y j, y si es cero, no hay posibilidad alguna de transitar entre esos dos estratos; valores mayores que 1 indican que la probabilidad de transitar de i a j es mayor que la probabilidad de no hacerlo, y menores que 1 indican exactamente lo contrario.

Los análisis que se presentan en la siguiente sección se limitan a los momios de alcanzar el estrato de los "Profesionales, funcionarios y patrones de más de cinco trabajadores". Es cierto que esta decisión hace que el análisis sea parcial, pero tiene la ventaja, por otra parte, de permitir centrarse en la clase I, que es la más significativa en cuanto a logros, no sólo por ser la superior sino porque la distancia de educación y de ingresos con el resto es mayor que la que se observa entre las otras categorías (véanse los cuadros 1 y 2).

Una razón adicional para considerar el momio respecto a la clase I, es de carácter netamente conceptual. En efecto, el análisis de la movilidad social por género habitualmente concluye que las mujeres muestran *mayor movilidad ascendente que los hombres*. Este resultado está distorsionado por la gran cantidad de mujeres hijas de trabajadores manuales que desempeñan labores bajas no manuales en comercio y oficinas. Es claro que esta deformación se evita al seleccionar el movimiento hacia la clase de "Profesionales, funcionarios y patrones de más de cinco trabajadores".[11]

Ahora bien, la ecuación referida a los momios se especifica, cuando se definen respecto a la clase I, de la forma siguiente:

$$M_{i1} = \frac{P_{i1}}{1 - P_{i1}} \quad i = 1, 2, 3, 4, 5, 6$$

Ahora bien, en el caso particular en que el estrato social de origen de *ego* también sea el más alto (I), es decir, i = 1, se define el momio M_{11}; éste mide la capacidad de absorción de la clase I pues indica cuán probable es para los descendientes cuyos antecesores estuvieron en la cima, en esta sociedad y en el periodo económico correspondiente, retener la posición en la cúspide de la pirámide social. Desde i = 2 hasta i = 6 los momios representan cuánto más probable es alcanzar el estrato I que no alcanzarlo si el responsable del hogar se ubicó en los estratos II, III, IV, V o VI de la jerarquía social.

M_{11} será superior a 1 si la proporción de *egos* que mantuvieron la clase de sus antecesores es mayor que la proporción que descendió a cualquiera de las clases restantes.

[11] La alternativa, en este caso, es formular una jerarquía ocupacional específicamente femenina, en cuyo caso se pierde la comparabilidad con la masculina.

En general, mientras más altos sean los valores del momio M_{11} mayor será el papel que juega el estrato del antecesor en condicionar el del sucesor; el caso extremo, por lo demás muy improbable, se presenta cuando todos los sucesores de los antecesores del estrato I se encuentran también en el estrato I, en cuyo caso M_{11} tiende a infinito. Valores del momio inferiores a 1 indican que es más probable salir del estrato del antecesor (I) que permanecer en él. En una sociedad con estas características, las personas que provinieran de hogares de la clase I serían más propensas a caer en los estratos inferiores que a repetir el de su antecesor; predominaría la movilidad descendente entre los *egos* que provienen de hogares con responsables pertenecientes a la clase I. Por último, si M_{11} es igual a la unidad l, entonces la probabilidad de salir y de permanecer en el estrato es la misma.

En resumen, si el valor del momio M_{11} es mayor que 1, entonces el estrato I es absorbente; en este caso adscribe a cada sujeto una probabilidad mayor que un medio de repetir el estrato de su antecesor; si es igual a 1, permanecer o salir de él es equivalente a lanzar una moneda al aire, y si es menor que 1 indica el predominio de movilidad descendente, es decir, el número de *egos* que bajan de categoría social es proporcionalmente mayor.

Los momios de moverse hacia el estrato I desde las posiciones II a VI originan cinco mediciones adicionales que responden a las siguientes expresiones:

$$M_{21} = \frac{P_{21}}{1-P_{21}};\ M_{31} = \frac{P_{31}}{1-P_{31}};\ M_{41} = \frac{P_{41}}{1-P_{41}};\ M_{51} = \frac{P_{51}}{1-P_{51}};\ M_{61} = \frac{P_{61}}{1-P_{61}}$$

Si sus valores son mayores que 1 la movilidad predominante es ascendente, si son iguales a 1 salirse o quedarse en el estrato del antecesor es equivalente a lanzar un volado.

En general, los momios menores que 1 significan que la probabilidad de alcanzar la cúspide de la estratificación es menor que la de no alcanzarla. Sin embargo, en el caso particular de M_{21} expresa movilidad descendente o permanencia en la clase II; pero para M_{31} sería impropio concluir movilidad descendente, pues si el antecesor estaba en el tercer estrato el ascenso social se podría lograr no sólo subiendo a I sino también a II. Las interpretaciones de los momios M_{41} y M_{51} son análogas a las de M_{31}. En el caso particular del sexto estrato ocupacional, el de los jornaleros, el momio M_{61} menor que 1, pero mayor que cero, indica que si bien es más probable no llegar a la cima de la estratificación que alcanzarla, todos los *egos* que abandonan la categoría suben de clase social.

Las modificaciones experimentadas por la estructura productiva de México durante la segunda mitad del siglo XX, combinadas con el marcado crecimiento de su población, deberían expresarse en acentuados cambios en las probabilidades de transición y en los momios cuando se comparan los tres periodos de la economía nacional: el análisis interperiodos debería arrojar diferencias marcadas en los momios y en las probabilidades de transición.

Ya se había señalado que la división de las observaciones en tres subconjuntos definidos por la edad de *ego* controla sólo parcialmente el efecto de la movilidad estructural, pues, como se vio en el cuadro 3, las casillas combinan algunos de los periodos por los que ha atravesado la economía mexicana. En los estudios de movilidad suele controlarse la movilidad estructural a través del cálculo de la razón de momios (R).[12]

[12] La idea es que la movilidad estructural ofrecería, en principio, mayores opciones a todas las clases, por tanto deberíamos esperar un incremento proporcional en los momios, es decir, los momios de todas ellas deberían crecer. Supongamos, por ejemplo, que durante una época

Ya se vio que los momios definidos respecto a la primera clase indican si para *ego* es más probable moverse hacia la categoría social más alta que no hacerlo, dado el estrato del responsable. Basándose en esta información se puede construir la razón de momios (R).

$$R_{i1} = \frac{M_{i1}}{M_{11}} = \frac{\dfrac{P_{i1}}{1-P_{i1}}}{\dfrac{P_{11}}{1-P_{11}}} \quad i = 1, 2, 3, 4, 5, 6$$

El momio del numerador mide las oportunidades o chances que tiene un sucesor de alcanzar la cúspide cuando el antecesor estaba en el estrato *i*, y el del denominador las oportunidades que tiene *ego* de mantenerse en la misma clase del responsable cuando éste estaba en la clase más alta. También se puede interpretar de la siguiente manera: si el antecesor está en la clase *i* el numerador indica cuántos sucesores ascendieron a la cima de la estratificación por cada uno que no lo hizo, y el denominador cuantifica el número de sucesores que se mantienen en la clase más alta (la del antecesor) por cada persona que desciende a alguno de los estratos inferiores. En esencia, esta medida informa acer-

por cada hijo de profesionales que descienden cuatro se mantienen en la clase I, mientras que por cada hijo de oficinista sólo uno llega a ella y que, producto de un cambio en la estructura productiva, los momios se duplican en ambos casos, es decir, aumentan a ocho y dos respectivamente. En este ejemplo ambos momios aumentan, pero la razón entre ellos se mantiene constante. Hay que notar que este artificio estadístico anula el efecto del factor estructural, ya que la incidencia que tiene sobre la probabilidad del numerador se cancela con la que opera sobre el denominador.

ca de si es o no más frecuente ascender al tope de la sociedad partiendo del estrato de la familia de procedencia, con respecto a la frecuencia con que se mantienen los descendientes en el grupo social del antecesor, cuando éste estaba en el primer estrato (I), a la edad de *ego* de 14 años.

La información que proporcionan las razones de momios complementa las probabilidades de transición y de los momios, excepto en el caso trivial en que i = 1, que lleva a que $M_{i1} = M_{11}$ y por lo tanto a que R_{11} sea igual a 1.

En todos los otros casos la razón de momios, para cada categoría del antecesor, dará información adicional y complementaria a las otras medidas. Ahora bien, $R_{i1} > 1$, si $M_{i1} > M_{11}$ o, puesto de otra manera, $\frac{P_{i1}}{1-P_{i1}} > \frac{P_{11}}{1-P_{11}}$ para i = 2, 3, 4, 5, 6.

Toda vez que las razones de momios (R_{i1}) sean mayores que la unidad, el momio de ascender a la cúspide de la estratificación, partiendo del estrato i, será mayor que el de permanecer en ella. El número de personas que ascienden a la clase más alta *por cada uno* que no lo hace es mayor que el número de los que permanecen en el estrato I *por cada uno* que sale de él. Valores de la razón de momios superiores a la unidad serían característicos de una sociedad en que el peso de los antecedentes ocupacionales de los antecesores son obliterados por las determinantes del ascenso social de ego a la categoría más alta.

Por otra parte, si $M_{i1} = M_{11}$ o, $\frac{P_{i1}}{1-P_{i1}} = \frac{P_{11}}{1-P_{11}}$, entonces R_{i1} será igual a 1. Si esta igualdad ocurre para un estrato determinado del antecesor, quiere decir que las oportunidades de ascenso al estrato superior (siempre que i no sea igual a 1) serían iguales a permanecer en la cima. En la poco probable situación de que este valor teórico se observase en todos los estratos, desde el II en adelante, la sociedad habría materializado la idea de que todos los sucesores tengan oportunidades de llegar a la cúspide sin importar el origen social. Esto es desde el punto de vista cualitativo, restaría aún comparar cuán lejos de 1 están las diferentes razones de momios.

Si $M_{i1} < M_{11}$, o $\frac{P_{i1}}{1-P_{i1}} < \frac{P_{11}}{1-P_{11}}$, para i = 2, 3, 4, 5, 6, entonces las razones de momios son números fraccionarios menores que 1, pero mayores que cero. Los valores menores que 1 (pero superiores a cero) indicarían, para la categoría específica, que el número de personas que permanecen en el estrato I por cada una de las que salen de él, es mayor que las que ascienden a la cima por cada una de las que no lo hacen. Si las razones de momios estuviesen entre 0 y 1 en todas las clases, entonces la sociedad presentaría escollos para llegar a la cúspide. La lejanía de la unidad o la cercanía a 0 da una idea de la magnitud del escollo para cada estrato de origen. Una razón de momios nula, para una categoría de origen dada, indicaría que a partir de esa clase no es posible alcanzar el estrato máximo, y si fuese cero para todas las clases de los antecesores se trataría de una sociedad en que estarían vedados los caminos hacia las categorías ocupacionales más altas.

En este trabajo se considera no sólo la movilidad social entre y dentro de las tres fases por las que ha pasado la economía mexicana en la segunda mitad del siglo XX, sino también la movilidad por género. Desde la óptica de la forma (modelo de análisis) este ángulo del estudio no presenta mayores novedades excepto en la posibilidad de definir razones de momios con más dimensiones.

Las probabilidades de transición no sólo muestran cuán frecuente ha sido moverse entre los estratos en cada uno de los tres periodos históricos, sino que también permiten formarse una idea de si los cambios observados son iguales o no en las subpoblaciones de hombres y mujeres. Lo mismo es válido para los momios y la razón de momios cuando la medición se compara con respecto al estrato social superior.

Adicionalmente, la inclusión de la dimensión género permite definir una nueva razón de momios,

$$R_{i1h} = \frac{M_{i1m}}{M_{i1h}} = \frac{\dfrac{P_{i1m}}{1-P_{i1m}}}{\dfrac{P_{i1h}}{1-P_{i1h}}}$$

i = 1, 2, 3, 4, 5, 6

R_{i1h} simboliza la razón de momios de que las mujeres alcancen el primer estrato (a partir de cualquier estrato) en comparación con los hombres. M_{i1m} representa el momio de que las mujeres alcancen el estrato I a partir de la clase de sus antecesores y $M_{i1h,}$ el momio correspondiente para los hombres. P_{i1m} simboliza la probabilidad de que una mujer alcance el estrato I dado que proviene de un hogar cuyo responsable estaba en la clase *i* y P_{i1h} denota la misma probabilidad pero esta vez para los hombres.

Especificando los seis valores de i se generarán otros tantos valores de R_{i1h}, uno para cada estrato ocupacional, así R_{11h} muestra cuántas mujeres permanecen en el primer estrato en relación con las que descienden, comparado con cuántos hombres permanecen en la cúspide social por cada uno de los que caen. R_{21h} mide la relación entre las mujeres que, partiendo del segundo estrato, ascienden al tope de las ocupaciones por cada una que no lo logra, con respecto al número de hombres de la misma clase que ascienden a la categoría máxima por cada uno que no lo hace. Esta misma interpretación es válida para los estratos restantes.

Los valores de R_{i1h} mayores que 1 indicarían que, partiendo de la misma clase social *i*, la proporción de mujeres que alcanza la cima social es mayor que la correspondiente proporción de hombres. Si es igual a 1, la movilidad social por sexos es la misma para un *i* dado, y si es menor que 1, el número de mujeres del estrato *i* que ascienden al I (o permanece en el caso en que i = 1) por cada una que no asciende, es menor que el número de hombres que se mueven desde el mismo *i* a la clase máxima, por cada hombre que no lo hace.

Bajo el supuesto de que los seres humanos enfrentados a elegir entre diferentes opciones ocupacionales tienden a seleccionar la que está mejor ubicada en la estratificación social, los valores R_{i1h} superiores a la unidad indicarían que la estructura social favorece a las mujeres; si son inferiores a 1 revelarían que da mejores opciones a los hombres que a las mujeres, y si son iguales a 1 no discriminaría por género.

Ahora bien, dada la clase social de origen, medida por la ocupación del responsable del hogar cuando *ego* tenía 14 años, se puede saber cuál es la clase modal de destino, es decir, que tiene la mayor probabilidad. En el lenguaje de la estadística descriptiva esta categoría sería un indicador de la tendencia central y habría una para cada renglón de la matriz de transición. Si se sabe que el antecesor estaba situado en el estrato *i* la moda señala el destino más probable para *ego* en la jerarquía ocupacional. Siguiendo los cánones de la estadística elemental, se complementó la tendencia central con la entropía, que es una medida de dispersión para variables no métricas (Theil, 1972).

Para el caso particular en análisis, la entropía (H) se define como:

$$H_i = \sum_{j=1}^{j=6} P_{ij} Ln \frac{1}{P_{ij}} \quad i = 1, 2, 3, 4, 5, 6$$

Si las probabilidades asociadas a cada categoría son iguales (equidistribución) la entropía alcanza el valor máximo (Ln6). Esto quiere decir, mirado de otro modo, que todos los que comparten la misma clase de origen tienen la misma probabilidad de moverse a cualquiera de las categorías de destino. Tenderá a ser 0 si todas las personas que comparten la clase del antecesor se mueven a un único estrato.

En consonancia con lo anterior, valores pequeños del coeficiente entrópico harán saber que la clase de origen es altamente determinante del destino, y en combinación con la categoría modal se sabrá a qué estrato "destina" al sucesor. Por el contrario, si los valores tienden a ser grandes, la ocupación de los responsables del hogar en la adolescencia de *ego* y en combinación con las opciones que ofrece la estructura económica, les dará igual opción de acceso a todos los destinos sociales que ofrece la estratificación.

Para calibrar cuándo un valor entrópico es grande o pequeño se puede normalizar la entropía limitando su recorrido al intervalo 0 a 1 (H_N); para ello basta dividir H_i entre el valor teórico máximo (H_M), que en este caso es igual a Ln6. En consecuencia, H_N responde a la siguiente expresión:

$$H_{iN} = \frac{H_i}{H_M} \quad i = 1, 2, 3, 4, 5, 6$$

Por lo tanto habrá una entropía normalizada para cada estrato del antecesor, y será igual a cero cuando la localización del responsable en la estructura de clases corresponde con una sola clase de destino para *ego*, e igual a 1 si las posiciones sociales de *ego* se distribuyen por igual entre todos los estratos.

LOS RESULTADOS

Cambios en la movilidad intergeneracional general al primer empleo

En este texto se analiza únicamente la movilidad social intergeneracional entre el primer empleo de *ego* y la ocupación del padre o responsable económico cuando *ego* tenía 14 años. Naturalmente, a la fecha de la entrevista, la mayor parte de los encuestados ya se encontraba en otros empleos u ocupaciones. Sin embargo, la decisión de tomar únicamente la movilidad al primer empleo hace posible controlar parcialmente el impacto del diferente largo de las carreras ocupacionales de los jóvenes y los viejos. De esta manera, contrastamos puntos relativamente comparables de la carrera de todos los individuos analizados, sin importar su edad.

El cuadro 4 muestra las oportunidades de movilidad social asociadas a los seis estratos sociales durante la vigencia del modelo sustitutivo de importaciones (ISI), el periodo de transición (Mixto) y el de reestructuración económica (Reestructuración). Los momios que se despliegan en el cuerpo del cuadro muestran las oportunidades que tienen los individuos de la muestra de llegar al estrato I, según sus estratos de origen y cohorte.

Las tres series de momios muestran, como era de esperar, que la oportunidad de acceso a I es decreciente en la medida en que nos movemos de la cúspide a la base de la

Cuadro 4. Oportunidades absolutas de movilidad hacia el estrato I

Estrato social del antecesor	*ISI*	*Mixto*	*Reestructuración*
I Patrón gde., fun., prof.	0.218	0.230	0.084
II Técnicos y empleados	0.051	0.051	0.026
III Patrón chi. y no prof.	0.021	0.020	0.016
IV Trab. man. cal. y servs.	0.014	0.011	0.006
V Trab. man. no cal., amb. dom.	0.013	0.015	0.004
VI Otros (agr.)	0.011	0.010	0.002

estratificación. Las posibilidades de movilidad social no sufren modificaciones significativas en los dos primeros periodos, no así en el tercero; en este último experimentan una caída marcada en todos los niveles sociales. Estos resultados muestran que la reestructuración económica en México, por lo menos en sus primeras etapas, estrechó las oportunidades de movilidad ocupacional en relación con las opciones que abrió el modelo económico anterior.

Con el propósito de formarnos una idea de la intensidad del estrechamiento de las oportunidades absolutas de movilidad laboral, establecimos para cada estrato la relación entre los momios de los periodos ISI y mixto con respecto a los de reestructuración; de esta manera se dispone de un único y simple número que da una idea del efecto del cambio de modelo sobre la movilidad según las distintas clases sociales.

Como puede observarse en el cuadro 5, el empeoramiento de las oportunidades es mayor entre los originarios de las dos clases más bajas, aunque también es notable entre las más altas. La reestructuración económica estrechó las posibilidades de movilidad social para todos los estratos pero fue mucho más marcado en las clases más bajas. Hay que destacar que la disminución de oportunidades casi no afectó a los patrones chicos y no profesionistas. Éste es un dato interesante que podría orientar futuras investigaciones sobre el sector informal. ¿Tendrá alguna relación con el marcado crecimiento de este sector en las últimas dos décadas? Los rasgos centrales de este cuadro muestran que la tendencia no es lineal según el estrato social de origen (más bien es una "U"); el hecho de que la caída mayor se concentre entre los más desprotegidos indica un aumento de la *desigualdad de oportunidades*.

Hemos incluido en este análisis, como se explicó en la sección anterior, una medida de dispersión de las salidas de cada estrato social de origen, llamada entropía. Esta medi-

Cuadro 5. Oportunidades absolutas de movilidad hacia I respecto del periodo de reestructuración

Estrato social del antecesor	ISI	*Mixto*	*Reestructuración*
I Patrón gde., fun., prof.	2 591	2 744	1 000
II Técnicos y empleados	1 985	2 000	1 000
III Patrón chi. y no prof.	1 324	1 262	1 000
IV Trab. man. cal. y servs.	2 349	1 932	1 000
V Trab. man. no cal., amb. dom.	3 021	3 626	1 000
VI Otros (agr.)	4 936	4 502	1 000

ción es la única en nuestro análisis que no se refiere al logro del estrato social más alto. En el cuadro 6 presentamos los resultados del cálculo de la entropía estandarizada. Los valores de esta medida fluctúan entre 0 y 1; el índice entrópico de un estrato tiende a cero en el caso en que todos los sucesores tuvieron como destino un único y el mismo estrato (aunque no necesariamente es el del antecesor); cuando esto

Cuadro 6. Índice entrópico estandarizado de las oportunidades absolutas de movilidad al estrato I

Estrato social del antecesor	ISI	*Mixto*	*Reestructuración*
I Patrón gde., fun., prof.	0.770	0.686	0.692
II Técnicos y empleados	0.733	0.666	0.685
III Patrón chi. y no prof.	0.914	0.848	0.810
IV Trab. man. cal. y servs.	0.833	0.774	0.762
V Trab. man. no cal., amb. dom.	0.749	0.761	0.733
VI Otros (agr.)	0.837	0.849	0.795

ocurre debe examinarse la matriz de transiciones para identificar cuál fue ese destino. Si el origen no influye en absoluto sobre el destino, entonces el índice asume el valor 1; en este caso es igualmente probable alcanzar cualquier destino a partir de un estrato dado.

La información contenida en el cuadro 6 complementa la desplegada en los cuadros anteriores; aquéllos se limitan a presentar lo acontecido con la movilidad social hacia la cima de la estratificación en tanto ésta sintetiza las oportunidades de movilidad desde cualquier origen a cualquier destino.

Los datos del cuadro permiten concluir que durante los años de la transición, en comparación con la etapa ISI, disminuyeron las opciones de movilidad social de los primeros cuatro estratos (I a IV) y que aumentaron para los trabajadores manuales no calificados, los ambulantes y los agrupados en la categoría Otros. Por el contrario, cuando comparamos Reestructuración con ISI, se observa que la movilidad social se abate para todas las clases sociales sin excepción.

El análisis de los últimos tres cuadros permite dibujar el panorama de la movilidad social en México en las últimas décadas del siglo XX. Las razones de momios de los cuadros IV y V mostraron que la reestructuración económica estrechó los canales de movilidad hacia la cúspide de la estratificación. Esta información fue complementada por la entropía ya que mostró que la mayor rigidez social no sólo se limitó a la punta de la estratificación sino a todas las clases. Las reformas económicas dieron a luz en México (hasta los años analizados) una nueva jerarquía social que se caracterizó por el estrechamiento de los canales de movilidad social.

Dentro del paisaje delineado hasta este momento: movilidad social en la época ISI, variaciones irregulares por estratos durante la transición y una clara reducción de las oportunidades en la reestructuración, en lo general, acompañada por una disminución en las posibilidades de alcanzar la cúspide en lo particular; cabe preguntarse por quiénes o los miembros de qué clase sufrieron los cambios con mayor rigor. Hacerse esta pregunta es equivalente a focalizar la indagación hacia las oportunidades de movilidad social controlando por los cambios de épocas; de este análisis emergerá lo que suele denominarse el genotipo del sistema de movilidad social.

En la sección metodológica mostramos que la razón de momios permite estudiar la movilidad controlando los efectos que tiene sobre ella la movilidad estructural, es decir, la parte de los cambios de estrato que emerge de las alteraciones en la estructura económica. Esto es lo que llamamos el análisis de las *oportunidades relativas*, es decir, de las condiciones de competencia en el sistema de movilidad social independientemente de oscilaciones económicas y demográficas.

El cuadro 7 muestra la evolución de las razones de estas oportunidades para los originarios de distintos estratos, independientemente del nivel absoluto de movilidad hacia I, y permite analizar estas razones (o estas disparidades) entre cualquier par de clases sociales, aunque la referencia sea siempre la razón de las oportunidades de los originarios del estrato I. Centrando nuestra atención en la fase de reestructuración económica, comparada con la ISI, se observa que crece la desproporción entre las oportunidades de las clases más bajas (V y VI) y las de los originarios de la más alta. Este resultado era perfectamente esperable dado que, como se vio antes, el mayor empeoramiento se concentró en las clases más bajas.

Las razones de momios del segundo y tercer estratos aumentaron significativamente en la fase de reestructuración con respecto a la fase ISI. Fue así como los técnicos y empleados y los patrones chicos y no profesionales, aunque

Cuadro 7. Oportunidades relativas de alcanzar I respecto de los originarios de I

Estrato social del antecesor	*ISI*	*Mixto*	*Reestructuración*
I Patrón gde., fun., prof.	1 000	1 000	1 000
II Técnicos y empleados	0.233	0.222	0.305
III Patrón chi. y no prof.	0.096	0.086	0.187
IV Trab. man. cal. y servs.	0.063	0.049	0.069
V Trab. man. no cal., amb. dom.	0.058	0.066	0.050
VI Otros (agr.)	0.050	0.043	0.026

no escaparon a la baja generalizada de las oportunidades de movilización, en términos relativos, mejoraron sus oportunidades de tener acceso al pináculo de la sociedad. Como se puede observar, la razón del estrato III casi se duplicó porque sus oportunidades no cayeron tanto respecto a las del estrato I y la del II aumentó significativamente.

La dinámica resumida en el cuadro puede dividirse en tres: la desigualdad relativa de oportunidades disminuye entre los originarios de las tres primeras clases sociales, se mantiene relativamente igual para las clases de trabajadores manuales (IV y V), y aumenta perceptiblemente entre éstos y los originarios de la agricultura. De esta manera, llegar desde la agricultura hasta el estrato I se vuelve prácticamente imposible: durante el periodo de ISI, la desigualdad era de 1/0.05, o 20 veces; durante el periodo de reestructuración, la razón es de 1 sobre 0.026 lo que equivale, aproximadamente, a 40 veces, lo que indica que los originarios del estrato I tienen 40 veces más oportunidades de llegar a ese estrato que los originarios de la agricultura.

La movilidad intergeneracional según el género

El análisis que hemos presentado muestra que a la fecha del levantamiento de la encuesta la reestructuración económica había estado acompañada por un estrechamiento de las posibilidades de movilidad ocupacional y que ésta afectó en mayor medida a los estratos más bajos del ordenamiento social. Por otra parte las investigaciones realizadas en México documentan un significativo y sostenido aumento de la participación laboral femenina. Cabe entonces preguntarse por el destino laboral de las mujeres en un contexto de mayor rigidez en la movilidad social.

El aumento en el empleo femenino podría responder tanto a una estrategia de los hogares para enfrentar las sucesivas crisis por las que ha pasado el país desde la década de los ochenta (Escobar Latapí y González de la Rocha, 1986) como a una estrategia de las empresas para abatir costos si consideramos que a igual calificación y ocupación las remuneraciones de las mujeres tienden a ser menores que las de los hombres (Pacheco y Parker, 1996). Si éste fuera el caso deberíamos observar barreras al ascenso social de las mujeres. Por otra parte la investigación ha registrado que la ampliación de los niveles educativos de las mujeres (García y Oliveira, 1994 y en prensa) ha sido una de las fuerzas que sostienen dicho crecimiento. Estos procesos deberían traducirse, bajo el supuesto de que existe una relación entre años de instrucción y estrato social, en ascenso social. ¿Qué efectos han tenido estos cambios en la participación en la actividad laboral sobre la movilidad social según sexos?

A continuación presentamos información que permitirá esbozar las características de la movilidad social de las mujeres y de los hombres en los tres periodos considerados, así como la desigualdad en las oportunidades relativas de movilidad social según sexo.

El cuadro 8 muestra los momios de alcanzar el estrato I para los originarios de todos los estratos, según cohorte y sexo. Los momios del panel donde se despliega la información relativa a las mujeres muestran que las provenientes de hogares cuyo responsable económico se ubicaba en cualquiera de los tres estratos superiores (I a III) tuvieron un aumento significativo en sus oportunidades de movilidad social en el periodo de transición respecto al ISI. Sin embargo éste no fue parejo: el momio se multiplicó por 8.4 para las mujeres del estrato I, por 3.1 para las del estrato II y sólo por 1.6 veces para las del estrato III. En las capas sociales de la base de la pirámide no hubo cambios significativos durante dicho lapso. Las mujeres de unidades domésticas encabezadas por trabajadores manuales calificados y no calificados, así como las de hogares rurales, no experimentaron cambios significativos en sus casi nulas opciones de llegar a la cúspide de la sociedad.

Los años de la reestructuración económica fueron acompañados de una reducción significativa en las opciones de movilidad de los estratos I, III y IV, mientras que los dos inferiores volvieron a no tener alteraciones significativas. Las hijas de los técnicos y empleados son las únicas que mantuvieron los momios de los años de transición. Será necesario realizar estudios en mayor profundidad para entender este comportamiento.

El paso del modelo ISI al mixto estuvo en sincronía con un aumento en las oportunidades que tuvieron las clases de la cúspide de llegar (o mantenerse en el caso del estrato I) al pináculo de la estratificación, y el tránsito de la transición a la reestructuración se caracterizó por una reducción significativa en los momios, con la excepción ya señalada de las hijas de técnicos y empleados. El crecimiento fue mayor que la reducción, de modo que las mujeres de los estratos I y II ganaron en sus opciones de movilidad a lo largo de todo el periodo.

Cuadro 8. Oportunidades absolutas de movilidad hacia el estrato I, según sexo

Estrato social del antecesor			*ISI*	*Mixto*	*Reestructuración*
Hombres	I	Patrón gde., fun., prof.	0.332	0.231	0.071
	II	Técnicos y empleados	0.071	0.071	0.023
	III	Patrón chi. y no prof.	0.020	0.008	0.016
	IV	Trab. man. cal. y servs.	0.014	0.015	0.007
	V	Trab. man. no cal., amb. dom.	0.021	0.021	0.007
	VI	Otros (agr.)	0.013	0.011	0.000
Mujeres	I	Patrón gde., fun., prof.	0.026	0.218	0.102
	II	Técnicos y empleados	0.009	0.028	0.029
	III	Patrón chi. y no prof.	0.023	0.038	0.015
	IV	Trab. man. cal. y servs.	0.010	0.008	0.002
	V	Trab. man. no cal., amb. dom.	0.000	0.005	0.000
	VI	Otros (agr.)	0.006	0.007	0.006

Las descendientes de los patrones pequeños y empleados, a pesar de haber gozado de un acrecentamiento significativo en la época de transición, sufrieron una severa contracción cuando tuvo lugar la reestructuración económica, de modo que finalizaron el periodo con una reducción importante en sus momios de ascenso a la clase más alta. Los estratos V y VI prácticamente no experimentaron cambios, mientras que el IV vio aún más reducidas sus magras opciones.

En resumen, las mujeres de los tres estratos más altos tuvieron mayores oportunidades de movilidad social en los años en que se extinguía la época ISI y aún no surgía el nuevo modelo económico; dichas oportunidades se redujeron en los años en que se consolidó el nuevo modelo, con la excepción del estrato II. Por otra parte, las mujeres que provienen de los hogares encabezados por trabajadores manuales calificados y formales de los servicios (estrato IV) mantienen sus opciones de movilidad en la transición y se reducen en la reestructuración. Las categorías de la base de la pirámide tienen opciones casi nulas de llegar a la cima de la pirámide, independientemente del modelo económico imperante.

La transición no modificó las oportunidades de movilidad social de los hombres excepto para los que tienen antecesores en los estratos I y III cuyos momios tuvieron una reducción de 30% y de 60% respectivamente. Una vez que se consolida el nuevo modelo económico, las opciones de movilidad se reducen para todos los estratos excepto para los patrones pequeños y trabajadores autoempleados no profesionales. ¿Tendrá este hecho algún vínculo con la expansión del sector informal?

Como resultado de los movimientos descritos para hombres y mujeres se aprecia que la evolución de las oportunidades de llegar al estrato I es marcadamente distinta según el sexo. En efecto, mientras que los cuadros de la sección anterior sólo mostraron cambios insignificantes de la primera a la segunda cohorte, el VIII hace ver que para los hombres hay un empeoramiento casi lineal, y para las mujeres de las clases altas una mejoría muy significativa de la primera a la segunda cohorte, y un empeoramiento marcado de la segunda a la tercera. La "estabilidad" en las oportunidades de movilidad social de la primera a la segunda cohorte observada en los cuadros de la sección anterior se compone de un empeoramiento para los hombres y una mejoría en las oportunidades de las mujeres. De la segunda a la tercera cohorte, el empeoramiento es para ambos.

El cuadro 9 compara las oportunidades de movilidad de las dos primeras épocas con las de la reestructuración. Para los hombres originarios del estrato I, la caída es casi lineal, para los del estrato II primero hay una caída y luego una recuperación, mientras que para los demás hay más estabilidad de la primera a la segunda cohorte y una reducción marcada en la tercera.

En todo caso, el saldo general masculino es una pérdida. En el caso de las mujeres lo sucedido es mucho más variable. Las originarias de los dos primeros estratos tienen a final de cuentas una mejoría muy significativa en sus oportunidades. Las originarias de los estratos III y IV sufren una pérdida en sus oportunidades, y aquellas con antecesores en la agricultura prácticamente no sufren cambios.

El índice entrópico por género enriquece el análisis de la sección anterior, que no distinguía esta variable. La dispersión de los hombres en los estratos de llegada es bastante alta (recuérdese que el valor máximo de la entropía es 1); esto indica que los varones de cualquier estrato social tienen probabilidades similares de llegar a cualquier estrato. Además, se observan modificaciones menores en las entropías estandarizadas, de manera que las opciones de tránsito entre los diferentes estratos parecen ser independientes de la cohorte.

Cuadro 9. Oportunidades absolutas de movilidad hacia I según sexo, respecto de reestructuración

Estrato social del antecesor			*ISI*	*Mixto*	*Reestructuración*
Hombres	I	Patrón gde., fun., prof.	4 642	3 231	1 000
	II	Técnicos y empleados	3 033	3 052	1 000
	III	Patrón chi. y no prof.	1 203	0.518	1 000
	IV	Trab. man. cal. y servs.	2 015	2 110	1 000
	V	Trab. man. no cal., amb. dom.	3 092	3 071	1 000
	VI	Otros (agr.)	Indeterminado	Indeterminado	1 000
Mujeres	I	Patrón gde., fun., prof.	0.254	2 148	1 000
	II	Técnicos y empleados	0.303	0.979	1 000
	III	Patrón chi. y no prof.	1 559	2 533	1 000
	IV	Trab. man. cal. y servs.	5 287	4 216	1 000
	V	Trab. man. no cal., amb. dom.	Indeterminado	Indeterminado	1 000
	VI	Otros (agr.)	0.978	1 181	1 000

A pesar de que las mujeres ganaron en posibilidades de ascenso a la cúspide de la estratificación durante la transición y la reestructuración con respecto a la etapa ISI, la segunda cohorte vio reducidas sus opciones de movilidad, excepto para las que provienen de hogares encabezados por trabajadores manuales no calificados, ambulantes y no calificados de los servicios. La tercera experimentó una nueva reducción con respecto a la etapa mixta, excepto el primer estrato.

Al estabilizarse el nuevo modelo las mujeres, a diferencia de los hombres, sufrieron una sostenida reducción en sus oportunidades de movilidad social. Para ellas, origen es destino. Se escapan a esta tendencia las de los estratos I y V, que terminan con una entropía superior en la reestructuración que en la etapa ISI. Una mirada global al cuadro indica que es probable una menor desigualdad según origen entre los hombres jóvenes y una mayor entre las mujeres jóvenes.

El análisis del cuadro 6 nos llevó a sostener que en la transición disminuyeron las opciones de movilidad social de los primeros cuatro estratos y aumentaron las de los dos últimos, y que con respecto a ISI la reestructuración significó un abatimiento generalizado de la movilidad social. El análisis según sexo mostró que estos cambios fueron provocados en gran medida por las alteraciones en la movilidad social de las mujeres.

El cuadro 11 muestra las razones de momios de la movilidad social hacia el estrato I según estrato de origen y sexo, es decir, la desigualdad de las oportunidades de tener acceso al estrato I al interior de cada división de sexo.

El aumento de las razones de momios de los hombres en la época de reestructuración respecto a la etapa ISI muestra que, a pesar de la caída en las oportunidades de ascenso social al estrato I, ha tenido lugar una caída de la desigualdad relativa según estrato de origen al interior de la distri-

Cuadro 10. Índice entrópico normalizado de las oportunidades absolutas de movilidad a I según sexo

Estrato social del antecesor			*ISI*	*Mixto*	*Reestructuración*
Hombres	I	Patrón gde., fun., prof.	0.753	0.749	0.784
	II	Técnicos y empleados	0.765	0.799	0.791
	III	Patrón chi. y no prof.	0.916	0.858	0.848
	IV	Trab. man. cal. y servs.	0.723	0.818	0.793
	V	Trab. man. no cal. amb. dom.	0.760	0.734	0.753
	VI	Otros (agr.)	0.741	0.829	0.792
Mujeres	I	Patrón gde., fun., prof.	0.414	0.396	0.491
	II	Técnicos y empleados	0.603	0.431	0.382
	III	Patrón chi. y no prof.	0.849	0.764	0.698
	IV	Trab. man. cal. y servs.	0.753	0.622	0.607
	V	Trab. man. no cal. amb. dom.	0.606	0.690	0.641
	VI	Otros (agr.)	0.859	0.782	0.678

Cuadro 11. Oportunidades relativas de alcanzar I respecto de I, según sexo

Estrato social del antecesor			*ISI*	*Mixto*	*Reestructuración*
Hombres	I	Patrón gde., fun., prof	1 000	1 000	1 000
	II	Técnicos y empleados	0.213	0.308	0.326
	III	Patrón chi. y no prof.	0.059	0.037	0.228
	IV	Trab. man. cal. y servs.	0.043	0.065	0.100
	V	Trab. man. no cal., amb., dom.	0.064	0.091	0.096
	VI	Otros (agr.)	0.039	0.049	0.000
Mujeres	I	Patrón gde., fun., prof.	1 000	1 000	1 000
	II	Técnicos y empleados	0.341	0.130	0.286
	III	Patrón chi. y no prof.	0.895	0.172	0.146
	IV	Trab. man. cal. y servs.	0.383	0.036	0.018
	V	Trab. man. no cal. amb. dom.	0.000	0.023	0.000
	VI	Otros (agr.)	0.215	0.031	0.056

bución masculina con la sola excepción de los originarios de la agricultura. Lo contrario sucede con las mujeres, las originarias de los estratos I y II se alejan drásticamente de las demás.

Por último, el cuadro 12 analiza la evolución de la desigualdad de género, es decir, las razones de los momios masculinos de alcanzar el estrato I sobre los momios femeninos.

Un valor superior a 1 indica que los hombres tienen ventaja respecto de las mujeres. El cuadro muestra que a lo largo del periodo analizado hay una tendencia clara a que la ventaja masculina tienda a desaparecer en los dos estratos superiores. En los años del modelo sustitutivo el momio de los hombres del estrato superior en relación con las mujeres de la misma clase es de casi 13 veces, tiende a igualarse durante la transición y se vuelca modesta pero perceptiblemente a favor de las mujeres durante la vigencia del nuevo modelo económico. Un movimiento similar aunque no tan drástico se observa en el estrato de los técnicos y empleados pues durante la transición los hombres aún tenían ventaja sobre las mujeres.

Cuadro 12. Razones de oportunidades hombres/mujeres

Estrato social del antecesor	*ISI*	*Mixto*	*Reestructuración*
I Patrón gde., fun., prof.	12 822	1 057	0.702
II Técnicos y empleados	8 006	2 493	0.800
III Patrón chi. y no prof.	0.848	0.225	1 099
IV Trab. man. cal. y servs.	1 452	1 906	3 810
V Trab. man. no cal. amb. dom.	Indeterminado	4 111	Indeterminado
VI Otros (agr.)	2 345	1 688	0.000

Los hombres cuyos antecesores fueron patrones pequeños o trabajadores autoempleados no profesionales y trabajadores capacitados de la industria y formales de los servicios, tienen mayor posibilidad de alcanzar el estrato superior que las mujeres en esas mismas categorías ocupacionales; sin embargo, presentan una diferencia, ya que estos últimos han mejorado sistemáticamente su ventaja a lo largo de los tres periodos empezando con una ventaja relativa durante los años del modelo ISI; mientras que los primeros tenían una desventaja respecto a las mujeres durante los años del modelo sustitutivo, ésta se acrecentó durante la transición y se equiparó a las mujeres en la época del nuevo modelo. De este modo desaparece la ventaja masculina y se crea una femenina en los estratos I y II, y el privilegio masculino se refuerza en el estrato IV mientras que el III equipara las opciones de movilidad social.

DISCUSIÓN

Este trabajo se centró en el estudio de los cambios que han ocurrido en: *1)* las oportunidades de logro ocupacional, *2)* la desigualdad de estos logros, y *3)* la interacción de la creciente participación de las mujeres en el empleo con los cambios en las oportunidades ocupacionales entre los géneros y al interior de cada uno. Esperamos que el estudio contribuya al debate en torno al cambio estructural en la sociedad mexicana y latinoamericana, tomando como punto de partida el desarrollo estabilizador, su crisis y la implantación del modelo basado en la apertura comercial y la liberalización económica interna.

La estrategia que se siguió toma como referencia el logro de la clase o estrato I (formada por profesionistas, funcionarios y grandes propietarios); esta decisión evita *1)* caer en apreciaciones erróneas sobre los logros ocupacionales según género (Portocarrero, 1989), y *2)* la necesidad de incluir como antecedentes necesarios análisis que den cuenta del proceso de reestratificación de la sociedad mexicana (Rubalcava, 2000). Desde los años sesenta, las ocupaciones que componen la clase I han sido, y siguen siendo, sustancialmente superiores en todos sentidos a las demás, tanto para los hombres como para las mujeres.

Entre los hallazgos destacamos, en primer lugar, un descenso marcado en las oportunidades de logro de todos los estratos ocupacionales de ascender o permanecer en la clase I desde 1988 en adelante. Esta fecha marca, a nuestro juicio, la frontera entre el viejo modelo sustitutivo de importaciones y el nuevo modelo que emerge. La única excepción a esta regularidad se observa en los originarios de la clase III (autoempleados y pequeños propietarios), en donde es mucho menos marcada. Cabe hacer notar que la condición de mercado de los integrantes de esta clase les permitió eludir, por lo menos en parte, las consecuencias de las políticas que redujeron los salarios y los ingresos en México a partir de 1982.

El descenso en las oportunidades o probabilidades de logro no se relaciona de manera directa con el crecimiento económico. Mientras que el crecimiento económico y de los empleos formales se estanca desde 1988, las probabilidades de logro caen a partir de 1988. En nuestra opinión, esto indica que el cambio tiene que ver con características del *sistema de movilidad*, no con el simple crecimiento económico.

En segundo lugar, cabe señalar que dicho descenso es mayor entre los originarios de las clases trabajadoras urbanas y agrícolas que en el resto de los estratos. Ahora bien, el estrechamiento relativo de las oportunidades de logro muestra tres tendencias: disminuye en los tres primeros estratos, se mantiene en el cuarto, y es mayor entre los originarios de las clases inferiores. Este hallazgo constituye un primer indicador de creciente desigualdad y, en especial, de un acrecentamiento de la barrera que separa los logros de las clases superiores e intermedias respecto de los obreros, empleados de bajo nivel de los servicios, y de los agricultores en general.

En tercer lugar, el análisis de los índices entrópicos mostró que la dispersión de los originarios de cada clase por la estructura ocupacional es cada vez menor: esto quiere decir que en los años en que imperaba el viejo modelo de desarrollo estabilizador era mayor la fluidez ocupacional en la sociedad que en los años en que ha regido el nuevo modelo. Este hallazgo, aunado al anterior, nos permite afirmar que, a la vez que se intensifica la desigualdad, el sistema de movilidad ocupacional mexicano se vuelve más rígido. En otras palabras, la ocupación del padre o responsable económico de *ego* se vuelve un predictor más robusto del destino ocupacional de éste. Esto indica que el papel de las instituciones sociales que proporcionan equidad en la competencia por posiciones ocupacionales (los subsidios al consumo de las clases bajas, los servicios sociales de educación, salud y urbanos) es cada vez más débil dentro del sistema de movilidad social en México.

Lo anterior es cierto para el conjunto de los ocupados urbanos mexicanos en las ciudades cubiertas por los datos y, creemos, en el conjunto del México urbano. Pero la inclusión de la variable género en el análisis permite mostrar que los resultados están compuestos de tendencias diferentes para hombres y mujeres.

Mientras que las oportunidades de logro masculinas descienden continuamente del primer periodo al segundo y de éste al tercero, para las mujeres se observa: *1)* una sustancial mejoría en las oportunidades del primer periodo al segundo, y *2)* una caída importante pero menor que la masculina del segundo al tercero. Así, la aparente estabilidad en las oportunidades entre los dos primeros periodos en realidad está compuesta de un empeoramiento para los hombres y una mejoría para las mujeres, mientras que del segundo al tercero la tendencia para ambos es similar, aunque difieren en intensidad. Seguramente, dicho comportamiento está relacionado con la continuidad de la expansión de las oportunidades educativas y ocupacionales para las mujeres desde los años setenta. Sin embargo, la fuerza de este fenómeno durante la transición (1982-1988), cuando los servicios modernos ya no estaban creciendo, también sugiere que es posible que hayan sido años en los que se impuso una estrategia patronal de reclutamiento femenino a posiciones altas, posiblemente porque las mujeres obtienen sueldos y salarios menores y tienen menor capacidad de negociación ante los patrones que los hombres. Pero ésta es una hipótesis que convendrá explorar en otro estudio. En todo caso, el resultado final indica una menor desigualdad en las oportunidades de logro según el género. Esta disminución, sin embargo, no es lineal de la cúspide al fondo de la estructura ocupacional.

Sin embargo, el análisis detallado de la evolución de las oportunidades de movilidad social al interior de los grupos de género muestra que, a final de cuentas, mientras las oportunidades de alcanzar la cima de la estratificación han caído para los hombres de todas las clases sociales, entre las mujeres la situación es más compleja. Las oportunidades de logro de las descendientes de antecesores ubicados en el pináculo de la estratificación ocupacional aumentaron en los años de reestructuración económica con respecto de las que tuvieron en la época de vigencia del viejo modelo económico; por el contrario, entre las mujeres de clases bajas se observa el movimiento opuesto, es decir, se registra una disminución marcada de sus oportunidades en el mismo lapso. La composición de ambos movimientos condujo a que la desigualdad por clase de origen de unas mujeres respecto de otras se haya acrecentado. Esto marca una diferencia notable por género, pues los hombres originarios de las clases altas han disminuido su ventaja respecto de los hombres de los estratos bajos, disminuyendo la desigualdad por clase de origen.

Estas tendencias se manifiestan en índices entrópicos mayores para los hombres que para las mujeres, a la vez que a lo largo del tiempo tienden a ser crecientes (menos determinados por la clase de origen) para ellos y decrecientes (más determinados por la clase de origen) para ellas. Estas regularidades llevan a concluir que la estructura ocupacional tiende a ser más fluida para los hombres que para las mujeres, y que esta fluidez aumenta en el caso de los primeros y tiende a disminuir en el de las segundas.

La mezcla de estos movimientos ha repercutido en que la desigualdad en las oportunidades de logro sea hoy mayor entre las mujeres que entre los hombres. Cabe sugerir que este hallazgo se relaciona con cambios más rápidos en la fecundidad y el tamaño familiar entre las clases altas, así como con un cambio más acelerado entre ellos de la percepción de la necesidad de que las mujeres se desempeñen como trabajadoras durante la mayor parte de su vida adulta, es decir, de la necesidad de que ellas "hagan carrera", por lo que los padres tienden a invertir más en su educación. Pero ésta es, una vez más, una hipótesis que convendrá explorar posteriormente.

El análisis precedente apoya la idea de que, en los años en que otros analistas han mostrado cortes importantes, México ha atravesado por una transformación profunda que no sólo afecta los ingresos (Rubalcava, 1999, tesis), la pobreza y la desigualdad (Cortés, 2000), sino las formas profundas en que la sociedad distribuye las oportunidades entre la población.

No obstante los anteriores resultados, cabe recordar que nuestro análisis tiene algunas limitaciones. Una importante, y con varias consecuencias, es que, conforme evoluciona el mercado de trabajo, también se podría modificar la relación observada entre los inicios y los logros máximos de las carreras de las personas. El mercado se ha hecho más rígido, y los diferenciales de escolaridad podrían ayudar a muchos varones originarios de la clase I a "regresar" a esa clase a pesar de que su primer empleo haya sido en otra. Por la misma razón, podría volverse menos probable que un originario de las clases bajas tenga acceso a la I con el tiempo. O sea que el análisis podría enmascarar una creciente desigualdad entre los hombres. De manera similar, nuestro análisis encuentra mayor igualdad en las oportunidades ocupacionales por género. Pero hasta ahora, las carreras de los hombres son más ascendentes que las de las mujeres. No sabremos por algún tiempo si los hombres mantendrán esta ventaja sobre las mujeres, o si por el contrario las carreras de ambos se volverán más parecidas, lo que reforzaría la igualación encontrada en este análisis. En tercer lugar, queda claro que, hasta el momento de este análisis, las ocupaciones representadas en la clase I eran ocupaciones "ganadoras", es decir, las que casi garantizaban encontrarse en la cima de la estructura de ingresos (el decil I) y ocupacional. Pero la creciente escolaridad de la población en general, y la degradación de muchas profesiones, podría hacer necesario "cortar más fino" al interior de la clase I con el fin de escoger a los que realmente tienen éxito al ingresar a este estrato de otros (funcionarios públicos medios, por ejemplo) que han perdido una cantidad considerable de sus ingresos y de su prestigio. Por último, la clase o estrato I de nuestra distribución no se refiere a los grandes capitalistas, y la clase o estrato VI tampoco representa correctamente a los jornaleros rurales, debido a las limitaciones de las encuestas ocupacionales y de hogares realizadas en ciudades (Cortés, 2000, sección sobre la no representación de los extremos de la estructura social). Esto impide estimar la evolución de la desigualdad de oportunidades respecto de esta clase social. Pero esperamos que, en todo caso, los resultados precedentes motiven nuevos trabajos de investigación sobre estas nuevas preguntas.

BIBLIOGRAFÍA

BALÁN, Jorge, Harley BROWNING y Elizabeth JELIN (1973), *Men in a developing society. Geographic and social mobility in Monterrey*, Mexico, Austin, University of Texas Press.

BANCO MUNDIAL (2000), *Attacking poverty*, Washington, Banco Mundial.

BOLTVINIK, Julio y Enrique HERNÁNDEZ LAOS (1999), *Pobreza y distribución del ingreso en México*, México, Siglo XXI.

BREIGER, Ronald L. (comp.) (1990), *Social mobility and social structure. Structural analysis in the social sciences* (3), Cambridge, Cambridge University Press.

CIESAS (Centro de Investigaciones y Estudios Superiores en Antropología Social) e INEGI (Instituto Nacional de Estadística, Geografía e Informática) (1996), *Género, edad, familia y trabajo: Encuesta sobre movilidad social y organización doméstica en seis ciudades mexicanas*, CIESAS (archivo electrónico).

CONAPO (Consejo Nacional de población) 2000a.

———— 2000b.

———— 2000c.

Contreras, Enrique (1978), *Estratificación y movilidad social en la ciudad de México*, México, UNAM.

CORTÉS, Fernando y Rosa María RUBALCAVA (1991), Autoexplotación forzada y equidad por empobrecimiento, El Colegio de México, México.

CORTÉS, Fernando (2000), *La distribución del ingreso en México en épocas de estabilización y reforma económica*, México, CIESAS, Porrúa.

BARBIERI, Teresita de (1989), "La Mujer", *Demos* 2, carta demográfica sobre México, México.

ERIKSON y GOLDTHORPE (1992), *The constant flux. A study of class mobility in industrial society*, Oxford, Clarendon Press.

ESCOBAR, Agustín y Mercedes GONZÁLEZ DE LA ROCHA (1995), "Crisis, reestructuring and urban poverty in Mexico", en *Environment and Urbanization*, vol. 7, núm 1.

ESCOBAR LATAPÍ, Agustín (1996), "Crisis, restructuring and State Action in Mexico", ponencia presentada en el seminario Mellon sobre reestructuración y globalización en Latinoamérica, Institute of Latin American Studies, University of Texas at Austin.

———— (2000a), "Employment trends in Mexico: Reversing a 15 year loss?", texto preparado para el grupo ITAM-Carnegie de estudios sobre relaciones México-Estados Unidos.

———— (2000b), "PROGRESA y cambio social en el campo en México", en Enrique VALENCIA, Ana María TEPICHÍN y Mónica GENDREAU (comps.), *Los dilemas de la política social. ¿Cómo combatir la pobreza?*, Guadalajara, U. de Guadalajara, U. Iberoamericana, ITESO.

———— (2000c), "PROGRESA y el bienestar de las familias. Los hallazgos", en *Evaluación de resultados del PROGRESA. Impacto a nivel comunitario*, México, PROGRESA.

FEATHERMAN, David, F. LANCASTER JONES y Robert HAUSER (1975), "Assumptions of social mobility research in the U.S.: The case of occupational status", *Social Science Research*, 4.

GARCÍA, Brígida y Orlandina DE OLIVEIRA (1994), *Trabajo femenino y vida familiar en México*, México, El Colegio de México.

———— (en prensa), "Heterogeneidad laboral y calidad de los empleos en las principales áreas urbanas de México", *Revista Latinoamericana de Estudios del Trabajo*.

GOLDTHORPE, John (con LLEWELLYN y PAYNE) (1987), Social mobility and class structure in modern Britain, 2a. ed., Oxford, Clarendon Press.

GONZÁLEZ DE LA ROCHA, Mercedes (1991), "Economic crisis, domestic reorganization and women's work in Guadalajara", en Mercedes GONZÁLEZ DE LA ROCHA y Agustín ESCOBAR (comps.), Social responses to Mexico's economic crisis, La Jolla, Center for U.S.-Mexican Studies, UCSD.

———— (1994), *The resources of poverty. Women and survival in a Mexican city*, Londres, Blackwell.

GONZÁLEZ DE LA ROCHA, Mercedes, y Agustín ESCOBAR LATAPÍ (1986), "Crisis y adaptación social: hogares de Guadalajara", ponencia presentada en la III Reunión de la Sociedad Mexicana de Demografía, El Colegio de México, noviembre.

HALLER, Max (1990), *Class structure in Europe. New findings from East-West comparisons of social structure and mobility*, Armonk, Nueva York, M. E. Sharpe.

HERNÁNDEZ LAOS, Enrique (2001), Globalización, distribución del ingreso y pobreza en México, no publicado.

HERNÁNDEZ LICONA, Gonzalo (1997), "Oferta laboral familiar y desempleo en México. Los efectos de la pobreza", en *El Trimestre Económico*, vol. LXIV (4), octubre-diciembre.

LIPSET, S. M. y H. L. ZETTERBERGER (1959), "Social mobility in industrial societies", en LIPSET y BENDIX (comps.), *Social mobility in industrial societies*, Berkeley, University of California Press.

MUÑOZ, Humberto, Orlandina DE OLIVEIRA y Claudio STERN (comps.) (1977), *Migración y desigualdad social en la ciudad de México*, México, UNAM, Instituto de Investigaciones Sociales / El Colegio de México.

OLIVEIRA, O. (1988); "El empleo femenino en tiempos de recesión económica: tendencias recientes", ponencia presentada en el coloquio sobre fuerza de trabajo femenina urbana, México, UNAM.

PACHECO, Edith y Susan PARKER (1996), "Participación económicamente activa femenina en el México urbano. Un breve recuento y algunos hallazgos recientes", *Problemas del desarrollo*, UNAM, Instituto de Investigaciones Económicas, 27, 106, julio-septiembre.

PARKER, Susan (1996), "Niveles salariales de hombres y mujeres: diferencias por ocupación en las áreas urbanas de México", en FIGUEROA CAMPOS, B. (ed.), *México diverso y desigual*, vol. 4, México, El Colegio de México / SOMEDE.

PAYNE, Geoff y Pamela ABBOTT (1990), *The social mobility of women. Beyond male mobility models,* Londres, The Falmer Press.

REYES HEROLES, Jesús (1983), *Política macroeconómica y bienestar en México*, México, Fondo de Cultura Económica.

RUBALCAVA, Rosa María (1999), *Necesidades, recursos y posibilidades: el ingreso de los hogares mexicanos en el periodo 1984-1994*, Guadalajara, CIESAS.

SELBY, Henry, Arthur D. MURPHY, Stephen A. LORENZEN (1990), *The Mexican urban household: organizing for self-defense*, Texas, University of Texas Press.

SOROKIN, Piotr A. (1927), 2a. ed., 1959, *Social mobility*, Glencoe, Free Press.

THEIL, Henry (1972), *Statistical decomposition analysis*, Amsterdam, North Holland Press.

TUIRÁN, Rodolfo (1993), "Las respuestas de los hogares de sectores populares urbanos frente a la crisis: el caso de la ciudad de México", en BÉJAR NAVARRO, Raúl y Héctor HERNÁNDEZ BRINGAS (coords.), de *Población y desigualdad social en México*, CRIM-UNAM, México.

UNRISD (2000), *La mano visible: asumir la responsabilidad por el desarrollo social*, Ginebra.

CAMBIO ESTRUCTURAL Y MOVILIDAD OCUPACIONAL EN MONTERREY, MÉXICO*

PATRICIO SOLÍS

RESUMEN

En este trabajo se analizan las tendencias de largo plazo en la movilidad ocupacional en Monterrey, México. Hasta antes de los años ochenta, el crecimiento industrial vinculado a la sustitución de importaciones generó altas tasas de movilidad ocupacional hacia posiciones manuales de alta calificación. La pregunta que se formula en este trabajo es hasta qué punto la crisis y el cambio estructural a partir de esa década alteraron este régimen de movilidad ocupacional. Con base en el análisis de dos encuestas retrospectivas realizadas en 1965 y 2000, se identifican tres tendencias en la movilidad ocupacional: la continuidad en la movilidad estructural ascendente, pero ahora hacia ocupaciones no manuales; la reducción de los ingresos laborales en las ocupaciones no manuales; y la permanencia de la inequidad social en el acceso a las oportunidades laborales. En con-

* Este trabajo reúne parte de los resultados de mi tesis doctoral, presentada en la Universidad de Texas en Austin. Agradezco el apoyo financiero otorgado para este estudio por el Conacyt, la Universidad de Texas en Austin, el Population Council y la Fundación Andrew W. Mellon. También agradezco los comentarios y sugerencias a versiones previas de este trabajo de Bryan R. Roberts, Joseph E. Potter, y Harley L. Browning, así como de dos lectores anónimos.

junto, estas tendencias sugieren que los cambios estructurales de las dos últimas décadas arrojan un saldo negativo en la movilidad ocupacional, incluso en el caso de Monterrey, que podría considerarse como un ejemplo de integración "exitosa" a las nuevas condiciones económicas en América Latina.

INTRODUCCIÓN

La segunda mitad del siglo XX fue escenario de profundos cambios económicos, sociales y demográficos en México. En las cuatro décadas que transcurrieron entre 1940 y 1980, el país experimentó un acelerado proceso de industrialización y urbanización. Luego, durante los años ochenta, el agotamiento del modelo de desarrollo basado en la sustitución de importaciones derivó en una profunda crisis económica, que produjo un incremento marcado de la pobreza y redujo los niveles de bienestar de la población. Más tarde, a finales de dicha década, las medidas de liberalización económica se acompañaron de cierta reactivación del crecimiento económico, aunque éste tuvo un ritmo bastante menor al observado antes de la llamada "década perdida" de los ochenta.

La investigación social y sociodemográfica reciente en México se ha preocupado principalmente por el estudio de los efectos de estas transformaciones en la distribución del ingreso y los niveles de pobreza (Boltvinik, 2001; Cortés, 1998), así como en el análisis de las respuestas de los hogares pobres urbanos a las presiones económicas en los periodos de crisis, a través de las estrategias de sobrevivencia (González de la Rocha, 1994; Selby, Murphy y Lorenzen, 1990; Tuirán, 1993). No obstante, poco se sabe acerca de los efectos de estos cambios en la estratificación y la movilidad social, de tal modo que hoy en día es difícil responder con certeza a preguntas como las siguientes: ¿Cuáles son los patrones emergentes de estratificación social en México? ¿Existe o no una reducción en la movilidad social ascendente en comparación con el periodo de alto crecimiento económico previo a la década de los ochenta? ¿Cuál es en la actualidad la correlación entre las distintas dimensiones de la estratificación, como el trabajo, los ingresos y la escolaridad? ¿Hasta qué punto las oportunidades de movilidad se distribuyen en forma equitativa o desigual entre los individuos provenientes de distintos estratos sociales?

La escasez de aportes sustantivos recientes llama la atención porque no hace mucho tiempo estos temas ocuparon un lugar central en la agenda de investigación sociológica en México y en otros países de América Latina (véase Filgueira, 2000). Estudios como los de Balán, Browning, y Jelin (1977), en Monterrey, y de Muñoz, Oliveira y Stern (1977), en la ciudad de México, documentaron la forma en que el proceso de industrialización, aunado a la intensa migración rural-urbana, dio lugar a un régimen de alta movilidad social, donde las desigualdades de clase eran de cierta manera atenuadas por las elevadas tasas de movilidad social ascendente.[1]

Se tiene poca evidencia empírica acerca de los cambios en la movilidad social en años recientes. En este artículo analizo estos cambios, con énfasis en la movilidad ocupacional y para el caso específico de Monterrey, una ciudad que ilustra las características del desarrollo industrial basado en la sustitución de importaciones, los efectos disruptivos de la crisis de los ochenta, y las formas emergentes de

[1] Este régimen de intensa movilidad ocupacional ascendente no era exclusivo de México, sino que se presentaba en todos los países de América Latina que experimentaron una rápida industrialización basada en la sustitución de importaciones. El estudio pionero sobre la relación entre industrialización y movilidad es el de Germani (1963), sobre la movilidad social en Argentina.

acumulación económica que han acompañado a la liberalización y la globalización. Monterrey es también un caso ideal para un análisis de esta naturaleza porque ofrece la rara oportunidad de contrastar empíricamente los patrones de movilidad ocupacional en dos periodos de su historia reciente: el primero transcurre entre la década de los cuarenta y la de los sesenta, y corresponde al auge económico asociado a la sustitución de importaciones, mientras que el segundo se extiende a las dos últimas décadas del siglo, cuando la economía local enfrentó los estragos del quiebre en el modelo económico y se adaptó con relativo éxito a las nuevas condiciones económicas.

En el artículo presento lo que considero son las tres principales tendencias en la movilidad ocupacional en Monterrey. La primera es la continuidad en las tasas de movilidad estructural ascendente registrada hasta antes de los años ochenta, aunque ahora asociada a la expansión de las ocupaciones no manuales. En segundo lugar, se observa en años recientes una disrupción en la correlación entre ocupaciones e ingresos laborales, caracterizada por la caída de los ingresos en las ocupaciones de rango intermedio, lo cual sugiere que la movilidad estructural ascendente en ocupaciones no necesariamente se ha traducido en movilidad ascendente en ingresos. Por último, también se aprecia una creciente inequidad social en el acceso a las oportunidades laborales, que se manifiesta en la mayor importancia de factores ligados a los orígenes sociales —tales como el estrato social de origen— en el logro ocupacional individual.

Antes de discutir estas tendencias es necesario presentar algunos antecedentes que sirven de contexto a este estudio. En primer lugar, realizo un breve recuento de las transformaciones en la estructura productiva de Monterrey y sus efectos en la creación de oportunidades ocupacionales durante la segunda mitad del siglo pasado. Luego reviso en detalle las herramientas teórico-conceptuales que utilizaré para el análisis empírico de la movilidad ocupacional. Después presento las fuentes de datos para el estudio, así como la estrategia metodológica que lo sustenta. Una vez cubiertos estos antecedentes, procedo a presentar la evidencia que respalda cada una de las tendencias recién apuntadas.

CAMBIOS EN LA ESTRUCTURA PRODUCTIVA Y MERCADO DE TRABAJO EN MONTERREY: 1940-2000

Los cambios en la estructura productiva suelen tener importantes efectos en la movilidad ocupacional, ya que inciden directamente en la creación y la desaparición de oportunidades en el mercado de trabajo. Para el Monterrey de la segunda mitad del siglo XX, estos cambios pueden ser trazados en el tiempo a partir de la delimitación de dos amplios periodos. El primero corresponde al crecimiento económico basado en la sustitución de importaciones, y se extiende desde inicios de los años cuarenta hasta finales de los setenta. El segundo periodo abarca las últimas dos décadas del siglo y se caracteriza, primero por la crisis del modelo de desarrollo basado en la sustitución de importaciones y, segundo, por la implantación de un nuevo modelo económico basado en la apertura a los mercados internacionales y el fin del papel rector del Estado en la economía. Durante esta transición, la economía regiomontana experimentó agudas transformaciones, que a su vez produjeron cambios significativos en el mercado de trabajo.

Con el fin de identificar estos cambios conviene partir de una revisión de las características del desarrollo económico de Monterrey durante el periodo de sustitución de importaciones. Desde finales del siglo pasado, el desarrollo económico de Monterrey estuvo estrechamente ligado a la expansión de las actividades manufactureras, pero este crecimiento fue particularmente alto entre 1940 y 1970, justo la etapa de mayor auge de la sustitución de importaciones.[2] En este periodo, el crecimiento económico de Monterrey tuvo dos rasgos característicos: la concentración en un número limitado de compañías y ramas industriales, y el escaso desarrollo del sector terciario. Las ramas más dinámicas fueron los bienes intermedios, los bienes de capital y los bienes de consumo duradero. La producción de minerales no metálicos como el vidrio y el cemento también ocupaba un lugar importante. Además de estas industrias, con raíces en la expansión industrial originaria de la ciudad, se abrieron nuevas ramas de producción, entre ellas la industria automotriz y la producción de papel y sus derivados.

Los primeros signos de crisis del modelo de sustitución de importaciones se sintieron en Monterrey a principios de la década de los setenta.[3] No obstante, durante la segunda mitad de esa década la ciudad creció nuevamente a tasas superiores a 6% anual, en virtud de que los grandes consorcios locales realizaron cuantiosas inversiones en el contexto del auge petrolero. En este sentido, los años setenta pueden considerarse como una década más de crecimiento económico acelerado en Monterrey, aunque esta expansión se haya logrado a partir de financiamientos riesgosos (como los cré-

[2] Entre 1940 y 1970, las tasas promedio de crecimiento anual del PIB y del PIB industrial en el país fueron de 6.6 y 8.2%, respectivamente. En 1940, 15% del PIB se generaba en actividades industriales; para 1970 esta proporción se incrementó a 23% (Dussel Peters, 1997, 122-123). Durante este periodo, el crecimiento económico de Monterrey fue incluso superior al nacional: en 1940, Monterrey generaba 7.2% del PIB nacional; para 1950 producía 7.8% y para 1960 casi 10% (Cerutti, 2000).

[3] Después de varias décadas de crecimiento continuo, la producción manufacturera se contrajo en 1971, luego se incrementó nuevamente en forma significativa entre 1972 y 1974, fue prácticamente nula en 1975, y decreció nuevamente en 1976 (Cerutti, 2000).

ditos en dólares otorgados por acreedores extranjeros), que fueron el antecedente para la crisis de los años ochenta.

En este sentido, la crisis económica de principios de los ochenta significó la interrupción de varias décadas de crecimiento industrial sostenido en la ciudad. Luego del estallido de la crisis, los grandes consorcios industriales regiomontanos se encontraron en una situación bastante comprometida, por su insolvencia financiera y la contracción de las ventas en el mercado interno (Pozos Ponce, 1996). Esto los llevó a reducir significativamente sus niveles de operación, lo que a su vez propició una reducción masiva en sus plantas laborales. Entre 1980 y 1982, ALFA, VISA y VITRO, tres de los consorcios industriales privados más importantes de América Latina, con sede en Monterrey, despidieron a cerca de 38 000 trabajadores (Pozas, 1993), muchos de los cuales trabajaban en plantas y oficinas establecidas en la ciudad. A éstos habría que sumar los más de 7 000 trabajadores que perdieron su empleo luego del cierre de Fundidora Monterrey a mediados de 1986.

Una vez superados los efectos más adversos de la crisis de los ochenta, la industria regiomontana renovó su crecimiento, aunque en condiciones bastante diferentes a las vigentes durante el periodo de sustitución de importaciones. En el contexto del ingreso de México al GATT en 1986 y la instrumentación de políticas neoliberales a partir del gobierno de Carlos Salinas de Gortari, las grandes empresas regiomontanas desarrollaron estrategias de adaptación y expansión basadas en una mayor integración con los mercados externos (Alba, 1998; Cerutti, 2000; Pozas, 2002).[4] Si

[4] Un ejemplo ilustrativo es Cementos Mexicanos (Cemex), que desarrolló una estrategia de expansión internacional basada en la adquisición de compañías cementeras en distintas regiones del mundo, incluidos Estados Unidos y Europa, lo que la ha llevado a convertirse en la segunda compañía cementera más importante del mundo.

bien estas estrategias permitieron reactivar el crecimiento económico en la ciudad a partir de finales de los años ochenta y durante casi toda la década de los noventa (con excepción de la crisis financiera de 1994-1995), el ritmo de crecimiento del sector industrial no alcanzó los niveles observados durante el periodo de sustitución de importaciones. Al mismo tiempo, se presentó una diversificación de las actividades económicas que favoreció la expansión de los servicios.

Este cambio estructural se reflejó en profundas transformaciones en el mercado de trabajo. De ellas destaco tres por su importancia para el estudio de la movilidad ocupacional. En primer lugar, se presentó un cambio en la estructura sectorial del empleo, que pasó de un claro predominio de las actividades manufactureras a una mayor importancia del sector servicios. El cuadro 1 muestra la distribución de la PEA por grandes ramas de actividad entre 1966 y 2000. En 1966, justo durante el periodo de mayor auge de la sustitución de importaciones, el empleo en Monterrey estaba claramente dominado por las actividades manufactureras, con 40.9% de los trabajadores, mientras que las actividades de servicios apenas agrupaban a 25.1%. Hacia 1978 esta situación no había cambiado sustancialmente, aunque ya se observaba cierta expansión del sector servicios. En cambio, en los nueve años que transcurrieron entre 1978 y 1987, se presentó una acelerada desindustrialización y terciarización de la fuerza de trabajo. La proporción de trabajadores en la industria se redujo de 36.5 a 27.3%, mientras que el porcentaje de trabajadores en los servicios pasó de 31.7 a 39.0%. A pesar de que el crecimiento industrial se reanudó desde finales de los ochenta, esto no se tradujo inmediatamente en un incremento del empleo manufacturero. De hecho, la proporción de trabajadores en la industria decreció en términos relativos entre 1987 y 1998 (de 27.3 a 24.5%), y sólo se incrementó a finales de los noventa, hasta alcanzar el 29.9% de la PEA. A pesar de esta recuperación, es claro que hacia el final del siglo el mercado de trabajo regiomontano mostraba una mayor diversificación hacia los servicios y el comercio, en contraste con la situación predominante durante el auge de la sustitución de importaciones.[5]

El segundo cambio es la transformación de la estructura ocupacional (cuadro 2). En 1965, durante el periodo de auge industrial, la población trabajadora masculina se concentraba en actividades manuales: más de la mitad de los trabajadores varones tenían este tipo de actividad: 31.9% realizaban trabajos manuales de alta calificación[6] y 22.9%

Cuadro 1. Distribución de la PEA ocupada de Monterrey por rama de actividad, 1966-2000

	1966	*1978*	*1983*	*1987*	*1991*	*1994*	*1998*	*2000*
Industria	40.9	36.5	31.1	27.3	28.1	24.5	25.1	29.9
Construcción*	7.7	8.5	9.5	8.8	7.3	9.4	9.8	9.2
Comercio	17.3	16.1	16.0	18.8	21.6	22.5	21.8	18.7
Transporte	6.8	4.7	5.0	4.6	5.2	5.4	5.7	7.2
Servicios	25.1	31.7	36.6	39.0	37.0	37.8	37.1	34.9
Otros**	2.2	2.5	1.8	1.6	0.8	0.4	0.5	0.1
Total	*100.0*	*100.0*	*100.0*	*100.0*	*100.0*	*100.0*	*100.0*	*100.0*

* Incluye el empleo en servicios públicos.
** Incluye industria extractiva y agricultura.
Fuentes: 1966: Balán, 1968: 49; 1978, 1983; Pozos, 1966, 1987-2000: ENEU.

[5] Si bien una parte del crecimiento de los servicios y el comercio se debió a la expansión del sector informal, también se presentó un incremento en las actividades terciarias de mayor productividad, como los servicios al productor y los servicios sociales.

[6] La clasificación de ocupaciones utilizada en este cuadro y en secciones subsiguientes se describe en la sección metodológica y en el cuadro 3.

de baja calificación. En contraste, las ocupaciones profesionales y gerenciales eran escasas, así como los empleos no manuales de baja calificación: los profesionistas y gerentes representaban 7.2%; los empleados especializados 8.0%, y los empleados de oficina y agentes de ventas sólo 12.8 por ciento.[7]

La ausencia de información comparable para finales de los setenta no nos permite trazar los cambios en la estructura ocupacional durante el último trecho de la sustitución de importaciones, aunque la evolución sectorial presentada en el cuadro 1 sugeriría cierta tendencia hacia el incremento en las ocupaciones no manuales, vinculado con la expansión de los servicios. El siguiente corte disponible corresponde a 1987, año en que la economía de la ciudad se encontraba sumergida en una crisis que se prolongaba ya por cinco años. Llama la atención que, a pesar de varios años de recesión, se haya presentado un "ajuste hacia arriba" en la estructura de ocupaciones en relación con 1965: la proporción de profesionistas y gerentes se incrementó de 7.2 a 10.0% y el porcentaje de empleados especializados, empleados de oficinas y agentes de ventas aumentó de 20.8 a 24.0%. En contraste, dentro de las ocupaciones manuales se observa un decremento en las posiciones de menor jerarquía (trabajadores de baja calificación en servicios y manuales sin especialización), que pasaron de 37.8 a 25.5%. Estos resultados sugieren que, a pesar de los efectos negativos de la crisis, en el largo plazo prevaleció una tendencia de expansión relativa en las actividades no manuales y contracción de las ocupaciones manuales.

[7] No se cuenta con información para las mujeres ocupadas. No obstante, en 1965 la tasa de participación laboral femenina era muy baja, por lo que la estructura ocupacional masculina refleja en buena medida la situación del mercado laboral en su totalidad.

Cuadro 2. Distribución de la población ocupada en Monterrey por grupos ocupacionales, 1965, 1987 y 2000

	1965	*1987*			*2000*		
	Hombres	*Hombres*	*Mujeres*	*Total*	*Hombres*	*Mujeres*	*Total*
Profesionistas y gerentes	7.2	10.0	5.6	8.6	12.2	11.0	11.8
Empleados especializados	8.0	13.6	23.4	16.7	14.2	22.2	16.9
Empleados de oficina y agentes de ventas	12.8	10.4	28.8	16.2	8.7	20.8	12.8
Empleados de ventas y trabajadores de control	2.4	6.9	8.8	7.5	9.6	10.6	9.9
Trabajadores manuales especializados	31.9	33.6	8.5	25.7	32.0	14.4	26.1
Trabajadores de baja calificación en servicios	14.9	12.3	24.5	16.2	9.7	17.8	12.4
Trabajadores manuales sin especialización	22.9	13.2	0.4	9.1	13.7	3.1	10.1
Total	*100.0*	*100.0*	*100.0*	*100.0*	*100.0*	*100.0*	*100.0*

* Sólo se dispone de información para los hombres.

Fuentes: 1965: Encuesta de movilidad social y geográfica de Monterrey; 1987 y 2000: Encuesta nacional de empleo urbano (ENEU), Segundo panel.

La estructura ocupacional de Monterrey continuó su "ajuste hacia arriba" durante los años noventa.[8] Éste se manifestó en la reducción de la proporción de trabajadores de baja calificación en los servicios, que decreció de 16.2% en 1987 a 12.4 en 2000, así como en el incremento de profesionistas y gerentes (de 8.6 a 11.8%) y el aumento en la proporción de empleados en ventas y trabajadores de control (de 7.5 a 9.9%). Es interesante que la proporción de trabajadores de oficina y agentes de ventas haya *decrecido* durante este periodo. Tal vez esto se deba a la reducción drástica del empleo en el sector público. En resumen, el contraste entre las distribuciones ocupacionales de 1987 y 2000 refleja una expansión de las posiciones no manuales. Esto sugiere que la tendencia hacia la creación de posiciones no manuales continuó en la última década del siglo XX, aunque en forma menos acentuada que entre 1965 y 1987.

La tercera tendencia es la drástica reducción en las remuneraciones al empleo, que se produjo por los efectos acumulados de las crisis de 1982, 1987 y 1994-1995, así como de las políticas de contención salarial instrumentadas mediante los "pactos económicos" de la década de 1980 (Lustig, 1998). Es verdad que hacia el final del siglo los ingresos ocupacionales medios eran mayores en Monterrey que en otras ciudades del país (Solís, 2002). No obstante, la evolución de los salarios medios en el tiempo fue similar en Monterrey que en el conjunto nacional: entre 1979 y 1987 tuvieron reducciones significativas; sufren cierta recuperación entre 1988 y 1993; experimentan una nueva caída entre 1994 y 1995, y finalmente recuperan algo del terreno perdido durante la segunda mitad de los años noventa

[8] Debido a que ya se cuenta con información para ambos sexos, la comparación entre 1987 y 2000 se realiza con base en el total de la PEA ocupada.

(Dussel Peters, 1997, 2003). Como resultado de estas fluctuaciones, los ingresos laborales en la ciudad mostraron un decremento en términos reales respecto a su nivel a finales de los setenta.

En síntesis, el cambio estructural experimentado por la economía regiomontana en las dos últimas décadas del siglo tuvo profundas implicaciones en el mercado de trabajo, entre las que destacan la terciarización del empleo, la expansión de ocupaciones no manuales y el deterioro de los ingresos laborales. Estas transformaciones son las que proporcionan el contexto para el análisis de la movilidad ocupacional que se presenta en este artículo.

ANTECEDENTES CONCEPTUALES Y METODOLÓGICOS PARA EL ESTUDIO DE LA MOVILIDAD OCUPACIONAL

Antes de presentar los resultados empíricos es necesario discutir brevemente ciertos aspectos conceptuales y metodológicos relacionados con el estudio de la movilidad ocupacional. Esta área de investigación se inscribe en el conjunto más amplio de estudios sobre estratificación y movilidad social, que es uno de los campos con mayor desarrollo teórico y conceptual en la sociología. Las aproximaciones teóricas y las herramientas metodológicas asociadas al estudio de la movilidad social son tanto diversas como complejas, por lo que se deben clarificar conceptos y métodos antes del análisis empírico. Este ejercicio de clarificación debe incluir al menos los siguientes tres aspectos: *a)* las dimensiones de la estratificación social que se estudiarán; *b)* los tipos de movilidad social que se pretende analizar, y *c)* si el interés es sólo delinear los rasgos estructurales de la movilidad a escala agregada, o también analizar los factores que inciden sobre la movilidad individual.

Las dimensiones de la estratificación social

En un sentido amplio, los sistemas de estratificación social pueden definirse como el conjunto de instituciones y sistemas de relaciones sociales que regulan la manera en que los activos sociales son distribuidos entre sus miembros (Kerbo, 1996). Una de las primeras preguntas que surgen al plantear esta definición es cuáles son esos activos. Se reconoce que pueden ser de muy diversa índole. Así, por ejemplo, Grusky (1994: 4) propone una clasificación de siete tipos de activos: económicos, políticos, culturales, sociales, honoríficos, civiles y humanos.

Cada uno de estos tipos de activos podría considerarse como una dimensión independiente de la estratificación social. No obstante, por lo general la investigación sobre movilidad social adopta una estrategia "reduccionista", consistente en sintetizar esta multidimensionalidad a través de la agrupación de los individuos en un número limitado de categorías, estratos o clases (Grusky, 1994).[9] Se han privilegiado las clasificaciones jerárquicas de ocupaciones como criterio de agrupación, pues se sostiene que en las sociedades modernas el mercado de trabajo es, aunque no el único, sí el medio fundamental para la distribución de activos de diversa índole.[10] En este artículo adopto esta perspectiva, por lo que analizaré sólo la movilidad ocupacional. No obstante, al estudiar los cambios en el tiempo en la mo-

[9] Detrás de esta estrategia existen al menos dos supuestos básicos: que existe una alta correlación en la distribución de activos entre las distintas dimensiones de la estratificación y que el criterio de agrupación adoptado refleja en forma aceptable la desigualdad en estas distribuciones altamente correlacionadas.

[10] No obstante, debe aclararse que los estudios de movilidad social no se han limitado al análisis de la movilidad ocupacional. De hecho, en la literatura sobre movilidad social abundan ejemplos donde se adoptan otros criterios de clasificación, como la escolaridad y los ingresos.

vilidad ocupacional es necesario retomar el problema de la multidimensionalidad en la estratificación, pues es posible que las retribuciones de distinta índole asociadas a cada ocupación hayan cambiado en el tiempo, lo que le daría un significado distinto a la movilidad ocupacional. Como señalé, en el caso de México una de las dimensiones más susceptibles a estos cambios han sido los ingresos laborales. Es por ello que pongo especial atención a los cambios en el tiempo en los ingresos por trabajo.

Los tipos de movilidad social

Otro aspecto que debe aclararse es qué tipo de movilidad ocupacional se pretende analizar. Existen distintos modos de conceptualizar y cuantificar la movilidad ocupacional, cada una con supuestos teóricos y metodológicos distintos, por lo que si se comparan distintos tipos de movilidad se puede llegar a conclusiones empíricas muy diversas e incluso antagónicas. En este sentido, es importante precisar al menos tres aspectos de la movilidad: su *dirección*, esto es, si es horizontal o vertical; su *carácter generacional*, o sea si es intrageneracional o intergeneracional; y su *origen*, que puede ser estructural o de circulación (Kerbo, 1996).

La movilidad horizontal puede definirse como el movimiento entre posiciones con el mismo rango en la estructura social. En cambio, la movilidad vertical consiste en el movimiento entre posiciones de distinta jerarquía. Si bien ambas formas de movilidad son de interés sociológico, la vertical ha sido objeto de mayor atención en los estudios de estratificación social, pues revela el grado de fluidez dentro de la estructura de clases o estratos sociales, de tal manera que, *ceteris paribus*, una mayor movilidad vertical significa que existe más igualdad de oportunidades y, presumiblemente, un menor grado de estructuración al interior de las clases sociales (Giddens, 1989; Kingston, 2000). En este artículo me concentro en el análisis de la movilidad vertical.

La movilidad intrageneracional es la que experimentan los individuos a lo largo de su curso de vida. En contraste, la intergeneracional es la que se presenta entre las posiciones de los padres y los hijos. El análisis que sigue se realizará exclusivamente con la movilidad intergeneracional. Esto se debe, por un lado, a que los cambios de largo plazo en la movilidad ocupacional se observan en forma más nítida a través de la movilidad intergeneracional, pues ésta abarca periodos más largos de tiempo y, por otro, a que al contrastar las ocupaciones de padres e hijos es posible tratar uno de los temas centrales en el estudio de la movilidad social, que es el grado en que los orígenes sociales inciden sobre el destino de los individuos.

Por último, la movilidad estructural es la que se genera directamente a partir de los cambios globales en la estructura de posiciones (por ejemplo, la mayor creación de empleos en la cima de la estructura ocupacional que en la base). En cambio, la movilidad de circulación es aquella que tiene lugar tanto en un sentido descendente como ascendente y no es el resultado de los cambios "forzados" que impone la transformación de la estructura de posiciones. Los niveles de movilidad estructural indican hasta qué punto los cambios estructurales en una sociedad, tales como la transformación de una economía agrícola a otra industrial, la expansión de los servicios en las sociedades posindustriales, o el incremento generalizado de los niveles de escolaridad, crean o destruyen las oportunidades colectivas para la movilidad social, independientemente del origen social de los individuos (Hout, 2003). Como ya lo describí, Monterrey experimentó transformaciones de esta índole en su mercado de trabajo durante las últimas décadas, y en este artículo reviso cómo estas transformaciones incidieron en la movilidad estructural.

Las estructuras de movilidad y el proceso de logro ocupacional

Por último, otro punto que es importante aclarar es si se busca estudiar únicamente los rasgos estructurales de la movilidad ocupacional (esto es, el análisis de las propiedades de la tabla de movilidad social), o bien se pretende analizar los determinantes de la movilidad individual. El análisis de las tablas de movilidad social a partir de técnicas como los modelos de regresión loglineal ha dado origen a una serie de estudios que permiten comparar el grado de movilidad en distintas sociedades.[11] No obstante, la mayoría de estos estudios han dejado de lado el análisis de los factores que inciden en el logro ocupacional a escala individual. Blau y Duncan (1967) fueron los pioneros en el estudio formal de estos factores, al analizar las maneras en que los orígenes sociales contribuyen al logro ocupacional a través de la mediación de variables como la escolaridad, las aspiraciones y el ambiente familiar. A partir de entonces, los estudios sobre los determinantes del logro individual se han convertido por sí mismos en una subdisciplina en el área de la estratificación social [véanse, por ejemplo, los trabajos de Sewell, Haller y Portes (1969), Hauser y Featherman (1977), Hauser, Tsai y Sewell (1983) y Grusky y DiPrete (1990)].

Como señalé, en este artículo analizo los cambios en la movilidad estructural en Monterrey, pero también exploro algunos determinantes del logro ocupacional a escala individual. Esto permite introducir a la discusión el tema de la desigualdad de oportunidades, que es uno de los tópicos

[11] El estudio clásico en esta corriente es el de Erikson y Goldthorpe (1992), en el que se comparan las tendencias en la movilidad social en doce países industrializados.

emergentes en la agenda de la investigación social en América Latina. Todas las sociedades conocidas son desiguales en la distribución de los recursos, y además poseen mecanismos institucionales que rigen la repartición de los mismos. Estos mecanismos pueden ser de distinta índole, pero en general se agrupan en dos categorías: los asociados a los orígenes sociales y los asociados al mérito individual. Los mecanismos asociados a los orígenes sociales son los que se basan en características que los individuos heredan o poseen al nacimiento, como el estrato social de origen, la raza o el género. Los mecanismos asociados al mérito son los que dependen de características que se adquieren a través del esfuerzo individual, como podría ser el nivel de instrucción en un marco de equidad en el acceso a las oportunidades educativas.

Uno de los principales postulados de la teoría liberal del industrialismo (Erikson y Goldthorpe, 1992) es que en la medida en que avanza el proceso de industrialización, se logra una mayor equidad en las oportunidades de movilidad social, de tal modo que los individuos con orígenes sociales diferentes compiten en términos de creciente igualdad para alcanzar (o evitar) ciertas posiciones sociales. En la práctica, este postulado implica que junto con la industrialización se reduce la importancia de variables asociadas a los orígenes sociales (particularmente el estrato social de origen) como determinantes de la movilidad social, al tiempo que adquieren mayor relevancia los factores asociados al mérito individual. Esta predicción, presente explícitamente en el trabajo de varios autores (por ejemplo Treiman, 1970) y de manera implícita en el enfoque funcionalista de Parsons, es aún objeto de un amplio debate, pues diversos autores sostienen que las tendencias en la movilidad social —y más específicamente en la equidad de oportunidades— dependen no sólo de la evolución de la estructura económica, sino también de los arreglos institucionales que se adoptan en cada sociedad para mitigar (o exacerbar) el efecto de los orígenes sociales sobre el logro individual. Esta última posición es respaldada principalmente por una corriente de sociólogos europeos que han enfatizado el papel del Estado de Bienestar como institución reguladora de los regímenes de estratificación social en aquel continente (Erikson y Goldthorpe, 1992; Esping-Andersen, 1993; Mayer, 1991; 1997), así como por algunos autores norteamericanos (en particular DiPrete *et al.*, 1997, 2001) que han destacado la importancia de los distintos contextos institucionales nacionales en las tasas de movilidad social y la distribución de oportunidades.[12]

En el ámbito específico de este trabajo, mi interés es analizar los efectos en el logro ocupacional de factores ligados al origen social y al mérito individual, con el fin de establecer hasta qué punto se ha avanzado o no en abatir la inequidad de oportunidades. Esta pregunta adquiere relevancia no sólo por los cambios en la estructura económica apuntados en la sección anterior, sino también en el marco de transformaciones más amplias, como son el debilitamiento de las políticas de bienestar del Estado mexicano, el deterioro de los niveles de vida de las familias asociado a las crisis económicas, la masificación de la educación básica acompañada de la segmentación de la educación superior en planteles públicos y privados, y la notable reducción de la inmigración rural a Monterrey.

[12] Este debate teórico se ha trasladado a la esfera de los estudios empíricos sin resultados concluyentes. Por ejemplo, Biblarz, Bengston y Bucur (1996), presentan datos a favor de la hipótesis de la reducción de los efectos de factores asociados al origen social en Estados Unidos. En contraste, Erikson y Goldthorpe (1992), presentan abundantes evidencias en contra de esta hipótesis para varios países industrializados. Ganzeboom, Treiman y Ultee (1991), ofrecen una revisión detallada de este debate y de la investigación comparativa en la materia previa a la década de los noventa.

DATOS Y METODOLOGÍA

Los datos para el análisis de la movilidad ocupacional provienen de dos fuentes: la "Encuesta sobre movilidad social y geográfica en Monterrey", realizada por Browning, Balán y Jelin en 1965 (véase Balán, Browning y Jelin, 1977), y la "Encuesta sobre movilidad social y curso de vida en Monterrey", realizada a finales de 2000 y diseñada para lograr compatibilidad con la realizada por Balán, Browning y Jelin en 1965. Ambas encuestas recopilan las historias ocupacionales completas de hombres adultos residentes en Monterrey,[13] así como la ocupación de sus padres al nacimiento y otras variables relevantes, como la escolaridad, el origen migratorio y otras características sociodemográficas.

A partir de esta información contrasto la movilidad ocupacional intergeneracional a los 33 años de edad de cuatro cohortes de nacimiento de hombres residentes en Monterrey: 1905-1919, 1920-1932, 1940-1954 y 1955-1967. Cada una de estas cohortes llegó a los 33 años de edad en distintos periodos del desarrollo económico de Monterrey. La primera cohorte lo hizo entre 1938 y 1953, al inicio del periodo de sustitución de importaciones; la cohorte 19021-1932 entre 1954 y 1965, durante los años de mayor expansión industrial de Monterrey; la cohorte 1950-1974 entre 1973 y 1987, al final de la sustitución de importaciones y durante la crisis económica de los años ochenta; y la cohorte 1955-1967 entre 1988 y 2000, en el periodo de crecimiento basado en la expansión internacional de las empresas locales y la

[13] Desafortunadamente, en ninguna de las dos encuestas se recopiló información para las mujeres, por lo que en este trabajo sólo analizo la movilidad ocupacional masculina. Una tarea importante a futuro es recolectar información retrospectiva sobre las trayectorias laborales femeninas, lo que permitiría incorporar en el análisis a un segmento creciente de la fuerza de trabajo regiomontana.

diversificación sectorial de la economía regiomontana. En este sentido, la movilidad ocupacional de las cohortes refleja los cambios en las condiciones económicas y sociales experimentados en la ciudad durante la segunda mitad del siglo pasado.

El cuadro 3 muestra la clasificación ocupacional que utilizo en este estudio. En el mayor nivel de agregación, esta clasificación distingue cuatro categorías ocupacionales (desde "No manual de alta calificación" hasta "Manual de baja calificación"), elaboradas a partir de la doble dicotomía que distingue, por un lado, entre ocupaciones manuales y no manuales, y por el otro entre ocupaciones de baja y alta calificación. En el menor nivel de agregación, la clasificación identifica ocho grupos ocupacionales (desde "Profesionistas y gerentes" hasta "Trabajadores agrícolas"). En ambos niveles de agregación adopto el supuesto de que existe una jerarquía en términos de retribuciones económicas, prestigio y otros activos entre los miembros de las ocupaciones, de tal modo que la movilidad entre ellas puede caracterizarse como de tipo vertical.[14] La utilización de una u otra clasificación ha dependido en gran medida del número de casos disponibles en las muestras, aunque el nivel de agregación no altera significativamente los resultados sustantivos de este trabajo.[15]

El arsenal técnico de los estudios de estratificación y movilidad social ha alcanzado un alto grado de sofisticación. No obstante, en este artículo he optado por utilizar principalmente técnicas descriptivas para identificar las

[14] En el caso de Monterrey este supuesto no sólo tiene un sustento teórico, sino también empírico. Véase Solís, 2002.

[15] Esta clasificación es bastante parecida al esquema propuesto por Erikson, Golthorpe y Portocarrero (1979), aunque se le hicieron algunas modificaciones para ajustarse a la información disponible y a ciertas especificidades de los mercados de trabajo urbanos en México (Solís, 2002).

Cuadro 3. Clasificación de ocupaciones

Nivel de agregación		
Cuatro grupos	*Ocho grupos*	*Ocupaciones que integran el grupo*
I. No manual de alta calificación	I. Profesionistas y gerentes	Profesionistas; gerentes y directivos de alto nivel en los sectores público y privado; profesores universitarios
II. No manual de baja calificación	II.A Empleados especializados	Directivos de nivel medio en el sector público y privado; técnicos; maestros de nivel inferior al universitario; artistas y deportistas; dueños de comercios establecidos
	II.B Empleados de oficina y agentes de ventas	Trabajadores de rutina en oficinas (archivistas, secretarios, etc.). Agentes de ventas en seguros o bienes raíces
	II.C Empleados de ventas y trabajadores de control	Empleados de ventas en negocios establecidos; supervisores en la industria
III. Manual de alta calificación	III. Trabajadores manuales especializados	Operadores de maquinaria; artesanos; choferes y otros conductores de vehículos; obreros especializados
IV. Manual de baja calificación	IV.A Trabajadores de baja calificación en servicios	Vendedores ambulantes; trabajadores en servicios personales; trabajadores en ser-

		vicios domésticos; trabajadores en servicios de seguridad
	IV.B Trabajadores manuales sin especialización	Peones; ayudantes; aprendices de artesano; obreros no especializados; trabajadores de la construcción
	IV.C Trabajadores agrícolas	Trabajadores en actividades agrícolas

principales tendencias en la movilidad ocupacional. Solamente utilizo modelos de regresión logística para el análisis de los factores que inciden sobre el logro ocupacional individual, pues esta técnica permite poner a prueba hipótesis en torno a los efectos de los orígenes sociales una vez que se controla la movilidad estructural. Las características y ventajas de estos modelos se discuten en la sección respectiva.

LA CONTINUIDAD DE LA MOVILIDAD ESTRUCTURAL ASCENDENTE

Monterrey experimentó amplias transformaciones en su mercado de trabajo durante las dos últimas décadas del siglo pasado, entre las que destacan la rápida terciarización y el incremento relativo de las ocupaciones no manuales. El contraste de la ocupación que tenían a los 33 años de edad los miembros de las cuatro cohortes de nacimiento (cuadro 4) refleja estas transformaciones. Puede apreciarse, en primer lugar, que las ocupaciones manuales de baja calificación (últimos tres grupos) perdieron importancia gradualmente como fuente de empleo: en la cohorte 1905-1920, la proporción de trabajadores en este tipo de ocupaciones alcanzaba 43.8%; este porcentaje se redujo a 37.2% en la cohorte 1921-1932, a 28.5% en la cohorte 1940-1954, y a 19.6% en la cohorte 1955-1967. Por otra parte, el peso relativo de las ocupaciones manuales de alta calificación se incrementó entre la cohorte 1905-1919 y la cohorte 1921-1932, lo que refleja la expansión del empleo industrial durante la época dorada de la sustitución de importaciones; luego decae a 25.6% en la cohorte 1940-1954, y se recupera a 29.6% en la cohorte más joven. Por último, la importancia de las ocupaciones no manuales, tanto de alta como baja calificación, se incrementa gradualmente en las tres primeras

Cuadro 4. Distribución porcentual de los hombres pertenecientes a cuatro cohortes de nacimiento según su ocupación a los 33 años de edad*

*Ocupación a los 33 años de edad**	*Cohorte de nacimiento*			
	1905-1920	*1921-1932*	*1940-1954*	*1955-1967*
Profesionistas y gerentes	5.1	7.8	14.1	14.1
Empleados especializados	6.7	6.7	14.7	16.2
Empleados de oficina y agentes de ventas	9.5	10.9	10.1	9.4
Empleados de ventas y trabajadores de control	3.8	2.7	7.0	11.1
Trabajadores manuales especializados	31.1	34.6	25.6	29.6z
Trabajadores de baja calificación en servicios	12.6	12.0	7.	7.67
Trabajadores manuales sin especialización	28.9	23.8	20.2	11.7
Trabajadores agrícolas	2.3	1.4	0.6	0.3
Total	100.0	100.0	100.0	100.0
Número de casos	412	933	567	460

cohortes, y permanece constante entre la tercera y la cuarta. Estos cambios son consistentes con las tendencias en la estructura ocupacional regiomontana presentadas en el cuadro 2, y sugieren que, al menos en términos de la estructura ocupacional propuesta, existe en las cohortes sucesivas una tendencia de desconcentración del empleo en actividades manuales e incremento de las ocupaciones no manuales. Este "ajuste hacia arriba" en la estructura ocupacional se presenta con mayor intensidad en las tres primeras cohortes. De hecho, el único cambio que destaca en la última cohorte es la reducción de las ocupaciones manuales sin especialización (de 20.2 a 11.7%), compensado por los incrementos en las ocupaciones manuales especializadas (de 25.6 a 29.6%) y las ocupaciones de ventas y control (de 7.0 a 11.1 por ciento).

¿Cuál fue el logro ocupacional de los hombres regiomontanos en relación con sus padres? ¿Se refleja el cambio estructural hacia posiciones no manuales en una mayor movilidad intergeneracional? Con el fin de responder a estas preguntas elaboré tablas de movilidad intergeneracional para cada cohorte con base en la ocupación del padre al nacimiento del entrevistado y la ocupación del entrevistado a los 33 años de edad (cuadro 5). El contraste entre los marginales de padres e hijos nos permite estimar la magnitud de la movilidad estructural, esto es, el cambio absoluto en las distribuciones ocupacionales entre generaciones.[16] Existe un marcado incremento en la movilidad estructural entre cohortes: en la cohorte 1905-1920 fue de 15%, en la cohorte

[16] La movilidad estructural se calcula por medio del índice de disimilitud, esto es, la sumatoria del valor absoluto de las diferencias entre los totales (marginales) de hijos y padres, divididos entre dos. Por ejemplo, en la primera cohorte, la movilidad estructural se calcula de la siguiente manera: $(|5.1-4.4|/2) + (|20.6-18.0|/2) + (|29.3-17.2|/2) + (|45.0-60.5|/2) = 15.5$.

Cuadro 5. Tablas de movilidad ocupacional intergeneracional para cuatro cohortes de hombres residentes en Monterrey*

Cohorte 1905-1920

Ocup. padre**	Ocupación del entrevistado** I	II	III	IV	Total
I	2.0	0.7	0.7	0.9	4.4
II	1.2	5.9	4.8	6.0	18.0
III	0.4	4.8	5.8	6.2	17.2
IV	1.4	9.2	18.0	31.8	60.5
Total	5.1	20.6	29.3	45.0	100.0

Cohorte 1920-1932

Ocup. padre**	Ocupación del entrevistado** I	II	III	IV	Total
I	2.4	0.9	0.5	0.0	3.8
II	2.4	4.9	4.7	3.4	15.3
III	1.0	5.1	11.1	3.4	20.5
IV	2.2	8.8	18.6	30.7	60.3
Total	8.0	19.7	34.8	37.5	100.0

Cohorte 1940-1954

Ocup. padre**	Ocupación del entrevistado** I	II	III	IV	Total
I	2.2	1.5	0.0	0.3	3.9
II	4.3	9.0	1.3	2.5	17.1
III	3.5	8.1	6.8	4.2	22.6
IV	4.2	13.0	17.4	21.7	56.4
Total	14.2	31.6	25.5	28.7	100.0

Cohorte 1955-1967

Ocup. padre**	Ocupación del entrevistado** I	II	III	IV	Total
I	4.0	0.8	0.3	0.1	5.2
II	4.4	10.0	2.8	1.3	18.4
III	2.2	10.2	10.7	3.1	26.1
IV	3.4	15.8	16.2	15.0	50.3
Total	14.0	36.8	29.9	19.3	100.0

* Ocupación del padre al nacimiento y del entrevistado a los 33 años. Sólo se incluyen los residentes en Monterrey a los 33 años de edad.
** Categorías ocupacionales.
I. No manual de alta calificación.
II. No manual de baja calificación.
III. Manual de alta calificación.
IV. Manual de baja calificación.
Fuentes: Cohortes 1905-1932: Encuesta sobre trabajo y migración en Monterrey, 1965; cohortes 1940-1967: Encuesta sobre movilidad ocupacional y curso de vida en Monterrey, 2000.

1921-1932 de 23%, en la cohorte 1940-1954 de 28%, y en la cohorte 1955-1967 de 31%. Si se revisan en detalle los marginales de padres e hijos puede notarse que este incremento en la movilidad estructural se debe básicamente al cambio hacia ocupaciones no manuales en las distribuciones ocupacionales de los hijos.

El análisis de la distribución de casos dentro de las tablas permite caracterizar más detalladamente la movilidad ocupacional intergeneracional. En la diagonal se ubican los individuos que no experimentaron movilidad ocupacional intergeneracional, mientras que en el triángulo inferior izquierdo se encuentran quienes tuvieron movilidad ascendente y en el superior derecho quienes tuvieron movilidad descendente. El cuadro 6 presenta medidas resumen de estos tipos de movilidad. Tanto la movilidad descendente como la inmovilidad tienden a disminuir gradualmente. El porcentaje de individuos que experimentaron movilidad descendente pasó de 19.4% en la cohorte 1905-1920 a 8.3% en la cohorte 1955-1967, mientras que quienes no experimentaron movilidad se redujeron de 49.1% en la cohorte 1921-1932 a 39.5% en la cohorte 1955-1967. En cambio, se

Cuadro 6. Medidas resumen de movilidad ocupacional intergeneracional para cuatro cohortes de hombres residentes en Monterrey

	1905-1920	*1921-1932*	*1940-1954*	*1955-1967*
Movilidad ascendente	34.9	38.1	50.6	52.2
No hubo movilidad	45.7	49.1	39.7	39.5
Movilidad descendente	19.4	12.8	9.7	8.3
Total	100.0	100.0	100.0	100.0

Fuente: cuadro 5.

presenta un claro incremento en el porcentaje de individuos que experimentaron movilidad intergeneracional ascendente, de 34.9% en la cohorte 1905-1920 a 52.2% en la cohorte 1955-1967.

En resumen, las tablas de movilidad ocupacional muestran un claro incremento entre cohortes en la movilidad ocupacional ascendente. Este incremento se manifiesta tanto en la distribución de marginales, donde un número creciente de hijos se concentra en ocupaciones no manuales, como en la distribución de casos dentro de la tabla, donde el porcentaje que experimenta movilidad ascendente se incrementa hasta alcanzar más de 50% en la última cohorte. En este sentido, el análisis de cohortes revela que la movilidad ocupacional ascendente de corte estructural que predominó en Monterrey hasta antes de los años ochenta no se interrumpió con la crisis y el cambio estructural de las dos últimas décadas. La diferencia es que en este último periodo la movilidad ascendente estuvo crecientemente vinculada con la expansión de las actividades no manuales, mientras que en el periodo precedente provino del crecimiento de las posiciones manuales de alta calificación.

EL DEBILITAMIENTO DE LA CORRELACIÓN ENTRE OCUPACIONES E INGRESOS

Una pregunta que surge de inmediato al revisar estas tendencias es en qué medida la movilidad estructural ascendente se tradujo en una mejora en las condiciones de vida. Éste es un tema complejo pues, tal como señalé, junto con la transformación de la estructura ocupacional pudieron presentarse cambios en las retribuciones de cada ocupación en cada una de las dimensiones de la estratificación social (ingresos, prestigio, poder, capital social, acceso a bienes culturales, etc.). Más aún, es posible que en algunos casos las variaciones vayan en sentido distinto dependiendo de la dimensión que se considere. Por la carencia de información, es imposible hacer un recuento exhaustivo de las variaciones en el tiempo en cada una de estas dimensiones. No obstante, los datos disponibles sí nos permiten explorar a grandes rasgos los cambios en los ingresos, que debido a su alto grado de convertibilidad con otros bienes y activos constituyen una de las dimensiones fundamentales de la estratificación social.

Como señalé, una de las tendencias de la economía mexicana durante las dos últimas décadas del siglo pasado fue la reducción de los ingresos laborales. No obstante, en Monterrey esta reducción no fue similar en todas las ocupaciones, como lo muestra el cuadro 7, que presenta los cuartiles y la mediana del ingreso por ocupación para los hombres regiomontanos en 1965, 1987 y 2000.[17] Se aprecia que en 1965 existía una clara correlación positiva entre ocupaciones e ingresos. La mediana del ingreso para los trabajadores manuales sin especialización alcanzaba los 3 178 pesos, esto es, siete veces menos que el ingreso de los profesionistas y gerentes (23 844 pesos). Los trabajadores manuales especializados también tenían ingresos significativamente superiores a los no calificados (4 327 pesos, lo que representa 36% más que el ingreso de los trabajadores manuales sin especialización). Para los trabajadores manuales, el acceso a las actividades no manuales de baja calificación representaba la posibilidad de aumentos significativos en los ingresos: así, por ejemplo, el ingreso mediano de los empleados en ventas y trabajadores de control (7 385 pesos) era 71% mayor que el de los trabajadores manuales especializados, y más que el doble del de los trabajadores manuales de baja calificación. Estos datos revelan que en 1965 existía una

[17] Los ingresos están actualizados a su valor real en pesos para el tercer trimestre de 2000.

Cuadro 7. Cuartiles y mediana de los ingresos laborales mensuales de los hombres regiomontanos, por grupos de ocupaciones, 1965, 1987 y 2000*

Primer cuartil	*1965*	*1987*	*2000*
Profesionistas y gerentes	14 995	3 984	6 000
Empleados especializados	3 695	2 741	3 010
Empleados de oficina y agentes de ventas	4 113	2 398	2 580
Empleados de ventas y trabajadores de control	5 053	2 124	2 580
Trabajadores manuales especializados	3 446	22 072	2 580
Trabajadores de baja calificación en servicios	2 393	1 987	1 800
Trabajadores manuales sin especialización	2 792	1 919	2 150
Total	3 078	2 056	2 580
Mediana	*1965*	*1987*	*2000*
Profesionistas y gerentes	23 844	6 374	10 000
Empleados especializados	7 291	3 736	4 300
Empleados de oficina y agentes de ventas	5 770	3 736	3 10
Empleados de ventas y trabajadores de control	7 385	2 878	3 440
Trabajadores manuales especializados	4 327	2 741	3 010
Trabajadores de baja calificación en servicios	3 257	2 261	2 580
Trabajadores manuales sin especialización	3 178	2 056	2 580
Total	4 113	2 741	3 440
Tercer cuartil	*1965*	*1987*	*2000*
Profesionistas y gerentes	32 086	8 923	17 200
Empleados especializados	12 804	5 737	8 000

Continúa...

...continuación

Tercer cuartil	*1965*	*1987*	*2000*
Empleados de oficina y agentes de ventas	9 071	4 908	4 928
Empleados de ventas y trabajadores de control	11 423	4 780	5 880
Trabajadores manuales especializados	6 204	3 426	4 300
Trabajadores de baja calificación en servicios	4 345	2 741	3 440
Trabajadores manuales sin especialización	3 939	2 422	3 440
Total	6 946	4 111	5 200

* Se incluyen solamente los hombres ocupados entre 20 y 60 años de edad. Los ingresos son ajustados a su valor real en pesos para el tercer trimestre de 2000, con base en las cifras oficiales de inflación nacionales publicadas por el Banco de México e INEGI.
Fuentes: Encuesta de movilidad social y geográfica en Monterrey, 1965; Encuesta nacional de empleo urbano, 1987 y 2000.

clara progresión en el monto de los ingresos en la medida en que se ascendía en la jerarquía ocupacional.

El panorama cambió notablemente para el año 2000.[18] Sin excepción, en todos los grupos ocupacionales se presenta una reducción de los ingresos reales. No obstante, estas reducciones son significativamente mayores para los traba-

[18] Los ingresos para 1987 reflejan el efecto coyuntural de la crisis en la que se encontraba sumergido el país en aquel año, por lo que, si bien ilustran el grado en que se contrajeron los ingresos durante la recesión, deben interpretarse con cautela cuando se trata de analizar las tendencias de largo plazo. Por esta razón, realizo la comparación con el año 2000.

jadores no manuales. La mediana de los ingresos laborales para los profesionistas y gerentes cayó 58%; la de los trabajadores no manuales especializados, 41%; la de los trabajadores de oficinas y de ventas, 48%; y la de los empleados en ventas y trabajadores de control, 53%. En cambio, los ingresos de los trabajadores manuales disminuyeron en menor proporción (entre 18% y 30%). En consecuencia, la brecha de ingresos entre los trabajadores manuales y los no manuales se redujo, pero no como resultado de la mejora de los ingresos de los primeros, sino por el mayor empobrecimiento de los últimos. Así, por ejemplo, si en 1965 el ingreso mediano de un empleado en ventas o trabajador de control era 71% superior al de un trabajador manual calificado, en el año 2000 era sólo 14% superior.

Si además de esto se considera el rango de variabilidad de los ingresos en cada grupo ocupacional (primer y tercer cuartil), entonces se podrá apreciar que, en relación con lo que ocurría durante el auge de la sustitución de importaciones, hoy en día es más probable encontrar trabajadores no manuales que tengan ingresos similares o incluso inferiores a los de los trabajadores manuales. En síntesis, estas tendencias indican un debilitamiento de la correlación positiva entre ocupaciones e ingresos, y por consiguiente una reducción de las ventajas económicas asociadas a la movilidad ocupacional ascendente.

PERSISTENCIA DE LA INEQUIDAD DE OPORTUNIDADES

Junto con la reducción de los ingresos en las ocupaciones no manuales, la estratificación ocupacional en Monterrey presenta otra señal de retroceso: la persistencia, e incluso el probable incremento en tiempos recientes, de la inequidad social en el acceso a las oportunidades laborales. Como ya señalé, existe un fuerte debate en torno a los cambios en la equidad de oportunidades asociados a la industrialización y los procesos de modernización. Es importante retomar este debate en las sociedades latinoamericanas, a la luz de las transformaciones económicas y sociales que han experimentado en las últimas décadas. Los estudios acerca de la pobreza y la desigualdad de ingresos han documentado los efectos de las crisis económicas, las políticas de ajuste y la liberalización económica sobre los niveles de bienestar y la desigualdad de ingresos, pero se sabe poco en torno a la forma en que estas transformaciones han incidido en la desigualdad de oportunidades laborales. ¿Sugieren que el acceso a las oportunidades laborales es más equitativo o más desigual en relación con los orígenes sociales de los individuos?

Para intentar responder estas preguntas en el caso de Monterrey es necesario utilizar modelos de regresión de tipo loglineal o logístico, los cuales permiten estimar el efecto de los orígenes sociales sobre el logro ocupacional individual, al tiempo que controlan el efecto de la movilidad estructural, así como de otras variables.[19] En este caso utilizo modelos de regresión logística ordenados. Estos modelos permiten comparar el riesgo de que un individuo con estrato social de

[19] Por limitaciones de espacio, no es posible profundizar aquí en torno a la pertinencia metodológica de utilizar modelos basados en razones de momios para controlar el efecto de la movilidad estructural (se pueden encontrar más detalles en Solís, 2002). Basta señalar que el incremento en la movilidad estructural (esto es, el aumento en las probabilidades absolutas de movilidad ocupacional ascendente) puede llevar a conclusiones erróneas en torno a las probabilidades relativas de movilidad, esto es, las probabilidades de movilidad social de determinado grupo social *en relación* con las de otro grupo. Las razones de momios que resultan de los modelos de regresión de tipo logístico o loglineal no se ven afectadas por la movilidad estructural, y por tanto sólo reflejan las probabilidades relativas de movilidad.

origen *x* logre una ocupación de mayor jerarquía que otro perteneciente al estrato social de referencia *y*, independientemente de otras variables incluidas en el modelo (Powers y Xie, 2000). Este riesgo diferencial es expresado por medio de "razones de momios" (*Odds Ratios*). Si el valor estimado de la razón de momios no varía significativamente de 1, entonces no hay diferencias en el logro entre quienes tienen un estrato de origen *x* y quienes lo tienen *y*. Si la razón de momios es significativamente mayor a 1, entonces la probabilidad de logro mayor es para el estrato *x*. Por el contrario, si la razón de momios es significativamente menor que 1, entonces la probabilidad de logro es mayor para el estrato *y*. Con el fin de explorar los cambios en el tiempo en los efectos del estrato social de origen sobre el logro ocupacional, ajusto cuatro modelos similares para cada una de las cohortes.

Los resultados de los modelos aparecen en el cuadro 8. Se presentan dos modelos diferentes para cada cohorte. En el primero (panel superior) se introduce, además de la ocupación del padre al nacimiento, que es nuestro indicador del estrato de origen, la variable "Comunidad de origen", que denota el origen migratorio del individuo (nativo frente a inmigrante),[20] y que también puede interpretarse como una variable asociada a los orígenes sociales. En este sentido, en este primer modelo los efectos del estrato social de origen se pueden interpretar como si fueran *independientes* del origen migratorio. En el segundo modelo (panel inferior) se incluye, además de las dos variables anteriores, el

[20] La comunidad de origen se obtiene al codificar el tamaño de la comunidad donde el individuo residió por más tiempo entre los 5 y los 15 años de edad. Si bien la variable no distingue entre inmigrantes rurales y urbanos, la mayoría de los hombres inmigrantes a Monterrey han provenido de zonas rurales, por lo que la categoría de inmigrantes puede ser equiparada a la de inmigrantes rurales.

Cuadro 8. Efectos de los orígenes sociales y el nivel de escolaridad sobre el logro ocupacional de los hombres regiomontanos. Modelos logísticos ordenados específicos por cohorte/1/

Cohorte de nacimiento	*1905-1920*	*1921-1932*	*1940-1954*	*1955-1967*
Modelo 1				
Ocupación del padre al nacimiento				
No manual de alta calificación	6.417**	11.126**	3.350**	9.442**
No manual de baja calificación (ref.)	—	—	—	—
Manual de alta calificación	0.764	0.636	0.423**	0.314**
Manual de baja calificación	0.423**	0.249**	0.2085**	0.181**
Comunidad de origen				
Otra (ref.)	—	—	—	—
Monterrey	1.547**	1.609*+	1.911**	1.111
-2LL	39.99	80.03	114.32	140.02
Modelo 2				
Ocupación del padre al nacimiento				
No manual de alta calificación	1.356	7.431**	0.869	4.170**
No manual de baja calificación (ref.)	—	—	—	—
Manual de alta calificación	1.230	1.135	0.564**	0.599*
Manual de baja calificación	0.814	0.624	0.563**	0.347**
Nivel de escolaridad del entrevistado				
Estudios superiores	22.765**	35.266**	49.683**	16.750**

Secundaria/preparatoria (ref.)	—	—	—	—
Primaria completa	0.162**	0.411*	0.449**	0.466**
Menos de primaria completa	0.073**	0.156**	0.151**	0.227**
Comunidad de origen				
Otra (ref.)	—	—	—	—
Monterrey	1.233	1.297	1.254	0.833
-2LL	163.33	243.14	400.73	249.65
n	384	367	565	456

/1/ La variable dependiente es la posición en la jerarquía ocupacional a los 33 años de edad, con base en la clasificación de cuatro grupos descrita en el cuadro 1.
* $p < 0.1$.
** $p < 0.05$.
Fuentes: 1905-1932: Encuesta de movilidad social y geográfica de Monterrey, 1965; 1940-1967: Encuesta sobre movilidad ocupacional y curso de vida en Monterrey, 2000.

nivel de escolaridad. Es ampliamente reconocido que parte del efecto de los orígenes sociales (tanto de clase como migratorios) sobre el logro ocupacional está mediado por el logro educativo (Blau y Duncan, 1967), por lo que al introducir esta última variable al modelo estamos en condiciones de estimar la influencia directa del estrato de origen sobre el logro ocupacional, al margen de su efecto indirecto a través de la escolaridad.

Los resultados del panel superior indican que el estrato de origen tiene un efecto significativo sobre el logro ocupacional en las cuatro cohortes. En la cohorte 1905-1920, los momios de lograr una mejor ocupación son 6.417 veces mayores para los hijos de trabajadores no manuales con alta calificación en relación con los hijos de trabajadores no manuales de baja calificación.[21] Esta distancia se incrementa a 11.126 veces en la cohorte 1921-1932, luego disminuye a 3.350 veces en la cohorte 1940-1954, y finalmente se incrementa a 9.442 veces en la cohorte 1955-1967. En contraste, las oportunidades de lograr mejores ocupaciones son menores para los hijos de trabajadores manuales de alta calificación, aunque estas diferencias sólo son significativas en las últimas dos cohortes. Así, en la cohorte más joven (1955-1967), los momios de lograr una ocupación de mayor jerarquía son tres veces menores (0.314) para los hijos de trabajadores manuales de alta calificación que para los descendientes de trabajadores no manuales de baja calificación. De igual manera, la probabilidad de lograr una mejor ocupación es significativamente menor para los hijos de trabajadores manuales de baja calificación y, además, la brecha con respecto a los trabajadores no manuales de baja calificación se incrementa con el tiempo (los momios pasan de 0.423 en la cohorte 1905-1920 a 0.181 en la cohorte 1955-1967).

Estos resultados por sí mismos son indicativos de que el estrato social de origen ejerce en todas las cohortes una importante influencia sobre el logro ocupacional, así como de que esta asociación no se debe al origen migratorio. ¿Pero en qué medida la asociación entre el estrato de origen y el logro ocupacional se encuentra mediada por el logro educativo? Los resultados del segundo modelo, que incluyen el nivel de escolaridad, nos permiten explorar este problema. Puede notarse, en primer lugar, que la escolaridad, y particularmente el tener estudios universitarios, ejerce en todas las cohortes una fuerte influencia sobre el logro ocupacional. También se aprecia que en términos generales el efecto de la ocupación del padre disminuye en relación con el pri-

[21] En todos los casos, los trabajadores no manuales de baja calificación son la categoría de referencia.

mer modelo, lo cual es esperable porque parte de su influencia ahora es absorbida por el nivel de escolaridad. No obstante, se puede observar que en las últimas dos cohortes el estrato de origen es aún una importante determinante del logro ocupacional. De hecho, las diferencias en el logro ocupacional entre quienes provienen de ocupaciones manuales (tanto de alta como de baja calificación) y ocupaciones no manuales sin calificación, pasaron de ser no significativas en las primeras dos cohortes a ser significativas en las últimas dos, lo que sugiere que, una vez controlados los efectos del nivel de escolaridad, la desigualdad por estrato de origen en las oportunidades laborales se ha incrementado, en lugar de decrecer.[22] En síntesis, los resultados de ambos modelos sugieren que el efecto de los orígenes sociales sobre el logro ocupacional no decreció en las últimas dos cohortes, e incluso parece haberse incrementado.

DISCUSIÓN Y CONCLUSIONES

Una de las grandes preocupaciones de las ciencias sociales de América Latina ha sido estudiar los efectos de las trans-

[22] Una alternativa para corroborar empíricamente esta hipótesis es ajustar un modelo único de regresión para todas las cohortes, donde se incorpora la interacción entre la cohorte y la ocupación del padre, al tiempo que se controla el efecto del nivel de escolaridad y el origen migratorio. Los coeficientes de este modelo alternativo (no mostrados) confirman en términos generales los resultados ya descritos: los coeficientes negativos asociados a ocupaciones no manuales (tanto calificadas como no calificadas) se incrementan significativamente a partir de la tercera y cuarta cohorte, lo cual indica una brecha más amplia en el logro entre hijos de trabajadores manuales e hijos de trabajadores no manuales de baja calificación. En cambio, no existen diferencias significativas por cohorte en el coeficiente asociado a trabajadores no manuales de alta calificación, lo que sugiere una mayor similitud en las probabilidades de logro entre trabajadores no manuales de alta y baja calificación.

formaciones económicas y sociales recientes sobre el bienestar de la población. En virtud de que esta preocupación se ha orientado en su mayor parte a documentar los niveles de desigualdad del ingreso y de pobreza, existen pocas referencias que nos permitan explorar los efectos de largo plazo sobre la estratificación y la movilidad social. En este artículo he propuesto retomar esta temática, a partir de un estudio de caso sobre la estratificación y la movilidad ocupacional en la ciudad de Monterrey.

De los resultados del estudio, puede concluirse que el régimen de estratificación y movilidad ocupacional que emerge en Monterrey luego de la crisis y la reestructuración económica de las dos últimas décadas presenta rasgos bastante contradictorios. En primer lugar, los cambios estructurales que experimentó la ciudad a partir de finales de los años setenta se han traducido en una recomposición del mercado de trabajo que facilitó la movilidad estructural ascendente. El gradual incremento en las posiciones no manuales, tanto calificadas como no calificadas, facilitó el flujo intergeneracional de individuos de posiciones manuales a no manuales. En este sentido, la reestructuración del mercado de trabajo hizo posible que muchos jóvenes regiomontanos provenientes de familias obreras pudieran cristalizar sus aspiraciones de alcanzar trabajos no manuales como oficinistas, técnicos o incluso profesionistas.

No obstante, junto con el incremento en la movilidad estructural se presentan dos tendencias mucho menos alentadoras. La primera es que, en el marco de una caída generalizada en los ingresos laborales, la disminución relativa de los ingresos de los trabajadores no manuales ha sido mayor, por lo que su ventaja de ingresos en relación con las posiciones manuales se redujo. Esto significa que, vista desde una perspectiva de largo plazo, la movilidad ascendente hacia ocupaciones no manuales es hoy menos redituable económicamente que en el pasado. Si ligamos esto con el hecho de que gran parte de la movilidad estructural ascendente en Monterrey se ha dado hacia este tipo de ocupaciones, entonces el panorama resultante es el de una estructura ocupacional que gana en las posiciones de mayor jerarquía a costa de una reducción significativa de las remuneraciones a las mismas. Para continuar con el ejemplo del párrafo anterior, se podría afirmar que si bien muchos hijos de obreros lograron posiciones no manuales como oficinistas, técnicos o empleados en ventas, también es cierto que en muchas ocasiones sus ingresos eran similares o menores a los que sus padres tenían como obreros veinte años atrás, e incluso no eran mayores a los de sus contemporáneos que siguen en actividades manuales.

La segunda tendencia negativa es la continuidad, e incluso el probable incremento, de la inequidad en el acceso a las oportunidades laborales. Si bien se ampliaron las oportunidades de ingreso a ocupaciones no manuales, el acceso a éstas continuó siendo determinado en buena medida por los orígenes sociales. Incluso, los resultados de los modelos por cohorte sugieren un incremento en la inequidad de oportunidades por estrato social de origen en el último trecho del siglo. Esto lleva a reflexionar en torno a la importancia de incorporar más activamente en la agenda de investigación sobre estratificación social en México y América Latina el análisis de la inequidad de oportunidades, particularmente en el contexto actual, en el que se debate y redefine el papel de las instituciones de bienestar social, las cuales cumplieron en el pasado, aunque de manera deficiente, la función de "nivelar el terreno" y atenuar las disparidades sociales más extremas.

Es precisamente la integración de estos rasgos contradictorios (movilidad estructural ascendente, reducción de las ganancias económicas asociadas a la movilidad ascendente y permanencia de la inequidad de oportunidades) lo que delinea el perfil emergente de la estratificación ocupacional en Monterrey. No es difícil imaginar entonces que a los propios residentes de la ciudad el panorama del empleo se les presente como pleno de incertidumbres. Esto se refleja en diversos fenómenos, como son cierta desvalorización de las ocupaciones no manuales de baja calificación (como oficinistas o empleados en ventas); la percepción generalizada de que el mercado de trabajo no tiene más cabida para los egresados universitarios; y la idealización del "negocio propio" como estrategia para evadir las barreras que el mercado de trabajo impone a la movilidad ascendente de ingresos. Al mismo tiempo, la inconformidad que pudo haberse generado tras las dificultades para lograr una movilidad sustantiva en lo económico también se vio atenuada porque esta situación se dio en un escenario de alta movilidad ocupacional ascendente de tipo estructural, que si bien no necesariamente se tradujo en mejoras sustanciales en el ingreso, sí pudo reflejarse en un cambio de "status" ocupacional.[23]

Como con todo estudio de caso, es importante tener cautela con la generalización de estos resultados a otros lugares, tanto de México como de otros países de América Latina. Si algo distingue a Monterrey de las otras metrópolis mexicanas y de la mayoría de las grandes ciudades de América Latina, es su capacidad de adaptarse con relativo éxito a las condiciones económicas externas, lo que le ha permitido emerger con cierta prosperidad de la dificultosa reestructuración económica reciente. En este sentido, puede suponerse que el entorno estructural ha sido más favorable para la estratificación y la movilidad social en Monterrey que en

[23] Cabe señalar que otra importante válvula de escape para la tensión social ha sido la creciente incorporación de las mujeres a la fuerza de trabajo, que al proporcionar ingresos adicionales a las familias de los sectores medios y bajos, aliviaron en parte los apremios domésticos originados por la caída de los ingresos de los varones.

las otras grandes ciudades mexicanas, e incluso que en la mayoría de las grandes urbes latinoamericanas. De hecho, la comparación detallada del caso de Monterrey con el México urbano (Zenteno y Solís, 2003), muestra que si bien persiste cierta movilidad estructural en el entorno nacional, ésta es considerablemente menor a la observada en Monterrey, al tiempo que se observan menores tasas de movilidad ascendente y la persistencia en los efectos de los orígenes sociales sobre el logro ocupacional. Por otra parte, el trabajo reciente de la CEPAL para un conjunto de países de América Latina también indicaría una desaceleración de la movilidad estructural en la última década (CEPAL, 2000). No obstante, sería necesario profundizar con estudios comparativos más detallados para conocer a ciencia cierta si todas o algunas de las tendencias aquí descritas se reproducen en los distintos entornos regionales.

Por último, también es necesario acotar temporalmente estos hallazgos. Las tendencias señaladas reflejan, en todo caso, el saldo negativo de las primeras dos décadas de crisis y cambio estructural, dos décadas que en México estuvieron marcadas por tres crisis económicas, profundos ajustes estructurales y sólo moderadas tasas de crecimiento económico. Lo que parece claro es que si se pretende lograr un cambio de rumbo en esta materia, esto dependerá no sólo de la generación de un crecimiento económico sostenido en los próximos años, sino también de la capacidad que se tenga para generar acuerdos institucionales que permitan un incremento sustancial en los ingresos y fomenten la equidad en el acceso a las oportunidades laborales.

BIBLIOGRAFÍA

ALBA, Carlos (1998), "Tres regiones de México ante la globalización: los casos de Chihuahua, Nuevo León y Jalisco", en Carlos ALBA, Ilán BIZBERG y Helène RIVIÈRE D'ARC (comps.), *Las regiones ante la globalización, competitividad territorial y recomposición geográfica*, México, Centro de Estudios Internacionales, El Colegio de México, pp. 189-261.

BALÁN, Jorge (1968), "The process of stratification in a developing society: the case of Monterrey, Mexico", Austin, Texas, tesis de doctorado en sociología, Universidad de Texas, Austin.

BALÁN, Jorge, Harley L. BROWNING y Elizabeth JELIN (1977), *El hombre en una sociedad en desarrollo. Movilidad geográfica y social en Monterrey*, México, Fondo de Cultura Económica.

BIBLARZ, Timothy, J., VERN, L. BENGTSON, y Alexander BUCUR (1996), "Social mobility across three generations", *Journal of Marriage and the Family*, 58-1: 188-200.

BLAU, Peter M. y Otis D. DUNCAN (1967), *The American occupational structure*, Nueva York, John Wiley.

BOLTVINIK, Julio (2001), "Dinámica y características de la pobreza en México", en José GÓMEZ DE LEÓN y Cecilia RABELL (coords.), *La población de México: tendencias y perspectivas sociodemográficas hacia el siglo XXI*, México, Fondo de Cultura Económica.

CEPAL (2000), Panorama social de América Latina 1999-2000, Santiago, Naciones Unidas.

CERUTTI, Mario (2000), *Propietarios, empresarios y empresa en el norte de México. Monterrey: de 1848 a la globalización*, México, Siglo XXI Editores.

CORTÉS, Fernando (1998), "Eficiencia y desigualdad. Un contrapunto", *Espiral: estudios sobre Estado y sociedad*, 4-12: 169-200.

DIPRETE, Thomas A., Paul M. DE GRAFF, Ruud LUIJKX, Michael TÅHLIN, y Hans-Peter BLOSSFELD (1997), "Collectivist *versus* individualist mobility regimes? Structural change and job mobility in four countries", *American Journal of Sociology*, 103-2: 318-358.

DIPRETE, Thomas A., Dominique GOUX, Eric MAURIN, y Michael TÅBLIN (2001), "Institutional determinants of employment chances. The structure of unemployment in France and Sweden", *European Sociological Review*, 17-3: 233-54.

DUSSEL PETERS, Enrique (1997), *La economía de la polarización. Teoría y evolución del cambio estructural de las manufacturas mexicanas (1988-1996)*, México, UNAM / Editorial Jus.

———. 2003. "Características de las actividades generadoras de empleo en la economía mexicana (1988-2000)", *Investigación Económica*, LXIII-243: 123-54.

ERIKSON, Robert y John H. GOLDTHORPE (1992), *The constant flux: A study of class mobility in industrial societies*, Oxford, Clarendon Press.

ERIKSON, Robert, John H. GOLDTHORPE, y Lucienne PORTOCARRERO (1979), "Social fluidity in industrial nations: England, France and Sweden", *British Journal of Sociology*, 30: 415-441.

ESPING-ANDERSEN, Gøsta (1993), *Changing classes stratification and mobility in post-industrial societies*, Londres, Newbury Park, Calif: Sage Publications.

FILGUEIRA, Carlos (2000), *La actualidad de viejas temáticas: sobre los estudios de clase, estratificación y movilidad social en América Latina*, Santiago, Naciones Unidas / CEPAL.

GANZEBOOM, Harry B. J., Donald J. TREIMAN, y Wout C. ULTEE (1991), "Comparative intergenerational stratification research: three generations and beyond", *Annual Review of Sociology*, 17: 277-302.

GERMANI, Gino (1963), "La movilidad social en la Argentina", en Seymour MARTIN LIPSET y Reinhard BENDIX (eds.), *Movilidad social en la sociedad industrial*, Buenos Aires, Eudeba.

GIDDENS, Anthony (1989), *La estructura de clases en las sociedades avanzadas*, Madrid, Alianza Editorial.

GONZÁLEZ DE LA ROCHA, Mercedes (1994), *The resources of poverty: women and survival in a Mexican city*, Oxford / Cambridge, Blackwell.

GRUSKY, David B. (1994), "The contours of social stratification", en David B. GRUSKY (comp.), *Social stratification: class, race, and gender in sociological perspective*, pp. 3-35. Boulder, Colorado, Westview Press.

GRUSKY, David B. y Thomas A. DIPRETE (1990), "Recent trends in the process of stratification", *Demography* 27: 617-637.

HAUSER, Robert Mason y David L. FEATHERMAN (1977), *The process of stratification: trends and analyses*, Nueva York, Academic Press.

HAUSER, Robert Mason, Shu-Ling TSAI y William Hamilton SEWELL (1983), "A model of stratification with response error in social and psychological variables", *Sociology of Education*, 56: 20-46.

HOUT, Michael (2003), *How might inequality affect intergenerational mobility? a review and an agenda*, Survey Research Center Working Paper, University of California, Berkeley.

KERBO, Harold R. (1996), *Social stratification and inequality: class conflict in historical and comparative perspective*, Nueva York, McGraw-Hill.

KINGSTON, Paul W. (2000), *The classless society*, Stanford, California, Stanford University Press.

LUSTIG, Nora (1998), *Mexico: the remaking of an economy*, 2a. ed., Washington, D. C., Brookings Institution Press.

MAYER, Karl Ulrich (1991), "Life courses in the welfare state", en Walter R. HEINZ (ed.), *Theoretical advances in life course research*, Weinheim, Deutscher Studien Verlag.

——— (1997), "Notes on a comparative political economy of life courses", *Comparative Social Research* 16: 203-226.

MUÑOZ, Humberto, Orlandina DE OLIVEIRA, y Claudio STERN (1977), *Migración y desigualdad social en la ciudad de México*, México, UNAM, Instituto de Investigaciones Sociales.

POWERS, Daniel A., y Yu XIE (2000), *Statistical methods for categorical data analysis*, California, Academic Press.

POZAS, María de los Ángeles (1993), *Industrial restructuring in Mexico: corporate adaptation, technological innovation, and changing patterns of industrial relations in Monterrey*, La Jolla, California, Center for U.S. Mexican Studies / El Colegio de la Frontera Norte.

——— (2002), *Estrategia internacional de la gran empresa mexicana en la década de los noventa*, México, Centro de Estudios Sociológicos-El Colegio de México.

POZOS PONCE, Fernando (1996), *Metrópolis en reestructuración. Guadalajara y Monterrey, 1980-1989*, Guadalajara, Universidad de Guadalajara.

SELBY, Henry A., Arthur D. MURPHY, y Stephen A. LORENZEN (1990), *The Mexican urban household organizing for self-defense*, Austin, University of Texas Press.

SEWELL, William H., Archibald O. HALLER y Alejandro PORTES (1969), "The educational and early occupational attainment process", *American Sociological Review*, 34: 82-92.

SOLÍS, Patricio (2002), "Structural change and men's work lives: transformations in social stratification and occupational mobility in Monterrey", Mexico, Austin, Texas, tesis de doctorado en sociología, Universidad de Texas, Austin.

TREIMAN, Donald J. (1970), "Industrialization and social stratification", en Edward O. LAUMANN (ed.), *Social stratification: research and theory for the 1970s*, Indianapolis, Bobbs-Merrill.

TUIRÁN, Rodolfo (1993), "Las respuestas de los hogares de sectores populares urbanos frente a la crisis: el caso de la Ciudad de México", en Raúl BÉJAR NAVARRO, Héctor HERNÁNDEZ BRINGAS, y Anne BAR-DIN (eds.), *Población y desigualdad social en México*, Cuernavaca, Morelos, UNAM / CRIM.

ZENTENO, René y Patricio SOLÍS (2003), "Tendencias recientes en la movilidad ocupacional en el México urbano", Guadalajara, VII Reunión Nacional de Investigación Demográfica en México.

CONTINUIDADES Y DISCONTINUIDADES DE LA MOVILIDAD OCUPACIONAL EN MÉXICO*

René Zenteno**
Patricio Solís***

INTRODUCCIÓN

Los años sesenta y principios de los setenta fueron testigos de significativos avances de los estudios de estratificación social en un número importante de países capitalistas. México no fue la excepción. A partir de los estudios de las ciudades de Monterrey (Balán, Browning y Jelin, 1977) y México (Muñoz, Oliveira y Stern, 1977; Contreras Suárez, 1978), un consolidado grupo de sociólogos y demógrafos se dedicó al análisis sistemático de los procesos de cambio que en aquel entonces daban forma a una nueva estructura de clases y estratificación social en el país: transformación económica y sociopolítica del campo mexicano, rápida industrialización y urbanización, intensa migración rural-urbana, expansión de los servicios educativos y de salud, entre muchos

* Agradecemos a Julio Escobedo el apoyo brindado para la realización de este trabajo.

** Profesor-investigador de la Escuela de Graduados en Administración Pública y Política Pública del ITESM *campus* Monterrey.

*** Profesor-investigador del Centro de Estudios Sociológicos de El Colegio de México.

otros. Estas investigaciones marcaron un hito al dar una mayor perspectiva sociológica a los estudios demográficos e iniciar la tradición científica que hoy conocemos como sociodemografía (Coubes, Zavala y Zenteno, 2004). El repentino vuelco de las ciencias sociales al análisis de las secuelas de la crisis económica de los años ochenta implicó una discontinuidad del impulso inicial marcado por los estudios de Monterrey y de la ciudad de México, como bien ha sido señalado por Escobar (2001).

En los últimos veinticinco años la economía y la sociedad mexicanas se han transformado significativamente. Desde una perspectiva económica, el país ha pasado de un modelo económico basado en el fortalecimiento del mercado interno vía la sustitución de importaciones, a un esquema de franca apertura económica y comercial hacia el exterior. La agricultura y la manufactura dejaron de ser el motor de la economía nacional para dar paso al comercio y los servicios como principales fuentes de empleo de los mexicanos. Esta transición, como es de sobra conocido, se ha traducido en costos elevados para la clase trabajadora del país al tener que enfrentar no sólo una disminución real en el poder adquisitivo de sus ingresos, sino también un claro deterioro en sus condiciones de empleo en lo que a protección social se refiere. En este lapso, las mujeres se incorporaron al mercado de trabajo a una velocidad nunca antes vista en la historia moderna del país. Desde una perspectiva demográfica, los niveles de fecundidad han disminuido de manera impresionante; la migración mexicana hacia Estados Unidos se ha vuelto un fenómeno nacional, definiendo nuevos y más complejos vínculos sociales, económicos y culturales entre ambos países; la población del país continúa concentrándose cada vez más en las áreas metropolitanas y la migración interna se dirige de manera creciente hacia el norte, donde los empleos crecen más rápidamente como resultado de la nueva industrialización orientada hacia el exterior. Desde una perspectiva social, México cuenta hoy en día con una población menos analfabeta, más escolarizada y más cosmopolita. La ciudadanía también ha dado pasos importantes en la búsqueda de una mayor participación política en la incipiente democracia mexicana.

Aunque regido por las mismas necesidades e instituciones, México es un país con una estructura económica y social muy distinta a la que tenía en los años sesenta. Conocer los efectos del desarrollo económico y social más recientes sobre el curso de vida de su población constituye nuevamente un interés central de las investigaciones sociodemográficas en México.[1] Este renovado interés ha sido posible, entre otras razones, gracias a la reciente disponibilidad de información longitudinal que permite entender cabalmente los procesos de cambio a la luz de las trayectorias individuales o familiares.[2]

El asunto de la movilidad social, es decir, de las posibilidades que ofrecen los sistemas educativos y laborares, así como las políticas de bienestar social, para que las personas con mayores desventajas sociales y económicas logren mejores formas de vida, es central en los estudios de estratificación social y curso de vida, particularmente en una sociedad tan desigual como la mexicana. Si bien, como se señaló antes, durante las décadas de los sesenta y setenta se realizaron estudios que analizaban los patrones de movilidad social en México, existen pocos esfuerzos sistemáticos

[1] Véanse por ejemplo la serie de trabajos editados por Coubes, Zavala y Zenteno (2004) y las investigaciones de Solís (2002, 2005) en la ciudad de Monterrey.

[2] En términos generales, la información de corte longitudinal es más adecuada para realizar análisis explicativos, pues la información de corte transversal no permite examinar el cambio de las variables causales en el tiempo (Tuma y Hannan, 1984; Blossfeld y Rohwer, 2002).

recientes que contribuyan a entender los cambios en los patrones de la movilidad social asociados a las transformaciones económicas y sociales del último cuarto de siglo. Uno de estos trabajos es el estudio de Solís para la ciudad de Monterrey. Dos de sus conclusiones más relevantes sobre la evolución a largo plazo de la movilidad intergeneracional de la población masculina regiomontana fueron las siguientes (Solís, 2002 y su capítulo en este libro):

1) La continuidad en las altas tasas de movilidad ocupacional ascendente entre padres e hijos, asociada a las amplias transformaciones estructurales experimentadas por la economía y el mercado de trabajo regiomontanos.
2) El incremento de la importancia de variables asociadas al origen social como determinantes de la posición ocupacional de los individuos, lo cual denota la permanencia de amplias inequidades sociales en el acceso a las oportunidades laborales.

¿Qué tan generalizables son estos resultados para el conjunto nacional? ¿En qué medida las tendencias de la movilidad ocupacional observadas en Monterrey son también típicas del resto del país? La realización del presente trabajo fue motivada por el interés de dar respuesta a estas preguntas. El momento era oportuno dada la disponibilidad de los datos de la Encuesta Demográfica Retrospectiva (EDER), la cual recolectó historias de vida (migratoria, ocupacional y familiar) de una muestra probabilística de la población nacional perteneciente a las cohortes de nacimiento 1936-1938, 1951-1953 y 1966-1968. Por razones que se explican más adelante, nuestro análisis se enfocó únicamente a la población masculina urbana.

Nuestros resultados muestran que los padres de las cohortes nacionales fueron gratificados ampliamente por las oportunidades ocupacionales de los mercados de trabajo urbano, a pesar de su origen rural. Las transformaciones de la economía mexicana durante la segunda mitad del siglo XX permitieron una mayor inserción de sus hijos en ocupaciones no manuales y, por lo tanto, posibilitaron la movilidad ocupacional ascendente. Sin embargo, la sociedad y la economía urbanas del país no dispensaron a los hijos oportunidades ocupacionales tan amplias como las observadas en Monterrey. Las diferencias en las tasas de movilidad entre Monterrey y el conjunto nacional se asocian principalmente a los cambios en las estructuras ocupacionales de padres e hijos (esto es, a la movilidad estructural propiamente dicha), y no a una mayor rigidez o fluidez en la transmisión intergeneracional de posiciones ocupacionales. Aun en los años de reestructuración y crisis económicas, las cohortes más jóvenes experimentaron movilidad intergeneracional ascendente tanto en el ámbito nacional urbano como en Monterrey. Finalmente, el análisis estadístico revela la existencia de una mayor inequidad social en el acceso a las oportunidades laborales entre la población de las áreas urbanas del país, tal y como fue observado para el caso de Monterrey.

El trabajo se divide en cuatro secciones. La primera presenta un resumen de las investigaciones más recientes sobre el tema de la movilidad social en México e intenta destacar principalmente sus hallazgos en relación con la movilidad estructural ascendente y con el peso del origen social en la explicación de este tipo de movilidad. Posteriormente se describen las fuentes de información que sustentan esta investigación, así como algunos aspectos metodológicos relevantes para la comparación adecuada de los datos de la EDER y los correspondientes a las encuestas de Monterrey. Las dos secciones siguientes constituyen el análisis empírico de las tablas de movilidad y los efectos de los orígenes sociales, respectivamente.

INVESTIGACIONES RECIENTES SOBRE MOVILIDAD OCUPACIONAL EN MÉXICO

Dado que en México la vía más común de acceso a ingresos monetarios es a través del mercado de trabajo, las condiciones de vida de la mayoría de la población, así como su estatus social, están básicamente determinados por el tipo de empleo desempeñado. Los trabajos más recientes sobre la movilidad social en México coinciden en que una de las características más sobresalientes de las grandes ciudades mexicanas antes de los años ochenta fueron las abundantes oportunidades que ofrecían para la movilidad social. El proceso de industrialización vía la sustitución de importaciones abrió las puertas del mercado laboral para la gran mayoría de los sectores menos educados de la población, lo que originó una estructura ocupacional relativamente abierta, con peldaños accesibles para el ascenso social (Escobar, 2001; Cortés y Escobar, 2003; Parrado, 2003; Solís, 2002, 2005). Sin duda, había muy poca incertidumbre en las familias en torno al futuro de los hijos, pues se creía que éstos tendrían mayores oportunidades para transformar positivamente sus condiciones de vida. Incluso para la población agrícola este optimismo era una característica constante debido a que los procesos de migración interna (rural-urbano) significaban un impulso en la escalada social (Escobar, 2001). De esta manera, nadie podía anticipar que, a partir de los años ochenta, las principales ciudades mexicanas se verían sacudidas por severas crisis económicas, profundas reformas económicas y un proceso marcado de terciarización e informalidad económica. ¿Hasta qué punto estas transformaciones han afectado las oportunidades de movilidad social en México? La literatura revisada en esta sección ha intentado responder a esta pregunta a partir de distintas aproximaciones.

Con el objeto de observar las particularidades de la inequidad social en México, trabajos recientes se han inclinado por estudiar los logros ocupacionales, la desigualdad en el acceso a los diversos estratos socio-ocupacionales, y la movilidad laboral intergeneracional o intrageneracional. El empleo y sus categorías se han convertido en el marco de referencia de las investigaciones sobre estratificación y movilidad social, ya que el mercado de trabajo constituye, comúnmente, el mecanismo fundamental para la asignación de activos en las distintas dimensiones de la estratificación (Solís, 2002, 2005).

El cuadro 1 muestra una síntesis de siete investigaciones recientes que han abordado el asunto de la movilidad social u ocupacional en México. En virtud de que los resultados de estos trabajos son muy amplios, el propósito del cuadro es destacar de modo resumido sus conclusiones en relación con las dimensiones de interés de este trabajo: la movilidad ascendente y la influencia del origen o adscripción social sobre el logro ocupacional. Además, se incluye información metodológica relevante de cada uno de estos trabajos.

Dos de estos estudios fundamentaron su análisis empírico en la información recolectada por el módulo "Género, edad, familia y trabajo en el México urbano", incluido y administrado en la Encuesta Nacional de Empleo Urbano (ENEU) del INEGI en 1994. Este módulo se aplicó a una muestra aleatoria de las ciudades de México, Guadalajara, Monterrey, Mérida, Veracruz y Córdoba-Orizaba. En el primero de ellos, Behrman, Gaviria y Székely (2001) realizaron un estudio comparativo de la movilidad social intergeneracional en América Latina, analizando para ello las dimensiones educativas y ocupacionales de la estratificación social. Sus principales aportaciones tienen que ver con las diferencias educativas, absolutas y relativas, entre padres e hijos, y menos con la movilidad ocupacional. Estos autores encon-

Cuadro 1. Estudios recientes sobre movilidad ocupacional en México

Autores	*Ámbito*	*Movilidad ascendente*	*Adscripción*	*Consideraciones*
Cortés y Escobar (2003)	Urbano (ciudades)	Caída en lo que respecta al acceso al estrato ocupacional más alto	Más robusta como predictor de logros ocupacionales	Controlan por la movilidad estructural. Se centran en la primera ocupación y la propensión a ascender a la categoría ocupacional de mayor estatus socioeconómico. No hay ningún control por escolaridad de *ego*
Behrman, Gaviria y Székely (2001)	Urbano (ciudades)	Rígida	Baja en lo que respecta a movilidad educacional	No distinguen cohortes o edad, por lo que no es posible concluir sobre tendencias.
Solís (2003)	Monterrey	Continuidad	Aumenta en el tiempo	Controla por movilidad estructural y

				por escolaridad de *ego*. Se centra en ocupación a los 33 años
Parrado (2003)	Urbano-Rural (nacional)	Caída	No se analiza	Se refiere a movilidad intrageneracional
Pacheco (2004)	Urbano-Rural (nacional)	Continuidad en el ámbito rural pero rígida en el ámbito urbano	Fuerte en el caso de ocupaciones manuales	
Zenteno (2002)	Urbano-Rural (nacional)	Continuidad en la movilidad intergeneracional, pero polarización clara en movilidad intrageneracional	No se analiza	No hay control por la movilidad estructural en el caso de la intergeneracional. Tampoco por escolaridad de *ego*. Se centra en primera ocupación y a los 29 años.

traron que en México, al igual que en el resto de América Latina, los hijos siempre tienden a sobrepasar el nivel educativo de sus padres. A pesar de ello, la movilidad educativa de la sociedad mexicana es clasificada como moderada respecto a sus similares latinoamericanas. Este estudio también incluyó un análisis por cohortes (grupos de edad), el cual pretendió explorar la conexión entre los grados de educación y los cambios en la movilidad social de dichos grupos. Al igual que Brasil y Colombia, México muestra un patrón de rendimientos marginales decrecientes a la educación. Además, México es el único país en que la inmovilidad escolar se incrementa ligeramente entre las cohortes más recientes.

En contraste con la moderada movilidad educativa, la estratificación ocupacional es aún más rígida en México (Behrman, Gaviria y Székely, 2001). Los autores afirman que la probabilidad de una persona de tener una ocupación de cuello blanco (no manual) en México es 3.5 veces más alta cuando se cuenta con un padre con una ocupación similar que con uno que labora en una ocupación de cuello azul (manual). Según sus resultados, México tiene una de las tasas de movilidad ocupacional más bajas del continente americano. A diferencia del análisis de la educación, el estudio de los logros ocupacionales no incluyó ninguna diferenciación por cohortes o edades, por lo que no fue posible concluir sobre tendencias.

Otro estudio basado en el módulo "Género, edad, familia y trabajo en el México urbano" de la ENEU fue publicado por la CEPAL bajo la autoría de Fernando Cortés y Agustín Escobar (2003). Este trabajo analiza la movilidad intergeneracional en tres periodos: antes de 1982, en 1982-1988, y después de 1988.[3] A diferencia de otras investigaciones que

[3] Los periodos son representativos de los distintos contextos económicos que el país vivió durante los últimos cuarenta años: industrializa-

se enfocan en movilidad ascendente a lo largo de toda la estructura ocupacional, Cortés y Escobar sólo calculan los momios de llegar al estrato más alto de la jerarquía: patrones de empresas grandes, profesionistas y funcionarios públicos de alto nivel. En este sentido, los autores concluyeron que existe un marcado deterioro en las oportunidades de ascender o permanecer en la categoría ocupacional de mayor jerarquía a partir de 1988.

La única excepción a la tendencia anterior fue observada en los originarios de la tercera categoría ocupacional (patrón chico y no profesional), en donde el descenso es menos marcado. Esta caída de oportunidades de logro, sin embargo, no se relaciona directamente con la transición económica, ya que mientras el crecimiento económico se estancó en 1982, las limitaciones de ascender sucedieron hasta 1988.[4] Así, el estrechamiento relativo de las oportunidades de logro disminuye en las tres primeras categorías ocupacionales, se mantiene constante en la cuarta y se fortalece en las inferiores (Cortés y Escobar, 2003). Quizás uno de los resultados más interesantes de esta investigación se dio a partir del análisis de índices entrópicos realizado por los autores, pues mostró que la dispersión de los individuos de cada categoría en la estructura ocupacional es cada vez más pequeña. Por ende, hay una menor fluidez ocupacional, lo que provoca una mayor rigidez en el sistema de estratificación ocupacional en México.

En su artículo "La movilidad ocupacional de los hijos frente a sus padres", Edith Pacheco analizó las formas en

ción por sustitución de importaciones (antes de 1982), modelo de transición o economía mixta (1982-1988) y reestructuración económica (después de 1988).

[4] Aunque habría que señalar que tal descenso en las oportunidades de alcanzar el estrato más alto de la jerarquía sí coincide con la liberalización de la economía nacional en 1988.

que los diferentes estatus socioeconómicos de origen de los individuos estructuran distintas inserciones al mercado laboral. Este trabajo tiene como fuente de datos la EDER de 1998, con la cual intenta indagar los conceptos de herencia ocupacional bruta y neta.[5] Por un lado, la autora analizó las tres cohortes de individuos entrevistadas en esta encuesta (1936-1938, 1951-1953, y 1966-1968) y, por otro, estudió su movilidad intergeneracional. Dadas las complejidades teóricas y analíticas de estudiar la movilidad social de las mujeres, su estudio se centró sólo en la población masculina. Pacheco concluyó que, en los contextos rurales, el cambio en las estructuras ocupacionales se produjo entre la segunda y la tercera cohorte, mientras que en los ámbitos urbanos se presentó entre la primera y la segunda. Además, apreció una mayor movilidad ocupacional ascendente en los contextos urbanos. La herencia neta ocupacional, por otro lado, se presentó con mayor intensidad en el ámbito rural, pero en el urbano, no obstante, se observó que la capacidad de abandonar o resistir al nivel ocupacional de la generación anterior se expresa especialmente en las ocupaciones ubicadas en los extremos de la estructura laboral. La relación entre la ocupación del padre y la del hijo está medida por el tipo de localidad geográfica y la cohorte de nacimiento. Finalmente, la autora argumenta que la educación es la variable que más explica la probabilidad de encontrarse en ocupaciones no manuales, pero, en el caso de las ocupaciones manuales, la ocupación del padre se convierte en un factor de mayor explicación.

[5] Herencia bruta ocupacional se refiere a la resistencia al nivel ocupacional de la generación anterior, reconociendo que los procesos estructurales condicionan la demanda de mano de obra. La herencia neta ocupacional, por otra parte, significa permanecer en la misma ocupación que los padres (Pacheco, 2004).

Emilio Parrado (2003), en su estudio *Reversal of opportunities: neoliberal policies and intra-generational class mobility in Mexico*, también utiliza los datos de las EDER y es el único de todos los estudios revisados que analiza los efectos de la reestructuración económica durante los años ochenta sobre la movilidad intrageneracional en México. De acuerdo con este autor, en contraste con la ISI, el nuevo contexto económico ha impactado negativamente el logro de permanecer en la misma categoría ocupacional de la clase profesional. Esto desmitifica la explicación neoliberal de la desigualdad, que la define como el incremento en la demanda de trabajadores calificados en un contexto de liberalización comercial y cambio tecnológico. Asimismo, a diferencia de la cohorte intermedia, los jóvenes son menos propensos a entrar al mercado laboral a través de la clase profesional, por lo que su estatus profesional dependerá de la experiencia y el nivel de educación con el que cuenten (Parrado, 2003). No obstante, asegura el autor, la educación ha dejado de ser un factor determinante en la prevención de movilidad descendente, es decir, los altos niveles de educación ya no aseguran la entrada ni la permanencia en los estratos más altos de la estructura ocupacional. El liberalismo económico, por tanto, ha permitido la entrada de muchos jóvenes a la clase informal. El estancamiento de la movilidad social, en general, se ha convertido en una constante de la sociedad mexicana.

El último trabajo de Patricio Solís trata sobre el cambio estructural y la movilidad ocupacional en Monterrey. Esta investigación es relevante no sólo porque recopiló información específica para estudiar estos fenómenos, sino también porque se centra en una de las ciudades con mayor dinamismo económico del país. Para ello, además de la Encuesta Nacional de Empleo Urbano, Solís analiza dos encuestas retrospectivas: la Encuesta sobre Movilidad Social y Geográfica en Monterrey, realizada por Browning, Balán y Jelin en 1965, y la Encuesta sobre Movilidad Social y Curso de Vida en Monterrey, realizada a finales del año 2000. Esta última encuesta se realizó exclusivamente para comparar los datos sobre movilidad social con los de 1965. Estas encuestas, por su carácter retrospectivo, permitieron realizar el análisis sobre movilidad ocupacional en Monterrey a lo largo del siglo XX,[6] abarcando los distintos periodos de desarrollo económico del país. Al contrastar las trayectorias ocupacionales de los hombres de Monterrey con las observadas en 1965, se puede analizar de qué manera las transformaciones económicas y contextuales han alterado los patrones de movilidad social y, además, saber si las oportunidades de ascenso ocupacional han declinado o no en relación con el pasado (Solís, 2002, 2005). Los cambios estructurales que experimentó Monterrey a finales de los años setenta, por ejemplo, se han traducido en cambios en la composición del mercado laboral que han facilitado la movilidad estructural ascendente. Es decir, jóvenes provenientes de familias obreras pudieron cristalizar sus aspiraciones de alcanzar trabajos no manuales (Solís, 2002, 2005).

Este nuevo contexto económico también ha producido una marcada caída de los ingresos laborales no manuales en la ciudad de Monterrey. Esto quiere decir que la movilidad ascendente hacia los estratos no manuales hoy es menos redituable económicamente que en el pasado. Los jóvenes de ahora, si bien ascienden en la estructura laboral, tienen altas probabilidades de obtener ingresos similares o inferiores que sus padres (Solís, 2002, 2005). La inequidad social en el acceso a las oportunidades laborales, asociada a la

[6] Solís realiza un análisis de la movilidad ocupacional en Monterrey con datos que incluyen un amplio rango de cohortes de nacimiento (1905-1969), lo que permite obtener medidas de movilidad para los periodos de la ISI y de la liberación económica.

clase social de origen o los antecedentes familiares, se ha visto incrementada. De este modo, pese al éxito industrial de la ciudad de Monterrey durante gran parte del siglo XX, ésta no ha escapado de los efectos negativos de las transformaciones económicas.

Aunque con diferentes matices, y a pesar de sus discrepancias metodológicas, los trabajos revisados en este apartado tienden a resaltar que el panorama de la movilidad social en México no es tan desolador como pudiera haberse esperado en un contexto de crisis económica y reestructuración. A pesar de ello, casi todos toman precauciones en relación con dos factores. Por un lado, que la movilidad ocupacional continúa pero tiende a ser más polarizada y, probablemente, menos vinculada a la mejora en las condiciones de vida. Por el otro, que los orígenes sociales de los individuos tienden a ser un determinante cada vez más importante del logro ocupacional, lo que denota un incremento de la inequidad social en el acceso a las oportunidades laborales.

DATOS Y METODOLOGÍA

La información nacional que se utiliza en este análisis proviene de la Encuesta Demográfica Retrospectiva (EDER) dirigida por Marie Laure Coubes, Gabriel Estrella, María Eugenia Zavala y René Zenteno.[7] La EDER constituye la

[7] La realización de esta encuesta fue posible gracias al apoyo financiero ofrecido por instituciones mexicanas, francesas y estadounidenses. El auspicio más importante provino del Consejo Nacional de Ciencia y Tecnología a través del proyecto de investigación "Estudio demográfico retrospectivo: movilidad, empleo y familia" (Conacyt 25809-D). A este financiamiento se agregaron las aportaciones de la Universidad Autónoma de Baja California (UABC), la Universidad de Pennsylvania y, por la

primera encuesta de historias de vida representativa del ámbito nacional en México. Su principal objetivo fue recolectar información individual acerca de la naturaleza temporal de los procesos sociales y demográficos que experimentó México durante la segunda mitad del siglo XX, así como de las interrelaciones que los distintos fenómenos demográficos guardan entre sí en las trayectorias de vida de las personas.

La población objetivo de la EDER se constituyó por las cohortes nacidas en los años 1936-1938, 1951-1953 y 1966-1968. Estas cohortes tenían, al momento del levantamiento de la encuesta en 1998, 60-62, 45-47 y 30-32 años de edad, respectivamente. La separación de 15 años entre las cohortes también permitió entrevistar a grupos de personas que transitaron a su vida adulta en entornos económicos, sociales y demográficos muy variados, los cuales pudieron tener influencias particulares sobre las transiciones migratorias, laborales y familiares de los mismos.[8] Para los fines de este trabajo, es importante destacar los periodos en los que los miembros de cada cohorte vivieron sus trayectorias laborales hasta los 29 años, que será el punto

parte francesa, del Centro Francés sobre la Población y el Desarrollo (CEPED), el Centro de Investigación y Documentación para América Latina (CREDAL) y la Universidad de París X-Nanterre. Igualmente importantes fueron los apoyos institucionales ofrecidos a los responsables del proyecto por parte de El Colegio de la Frontera Norte, el Instituto Tecnológico y de Estudios Superiores de Monterrey y la UABC.

[8] La selección de las cohortes no fue arbitraria. Por un lado, se optó por no entrevistar a personas de más de 65 años de edad, pues es bien conocido que los errores de memoria se incrementan de manera significativa en las edades más avanzadas. Por el otro, y con el fin de realizar comparaciones temporales adecuadas, se seleccionaron cohortes en las cuales las probabilidades individuales de haber iniciado el ciclo de vida familiar (primera unión y primer hijo) fueran muy altas. Por estas razones no se seleccionaron personas que al momento de la encuesta fueran menores de 30 años.

de referencia para captar la ocupación del entrevistado. Así, como se aprecia en la gráfica 1, las trayectorias laborales de los miembros de la cohorte 1936-1938 transcurrieron enteramente durante el auge de la sustitución de importaciones, aproximadamente entre 1951 y 1967; las de los nacidos entre 1951 y 1953 tuvieron lugar al final del periodo de sustitución de importaciones y culminaron en el preludio del inicio de la crisis de los ochenta, entre 1966 y 1982; por último, las trayectorias de los miembros de la cohorte 1966-1968 transcurrieron en su primera parte durante la crisis de los años ochenta y en su culminación durante el periodo de liberalización económica de los noventa. En este sentido, el logro ocupacional a los 29 años de los miembros

Gráfica 1. PIB per cápita nacional y cohortes de la encuesta demográfica retrospectiva nacional (EDER) cuando tenían 15-29 años de edad

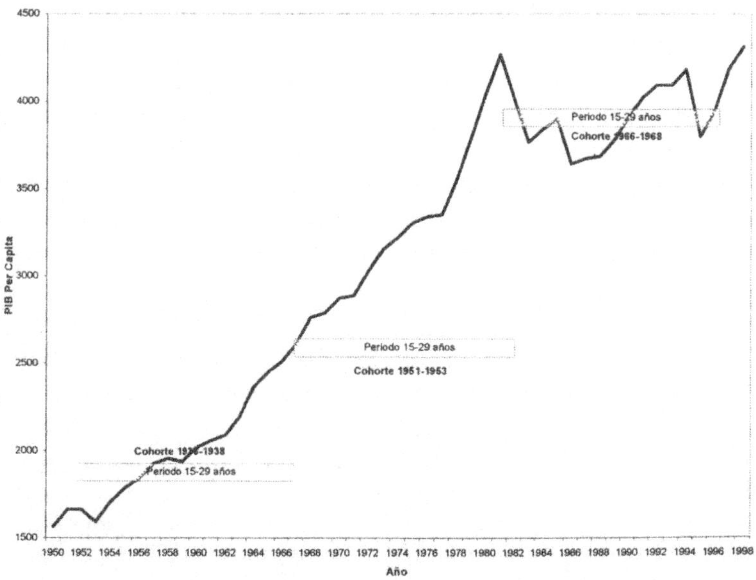

de cada cohorte refleja su exposición a periodos sucesivos del desarrollo socioeconómico del país.

La información longitudinal de la EDER permite bosquejar un panorama de la movilidad ocupacional intergeneracional (comparación entre la ocupación de un individuo y la de su padre) e intrageneracional (comparación entre las ocupaciones de un mismo individuo en dos momentos de su vida) de la población masculina. En este artículo analizaremos la movilidad intergeneracional, por lo que compararemos la ocupación del padre del entrevistado a los 15 años de edad con la del entrevistado a los 29 años.[9]

Los datos para el análisis de la movilidad ocupacional en Monterrey provienen de dos fuentes: la Encuesta sobre movilidad social y geográfica en Monterrey, realizada por Browning, Balán y Jelin en 1965 (Balán, Browning y Jelin, 1977), y la Encuesta sobre movilidad social y curso de vida en Monterrey", realizada a finales del año 2000 con el propósito de hacer comparaciones adecuadas con la encuesta levantada 35 años antes. Ambas encuestas recopilaron historias ocupacionales completas de una muestra de hombres adultos residentes en Monterrey, así como variables relevantes como la escolaridad, el origen migratorio, la ocupación del padre y otras características sociodemográficas.

Si bien en términos generales la EDER y las encuestas de Monterrey son muy similares, para comparar ambos contextos fue necesario tomar ciertas decisiones y adoptar algunos supuestos:

- Puesto que los mercados de trabajo rural y urbano representan condiciones laborales muy distintas, el

[9] Dado que la EDER proporciona información retrospectiva, se descartó el uso de la ocupación actual y se decidió utilizar la ocupación a los 29 años como punto de referencia fijo para todas las cohortes. Esto permite aislar el efecto de las diferencias de edad en el contraste del logro ocupacional entre las cohortes.

análisis nacional se centra sólo en la fracción urbana de la muestra nacional de la EDER, es decir, en la población que a los 29 años de edad residía en localidades de 15 000 o más habitantes.

- Las cohortes de las encuestas de la ciudad de Monterrey fueron reagrupadas de tal manera que tuvieran la mayor semejanza posible con las de la EDER, en aspectos tales como el número de cohortes, el espacio temporal y el tamaño de la muestra. Con ello, los hombres entrevistados en la ciudad de Monterrey fueron clasificados en las siguientes cohortes de nacimiento: 1925-1932, 1948-1956 y 1963-1967. Esta reagrupación de las cohortes no modifica en absoluto los resultados reportados por Solís (véase su capítulo en este libro).
- El análisis de la movilidad social se centra en las trayectorias individuales de la población masculina, pues no existe información semejante para las mujeres en el caso de Monterrey.
- Debido a limitaciones en las fuentes de datos, no fue posible utilizar la misma edad como punto de referencia para obtener la ocupación del entrevistado, por lo que en el caso de la EDER se utilizan los 29 años, mientras que en el caso de Monterrey los 33.

La clasificación ocupacional empleada es idéntica a la propuesta en el trabajo original de Solís e identifica una jerarquía de cuatro grupos ocupacionales. En el nivel superior están los trabajadores no manuales de alta calificación (I), seguidos por los trabajadores no manuales de baja calificación (II), los trabajadores manuales de alta calificación (III), y por último los trabajadores manuales de baja calificación (IV).[10]

[10] Para una descripción más detallada véase Solís (2002) y el artículo de Solís en este mismo libro.

TABLAS DE MOVILIDAD, MOVILIDAD ESTRUCTURAL Y ASOCIACIÓN ENTRE ORÍGENES Y DESTINOS

Antes de proceder con el análisis de las tablas de movilidad intergeneracional, es conveniente revisar el punto de partida de las distintas cohortes, esto es, las características que define el origen social de los padres. El cuadro 2 presenta información general sobre estas características socioeconómicas. Como podemos observar, el origen rural de los padres de las cohortes regiomontanas disminuyó de forma sistemática, de tal modo que sólo 16% de la generación joven tuvo padres cuyo nacimiento ocurrió en localidades rurales. Los padres de la población urbana nacional fueron actores importantes en el intenso proceso de migración rural-urbana experimentado por México en la segunda mitad del siglo pasado. Así, y contrastando con Monterrey, el origen rural de los padres se incrementó en 20% en números absolutos entre las cohortes avanzada e intermedia.[11] Casi siete de cada diez miembros de la cohorte 1951-1953 tuvieron padres nacidos en comunidades rurales.

Entre los miembros de la cohorte joven, el porcentaje de padres que nació en localidades rurales disminuyó significativamente a 39%. Sin embargo, esta cifra no representó una disminución extraordinaria en comparación con los padres de la cohorte avanzada y fue alta en relación con los padres de la cohorte joven de Monterrey.

El origen rural de los padres de las cohortes nacionales no fue un obstáculo para que éstos se insertaran en forma bastante exitosa en los mercados de trabajo urbanos. Al comparar las cohortes avanzadas, los padres del conjunto urba-

[11] Los términos "avanzada", "intermedia" y "joven" hacen referencia, respectivamente, a las cohortes 1936-1938, 1951-1953 y 1966-1968 de la EDER, y 1925-1932, 1948-1956 y 1963-1967 de Monterrey.

Cuadro 2. Características de los padres de cada cohorte (ponderadas)

	Urbano nacional			*Monterrey*		
	Avanzada (1936-1938)[1]	*Intermedia (1951-1953)*	*Joven (1966-1968)*	*Avanzada (1925-1932)*	*Intermedia (1948-1956)*	*Joven (1963-1967)*
% Nació en localidad rural	47.4	67.6	39.1	44.0	33.4	16.1
Ocupación						
No manuales alta calificación	1.0	3.2	4.9	4.0	5.0	6.9
No manuales baja calificación	29.5	28.6	20.6	13.4	17.4	17.8
Manuales alta calificación	29.1	27.4	26.7	21.3	25.2	25.2
Manuales baja calificación	40.3	40.8	47.8	61.2	52.4	50.1
% Trabajadores agrícolas	42.8	30.0	23.9	38.9	26.2	18.7

[1] Los años se refieren al calendario de nacimiento de los hijos.

Fuente: Encuesta Demográfica Retrospectiva Nacional (1988); Encuesta de Movilidad Social y Geográfica de Monterrey (1965), y Encuesta sobre Movilidad Ocupacional y Curso de Vida en Monterrey (2000).

no nacional se beneficiaron de una mejor estructura ocupacional que los padres de los residentes regiomontanos; esto a pesar de la mayor presencia de padres de origen rural en el primer grupo que en el segundo.

Al observar la cohorte intermedia llaman la atención dos resultados. Por un lado, las oportunidades ocupacionales de los padres mejoraron de manera importante en Monterrey, mientras que en el ámbito nacional existieron pocos cambios. No obstante, la estructura ocupacional de los padres siguió siendo favorable a la población urbana nacional. Por el otro, la continuidad de la estructura ocupacional entre los padres de las generaciones avanzada e intermedia a escala nacional debe evaluarse de manera positiva dado el incremento de la migración rural-urbana. Es decir, si bien la proporción de padres inmigrantes rurales se incrementó en la cohorte intermedia, esto no se reflejó en un empeoramiento de la estructura ocupacional, lo que refleja que los inmigrantes rurales tuvieron mayores oportunidades de movilidad ascendente, particularmente porque lograron mantener una inserción significativa en ocupaciones no manuales de baja calificación.

Mientras que las oportunidades ocupacionales de los padres de la generación joven regiomontana continuaron siendo prácticamente las mismas que las de la generación anterior, las correspondientes al contexto urbano nacional sufrieron un deterioro importante. Los padres de la cohorte joven nacional (con orígenes más urbanos que sus antecesores) experimentaron una reducción significativa de su acceso a ocupaciones no manuales de baja calificación, mientras que aumentaron su inserción en el trabajo manual de baja calificación.[12] Todo parece indicar que los padres de la ge-

[12] Como puede apreciarse en el cambio, esto no se debe a un incremento del trabajo agrícola, sino más bien a un aumento en ocupaciones urbanas de baja calificación.

neración 1966-1968 del conjunto urbano nacional fueron los primeros en resentir un agotamiento de las oportunidades ocupacionales ofrecidas a los migrantes rurales en las ciudades.[13] Estos cambios condujeron a una mayor convergencia entre las estructuras ocupacionales nacionales y regiomontanas.

En resumen, a pesar de que una mayor proporción de los padres de las cohortes nacionales contaban con antecedentes rurales en relación con los de Monterrey, los primeros encontraron mejores oportunidades ocupacionales que los segundos. Una posible explicación a este fenómeno es el impresionante auge económico y social experimentado por la ciudad de México durante los años cincuenta y sesenta. En las cohortes avanzada e intermedia, la distribución ocupacional de los padres se concentró más en ocupaciones manuales de baja calificación en Monterrey que en el contexto urbano nacional. Esta diferencia prácticamente desaparece entre los padres de la cohorte joven, principalmente como consecuencia de un deterioro de la estructura ocupacional de los padres de la cohorte joven nacional, lo cual podría estar asociado a un incremento relativo del empleo industrial de baja calificación. Así, la proporción de individuos cuyo padre tuvo una ocupación no manual de baja calificación en la cohorte joven es similar en ambos contextos (47.8% en el nacional frente a 50.1% en Monterrey).

Los cambios descritos anteriormente son importantes para comprender la movilidad intergeneracional. El cuadro 3 muestra las tablas de movilidad ocupacional intergeneracional para las tres cohortes nacionales urbanas y de Monterrey. Estas tablas permiten obtener las medidas resumen de movilidad ocupacional que se presentan en el cuadro 4.

[13] No debemos soslayar que casi 4 de 10 padres de esta cohorte habían nacido en localidades rurales.

Los resultados presentados en ambos cuadros permiten concluir lo siguiente:

a) En ambos contextos y en todas las cohortes, la distribución ocupacional de los miembros de cada cohorte (hijos) fue mejor que la correspondiente a sus padres. Además, las oportunidades ocupacionales de los hijos mejoraron a través del tiempo, particularmente en el contexto urbano nacional.

b) Si bien las oportunidades ocupacionales de los padres fueron mejores o semejantes en el contexto urbano nacional que en Monterrey, lo contrario prevaleció en la estructura ocupacional de los hijos, con la excepción de las cohortes avanzadas, donde existió una ligera diferencia a favor de los hijos del conjunto nacional urbano. Sin embargo, a partir de la cohorte intermedia las oportunidades ocupacionales fueron más favorables para la población de Monterrey, particularmente por su inserción en trabajos no manuales. En la cohorte joven, por ejemplo, la proporción de trabajadores en ocupaciones no manuales fue de 52% en Monterrey y de 46% en el conjunto urbano del país.

c) Las diferentes tendencias entre padres e hijos produjeron cambios importantes en la movilidad estructural de ambos contextos.[14] En las cohortes avanzada e intermedia, Monterrey experimentó tasas de movilidad estructural que duplicaron a las observadas en el contexto nacional (25 frente a 12 o 13%). Como

[14] La movilidad estructural se obtiene al calcular el índice de disimilitud entre las distribuciones marginales de padres e hijos, y puede interpretarse como el volumen de movilidad intergeneracional que se genera por el cambio en las estructuras ocupacionales de origen y destino. Este cambio suele asociarse en buena medida a las transformaciones globales en la estructura del mercado de trabajo (Solís, 2002).

puede apreciarse al revisar las distribuciones marginales del cuadro 3, en estas dos cohortes la mayor movilidad estructural de Monterrey se explica básicamente por la mayor proporción de hijos de trabajadores manuales de baja calificación, y en menor medida por un "ajuste hacia arriba" en las distribuciones ocupacionales de los entrevistados. En otras palabras, a pesar de que los padres de las cohortes avanzada e intermedia regiomontanas tuvieron oportunidades ocupacionales más restringidas que los padres de las mismas cohortes nacionales, los primeros encontraron en Monterrey condiciones económicas y sociales más propicias para heredar mejores posiciones laborales a sus hijos.

d) La comparación de las cohortes jóvenes es un poco más complicada. En primer lugar, ambas experimentaron un incremento en la movilidad estructural. A pesar de que el incremento relativo de la movilidad estructural en comparación con la cohorte intermedia fue mayor en el conjunto urbano nacional que en Monterrey, la ciudad norteña continuó teniendo una mayor movilidad estructural que la nacional (32 y 25% respectivamente). Por otro lado, el despunte de la movilidad intergeneracional a escala nacional estuvo asociada no sólo con la existencia de mejores oportunidades ocupacionales de los hijos, sino también con un deterioro de la estructura ocupacional de sus padres (relacionado principalmente con una disminución de las ocupaciones no manuales de baja calificación y un aumento en las ocupaciones manuales de baja calificación).

En lo que respecta a las tasas de movilidad que se obtienen al considerar la distribución de casos al interior de la tabla, puede observarse lo siguiente:

a) En las tres cohortes el conjunto nacional presenta tasas de movilidad más altas que Monterrey, aunque las diferencias no son cuantiosas. En la cohorte avanzada, las tasas de *inmovilidad* para el conjunto urbano nacional son de 42% frente a 49% en Monterrey; en la cohorte intermedia son de 34 y 40%, y en la cohorte joven 32 y 39%, respectivamente.

b) La mayor movilidad intergeneracional tiene un doble rostro en el conjunto nacional. Por un lado, en todas las cohortes existieron contingentes importantes de hijos que experimentaron un descenso ocupacional en comparación con sus padres. La cifra más alta fue en la cohorte intermedia, en donde casi uno de cada cuatro miembros sufrieron un descenso social. La movilidad descendente fue siempre más alta en el ámbito nacional que en Monterrey. Por el otro, la movilidad ascendente fue en aumento en el contexto nacional, al igual que en Monterrey. Sin embargo, Monterrey siempre mantuvo altas tasas de movilidad social ascendente.

Los resultados anteriores permiten concluir lo siguiente. Los padres de las cohortes analizadas encontraron mejores condiciones de empleo en el conjunto de localidades urbanas del país que en Monterrey, especialmente a la luz de sus importantes antecedentes rurales. Sin embargo, la importante movilidad social que la migración rural-urbana representó para los padres del conjunto nacional urbano, no se transmitió de una forma tan amplia hacia sus hijos, tal y como sí sucedió en Monterrey. Las oportunidades sociales y económicas ofrecidas por Monterrey durante la segunda mitad del siglo XX permitieron a su población ya sea mantener o avanzar en su estatus socioeconómico. En México, la existencia de una mayor movilidad social estuvo asociada no sólo con posibilidades de ascender socialmente, sino

Cuadro 3. Tablas de movilidad ocupacional intergeneracional para tres cohortes de nacimiento del conjunto urbano del país y de Monterrey (ponderado)

Población urbana nacional (29 años) — *Población de Monterrey (33 años)*

Cohorte avanzada

Población urbana nacional: 1936-1938

padres / *hijos*	*I*	*II*	*III*	*IV*	*Total*
I	0.5	0.4	0.0	0.1	1.0
II	6.2	11.0	3.9	8.3	29.5
III	3.1	5.8	12.8	7.5	29.1
IV	0.2	6.5	15.8	17.9	40.3
Total	10.0	23.7	32.5	33.8	100.0
					n= 146

Población de Monterrey: 1925-1932

padres / *hijos*	*I*	*II*	*III*	*IV*	*Total*
I	2.9	0.6	0.6	0.0	4.0
II	2.7	4.2	3.2	3.2	13.4
III	1.1	5.2	11.8	3.2	21.3
IV	2.0	7.3	22.0	30.0	61.2
Total	8.7	17.3	37.5	36.4	100.0
					n= 233

Cohorte intermedia

Población urbana nacional: 1951-1953

padres / *hijos*	I	II	III	IV	Total
I	1.3	1.0	0.8	0.0	3.2
II	8.6	9.4	5.0	5.6	28.6
III	1.0	4.7	11.3	10.3	27.4
IV	1.7	15.0	12.0	12.2	40.8
Total	12.6	30.1	29.2	28.1	100.0
					n= 180

Población de Monterrey: 1948-1956

padres / *hijos*	I	II	III	IV	Total
I	3.1	1.4	0.0	0.4	5.0
II	3.8	9.9	1.1	2.6	17.4
III	b	10.1	6.8	4.6	21.4
IV	4.7	11.0	16.9	19.7	52.4
Total	11.6	32.4	24.9	27.3	96.2
					n= 336

...continuación

Cohorte joven

1966-1968

padres	hijos: I	II	III	IV	Total
I	2.6	1.8	0.5	0.0	4.9
II	5.6	7.6	3.5	3.8	20.6
III	2.6	14.0	7.1	3.0	26.7
IV	0.7	10.7	21.8	14.6	47.8
Total	11.5	34.1	33.0	21.4	100.0

n= 171

1963-1967

padres	hijos: I	II	III	IV	Total
I	5.6	0.7	0.7	0.0	6.9
II	4.7	9.1	2.7	1.3	17.8
III	1.7	9.5	10.7	3.3	25.2
IV	3.7	16.6	15.9	13.9	50.1
Total	15.6	35.9	29.9	18.6	100.0

n= 179

Clasificación de ocupaciones:
I. Trabajadores no manuales de alta calificación
II. Trabajadores no manuales de baja calificación
III. Trabajadores manuales de alta calificación
IV. Trabajadores manuales de baja calificación
Fuente: Encuesta Demográfica Retrospectiva Nacional (1988); Encuesta de Movilidad Social y Geográfica de Monterrey (1965), y Encuesta sobre Movilidad Ocupacional y Curso de Vida en Monterrey (2000).

Cuadro 4. Medidas resumen de movilidad ocupacional (ponderadas)

	Cohorte avanzada	
	Urbano nacional (1936-1938)	*Monterrey (1925-1932)*
Movilidad estructural	12	25
Movilidad al interior de la tabla		
Movilidad ascendente	38	40
Movilidad descendente	20	11
Sin movilidad	42	49
Total	100	100
	Cohorte intermedia	
	Urbano nacional (1951-1953)	*Monterrey (1948-1956)*
Movilidad estructural	13	25
Movilidad al interior de la tabla		
Movilidad ascendente	43	50
Movilidad descendente	23	10
Sin movilidad	34	40
Total	100	100
	Cohorte joven	
	Urbano nacional (1966-1968)	*Monterrey (1963-1967)*
Movilidad estructural	26	32
Movilidad al interior de la tabla		
Movilidad ascendente	55	52
Movilidad descendente	13	9
Sin movilidad	32	39
Total	100	100

Fuente: Encuesta Demográfica Retrospectiva Nacional (1988); Encuesta de Movilidad Social y Geográfica de Monterrey (1965), y Encuesta sobre Movilidad Ocupacional y Curso de Vida en Monterrey (2000).

también de descender en la estructura de clases. Si bien las diferencias en la movilidad ocupacional de Monterrey y el conjunto urbano del país se cerraron entre la población más joven, esto se debió en gran medida a que los padres de la cohorte nacional sufrieron un deterioro en sus oportunidades ocupacionales.

Finalmente, los datos revelan que la población joven que entró al mercado de trabajo durante los años de reestructuración y crisis económicas continuó experimentando una movilidad intergeneracional ascendente significativa tanto en el ámbito nacional urbano como en Monterrey. Sin embargo, es importante aclarar que esta movilidad ascendente no se debió al crecimiento de las oportunidades en ocupaciones no manuales de alta calificación (profesionistas o técnicos especializados), sino más bien a la expansión del empleo no manual de baja calificación (especialmente vendedores y comerciantes) y manual calificado.

LOGRO OCUPACIONAL Y ORIGEN SOCIAL: ¿MAYOR INEQUIDAD EN LAS OPORTUNIDADES?

¿Qué importancia tiene el origen social de los individuos para explicar su logro ocupacional? ¿Al igual que en Monterrey, es posible concluir que existe una tendencia hacia una mayor inequidad de las oportunidades ocupacionales? Para poder dar respuesta a estas preguntas optamos por construir modelos de regresión logística ordenada (Powers y Xie, 2000). Estos modelos permiten contrastar el riesgo de que un individuo de origen social x_1 (por ejemplo, ocupación del padre) logre una ocupación de mayor jerarquía que otro con origen social "de referencia" x_2, una vez que se controla la movilidad estructural y se toman en cuenta los efectos del resto de las variables incluidas en el modelo. El riesgo diferencial de los modelos de regresión logística ordenados es expresado por las "razones de momios" (*odds ratios*). Si el valor estimado de la razón de momios no varía significativamente de 1, entonces no hay diferencias en el logro entre quienes tienen un estrato de origen x_1 y x_2. Si la razón de momios es significativamente mayor que 1, entonces la probabilidad de logro mayor es para el estrato x_1. Por el contrario, si la razón de momios es significativamente menor que 1, entonces la probabilidad de logro es mayor para el estrato x_2.

El cuadro 5 muestra los resultados de los dos modelos que fueron calculados para cada una de las cohortes. El modelo 1 introduce dos variables asociadas a los orígenes sociales: la "ocupación del padre",[15] que es un indicador del estrato social de origen del individuo, y la "comunidad de origen", que distingue a quienes fueron socializados en comunidades rurales de quienes pasaron la mayor parte de su niñez y adolescencia en entornos urbanos.[16] En este modelo los efectos del estrato social de origen se pueden interpretar como si fueran *independientes* del origen migratorio. El modelo 2 incluye, además de las dos variables anteriores, el nivel de escolaridad del individuo. Desde la perspectiva del capital humano, la escolaridad y la experiencia laboral deberían ser los principales mediadores entre los individuos y la estructura de oportunidades ocupacionales con el fin de ascender socialmente. Al introducir la escolaridad se está en condiciones de estimar el efecto neto del estrato de origen sobre el logro ocupacional.

[15] Quienes tenían padres en ocupaciones no manuales de alta y baja calificación fueron agrupados en una sola categoría ("No manual") debido al reducido tamaño de muestra.

[16] La comunidad de origen se obtiene a partir de la historia residencial del individuo, y es el tamaño de comunidad en que el individuo pasó más tiempo entre los 5 y los 15 años de edad.

Cuadro 5. Efectos de los orígenes sociales y el nivel de escolaridad sobre el logro ocupacional de los hombres residentes en áreas urbanas y en Monterrey. Razones de momios de modelos logísticos ordenados específicos por cohortes

	Modelo 1					
	Conjunto Urbano Nacional			*Monterrey*		
	1936-38	*1951-53*	*1966-68*	*1925-32*	*1948-56*	*1963-67*
Ocupación del padre						
No manual (referencia)						
Manual de alta calificación	0.49*	0.18**	0.48*	0.34**	0.40**	0.17**
Manual de baja calificación	0.25**	0.33**	0.10**	0.13**	0.19**	0.12**
Comunidad de origen						
Rural (referencia)						
Urbana	1.94	1.34	0.55	1.56*	1.9177**	1.4181
Pseudo R2	0.051	0.052	0.083	0.078	0.069	0.075
n	146	180	171	233	336	177

	Modelo 2					
	Conjunto Urbano Nacional			*Monterrey*		
	1936-38	*1951-53*	*1966-68*	*1925-32*	*1948-56*	*1963-67*
Ocupación del padre						
No manual (referencia)						
Manual de alta calificación	0.77	0.68	0.48*	0.99	0.52*	0.29**
Manual de baja calificación	0.81	1.53	0.22**	0.67	0.38*	0.25**
Comunidad de origen						
Rural (referencia)						
Urbana	1.97	0.98	0.13**	0.99	0.97	1.10
Escolaridad	1.39**	1.39**	1.50**	1.58**	1.47**	1.48**
Pseudo R2	0.193	0.169	0.238	0.267	0.259	0.213
n	146	180	171	233	336	177

Fuente: Encuesta Demográfica Retrospectiva Nacional (1988); Encuesta de Movilidad Social y Geográfica de Monterrey (1965), y Encuesta sobre Movilidad Ocupacional y Curso de Vida en Monterrey (2000).

Los resultados para las cohortes de Monterrey son simplemente una confirmación de lo encontrado por Solís (2000). Esto es, la escolaridad ejerce en todas las cohortes una influencia importante sobre el logro ocupacional. Aunque el efecto de la ocupación del padre disminuye cuando se toma en consideración el nivel de escolaridad de la persona, el estrato de origen se mantiene como un determinante significativo del logro ocupacional. Las diferencias en el logro ocupacional entre quienes provienen de orígenes sociales relacionados con ocupaciones manuales (tanto de alta como de baja calificación) y ocupaciones no manuales, pasaron de ser no significativas en la primera cohorte a ser significativas en los más jóvenes. Por lo tanto, en el caso de Monterrey, una vez controlados los efectos del nivel de escolaridad, la desigualdad por estrato de origen en las oportunidades laborales se incrementó en el tiempo, en lugar de decrecer.

¿Qué sucedió en el contexto nacional urbano? Sin considerar las diferencias en los niveles de escolaridad de la población masculina, los resultados del modelo 1 muestran que en las tres cohortes el origen social tiene efectos significativos sobre el logro ocupacional. En la cohorte avanzada, los momios de lograr una mejor ocupación para los trabajadores manuales de alta y baja calificación eran 51 y 75% menores, respectivamente, en relación con los trabajadores no manuales. En la cohorte intermedia, esta diferencia fue de 82 y 67%, y en la cohorte joven de 52 y 90%. Cabe destacar que la inequidad de oportunidades entre trabajadores manuales de baja calificación y trabajadores no manuales fue significativamente mayor en la cohorte joven, es decir, en aquella cuya trayectoria laboral transcurrió enteramente durante los años de crisis y cambio estructural.

La escolaridad jugó un papel significativo en el logro ocupacional de la población masculina del país durante la segunda mitad del siglo pasado. La propensión de ascender socialmente vía la estructura ocupacional se incrementaba entre 39 y 50% por cada año que se avanzaba en el ciclo escolar. Como puede apreciarse en la parte inferior del cuadro 5, el efecto de la variable escolaridad fue notoriamente inferior en el conjunto nacional que en Monterrey para las cohortes avanzada e intermedia, pero adquiere dimensiones similares (alrededor de 50%) en la cohorte joven. En otras palabras, y una vez que se controlan los orígenes sociales, el conjunto urbano nacional ofrecía menores retribuciones al logro escolar que Monterrey durante los años de auge y ocaso de la sustitución de importaciones, pero en tiempos recientes estas retribuciones se incrementaron a un nivel similar al observado en la capital neoleonesa.

Si bien la instrucción formal de las personas contribuye a entender mejor el logro ocupacional de los individuos de todas las cohortes, los efectos del origen social no desaparecieron en la cohorte joven. Al igual que en Monterrey, la importancia creciente del estrato social de origen queda comprobada por las categorías ocupacionales extremas de esta cohorte. En la cohorte 1965-1968, los momios de lograr una mejor ocupación fueron 4.5 veces menores para los hijos de trabajadores manuales con baja calificación en comparación con los hijos de trabajadores no manuales. Por su parte, los hijos de trabajadores manuales no calificados contaban con la mitad de los momios de ascender socialmente que aquellos pertenecientes a la categoría de referencia.

CONCLUSIONES

Los trabajos de este libro son una prueba fehaciente de la revitalización de los estudios de estratificación social en México. Las ciencias sociales en este país parecen retomar preocupaciones centradas en los efectos del desarrollo económico y social más reciente sobre la desigualdad social en el curso de vida de su población. En este trabajo hemos intentado dilucidar acerca de las tendencias recientes de dos aspectos centrales de la estratificación social: la capacidad de ascender socialmente a través de la estructura de oportunidades ocupacionales y la influencia del origen social en dicho logro. Nuestro análisis se centró en la movilidad intergeneracional experimentada por la población masculina residente en las localidades urbanas del país durante la segunda mitad del siglo XX.

Los datos de la EDER permitieron demostrar que la economía y la sociedad mexicanas fueron capaces de promover la movilidad ocupacional intergeneracional ascendente durante la segunda mitad del siglo pasado. Las amplias posibilidades de movilidad ocupacional se reflejaron en las oportunidades laborales que tuvieron los propios padres, pues fueron capaces de insertarse en una estructura ocupacional cada vez más favorable, a pesar de contar en gran proporción con antecedentes rurales. Aunque el sistema urbano del país también fue capaz de ofrecer movilidad ocupacional a sus descendientes, la información muestra que Monterrey pudo favorecerlos de manera más extensa y sostenida. Mientras que la estructura económica y social regiomontana posibilitó ampliamente la mejora de las condiciones ocupacionales de los hijos, esta mejora no fue tan extensa ni permanente en el contexto urbano nacional, en donde incluso se observa una mayor polarización de la movilidad ocupacional, al presentarse mayores tasas de movilidad descendente. Las diferencias entre la movilidad ocupacional de Monterrey y del conjunto urbano del país se redujeron en la cohorte más joven. Sin embargo, esta convergencia se debió en gran medida al deterioro de las oportunidades ocupacionales de los padres en el conjunto urbano nacional, y no a una mejora en las condiciones de los hijos. Si bien sería necesario estudiar con más profundidad este deterioro en el estatus ocupacional de los padres, una hipótesis plausible es que se trata de la primera cohorte en la que los inmigrantes rurales enfrentaron problemas para incorporarse exitosamente al mercado laboral urbano.

Por otro lado, si bien la información revela que los jóvenes que ingresaron al mercado de trabajo durante los años de reestructuración y crisis económicas continuaron experimentando una movilidad intergeneracional ascendente en el ámbito urbano nacional, incluido Monterrey, es importante aclarar que este proceso tuvo muy poco que ver con el aumento de ocupaciones no manuales de alta calificación (profesionistas o gerentes); más bien fue resultado de una expansión del empleo no manual de baja calificación (grupo en el que se encuentran los comerciantes y vendedores) y de las ocupaciones manuales calificadas. En este sentido, una tarea pendiente es revisar hasta qué punto la nueva movilidad ocupacional ascendente se traduce efectivamente en una mejora en las condiciones laborales y por tanto en movilidad social ascendente. Los datos de la EDER no permiten profundizar en esta hipótesis, pero la investigación de Solís para Monterrey (véase el capítulo de este mismo libro) sugiere fuertemente que, a diferencia de lo que ocurría durante la sustitución de importaciones, en tiempos recientes la movilidad ocupacional ascendente ya no garantiza la movilidad ascendente en otros ámbitos, como el del ingreso.

Finalmente, los resultados muestran que, al igual que en Monterrey, el estrato social de origen, medido a través de la ocupación del padre, tiene una creciente importancia como determinante del logro ocupacional de los hombres del conjunto urbano nacional. Este efecto permanece incluso una vez que se controla el efecto de la escolaridad, que continuó jugando un papel significativo en el logro ocupacional de la población masculina del país durante la segunda mitad del siglo pasado. En su conjunto, estos resultados muestran un panorama poco alentador, pues indican que, a pesar del incremento en las tasas de movilidad absoluta, la inequidad social en el acceso a las oportunidades laborales es de igual o mayor magnitud que la observada durante el periodo de sustitución de importaciones. En este sentido, la asignatura a futuro no es sólo incrementar las oportunidades para una mayor y más efectiva movilidad ocupacional ascendente, sino generar condiciones estructurales e institucionales que favorezcan una distribución más equitativa de estas oportunidades entre los jóvenes provenientes de distintos estratos sociales.

BIBLIOGRAFÍA

BALÁN, J., Harley L. BROWNING y E. JELIN (1977), *El hombre en una sociedad en desarrollo. Movilidad geográfica y social en Monterrey*, México, Fondo de Cultura Económica.

BLOSSFELD, H. y G. ROHWER (2002), Techniques of event history modeling new approaches to causal analysis, Mahwah, NJ, Lawrence Erlbaum Associates.

COUBES, M., M.L. ZAVALA y R. ZENTENO (eds.) (2004), *Cambio demográfico y social en el México del siglo XX. Una perspectiva de historias de vida*, México, Colef / ITESM / Porrúa (en prensa).

BEHRMAN, J., A. GAVIRIA y M. SZÉKELY (2001), "Intergenerational mobility in Latin America", *Economía*, 44 pp.

CONTRERAS, E. (1978), *Estratificación y movilidad social en la ciudad de México*, México, UNAM, Instituto de Investigaciones Sociales.

CORTÉS, F. y A. ESCOBAR (2003), "Movilidad social intergeneracional en los años de reforma económica: un estudio del México urbano", *Revista de la CEPAL*, 42 pp.

ESCOBAR, A. (2001), *Nuevos modelos económicos: ¿nuevos sistemas de movilidad social?*, División de Desarrollo Social de Naciones Unidas, 55 pp.

MUÑOZ, H., O. DE OLIVEIRA y C. STERN (1977), *Migración y desigualdad social en la ciudad de México*, México, UNAM, Instituto de Investigaciones Sociales.

PACHECO, E. (2004), "La movilidad ocupacional de los hijos frente a los padres", mimeografiado.

PARRADO, E. (2003), *Reversal of opportunities: neoliberal policies and intra-generational class mobility in México*, Department of Sociology of Duke University, 38 pp.

POWERS, D., y Y. XIE (2000), Statistical methods for categorical data analysis, California, Academic Press.

SOLÍS, P. (2002), "Structural change and men's work lives: transformations in social stratification and occupational mobility in Monterrey", Mexico, Austin, Texas, tesis de doctorado en sociología, Universidad de Texas, Austin.

———— (2005), "Cambio estructural y movilidad ocupacional en Monterrey, México", *Revista de Estudios Sociológicos* (en prensa).

TUMA, N. B. y M. T. HANNAN (1984), Social dynamics. Models and methods, Orlando, Academia Press.

ZENTENO, R. (2003), "Polarización de la movilidad social en México", *Demos. Carta demográfica sobre México*, 16.

LA REESTRUCTURACIÓN ECONÓMICA Y LA MOVILIDAD INTRAGENERACIONAL DE CLASE EN MÉXICO*

EMILIO A. PARRADO

RESUMEN

En este capítulo, el autor compara las oportunidades de carrera de los varones en México con su movilidad intrageneracional de clase a lo largo de periodos que evidenciaron estrategias de desarrollo muy distintas. Pese al significado de la movilidad para la estratificación social y para la desigualdad en dicho país, en décadas recientes han sido pocas las investigaciones realizadas sobre este fenómeno. Al utilizar datos tomados de la Encuesta Demográfica Retrospectiva Nacional, el presente análisis vincula las estrategias de desarrollo con las oportunidades de carrera a nivel individual, al comparar la movilidad intrageneracional de clase en tres cohortes de varones mexicanos. Los resultados revelan que, bajo el sistema neoliberal, las oportunidades ocupacionales no han logrado mantener el mismo ritmo que el creciente capital humano en México. Al contrario, la incorporación a buenos empleos y la movilidad hacia ellos se han vuelto más difíciles, mientras que la movilidad descendente se ha hecho más frecuente, incluso entre los trabajadores con altos niveles educativos. En vista de los cambios dramáticos que se han dado en el modelo de desarrollo, los es-

* Traducido por Susan Beth Kapilian.

fuerzos encaminados a reducir las desigualdades deben prestar mayor atención a los tipos de empleos a los que tienen acceso los trabajadores mexicanos.

INTRODUCCIÓN

A partir de los años ochenta del siglo pasado y con mayor rapidez durante los noventa, los países de América Latina implementaron una serie de políticas de reestructuración económica que se apartaron del modelo de desarrollo basado en la industrialización nacional guiada por el Estado (que había predominado durante los años sesenta y setenta), para dirigirse a uno nuevo fincado en la competencia en el mercado y en una orientación hacia las exportaciones. Apoyado por instituciones financieras internacionales y por el "Consenso de Washington", este nuevo modelo neoliberal modificó de manera importante las bases del crecimiento económico e incitó a los países a aprovechar sus ventajas comparativas en materia de costos de mano de obra y producción de productos primarios (Portes y Hoffman, 2003). Se ha logrado una buena comprensión de algunas consecuencias de este cambio en el modelo de desarrollo: existen estudios en que se documenta el efecto negativo de la reestructuración económica sobre desigualdades en los ingresos y sobre la diversificación de las estrategias de supervivencia adoptadas por familias cuyos ingresos van deteriorándose (Barkin y Rosen, 1997; González de la Rocha, 1994; Itzigsohn, 2000; Parrado y Zenteno, 2001; Portes, 1997). No obstante, se conocen en menor grado los efectos a largo plazo que los cambios que las políticas han tenido sobre la estructura social de los países latinoamericanos, incluyendo la estratificación y la movilidad de clases. Es probable que la privatización de las empresas estatales, una mayor flexibilidad en los mercados laborales y una orientación hacia las exportaciones hayan resultado en patrones alterados de estratificación social (Portes y Hoffman, 2003; Roberts, 2002). Una implicación de tales políticas es que quizá en América Latina los sistemas de estratificación no se hayan vuelto más abiertos con el paso del tiempo. Más bien, conforme se fueron relajando los esfuerzos políticos dirigidos a reducir las desigualdades, y mientras los cambios en el modelo de desarrollo modificaron las bases del crecimiento económico, es muy posible que las tendencias hacia una mayor fluidez social y hacia la movilidad ascendente se hayan detenido o revertido.

Este trabajo hace una aportación a la literatura sobre los efectos sociales y económicos de la reestructuración económica en América Latina mediante un análisis de los cambios que han ocurrido en la movilidad intrageneracional de clase en México. Dicho país nos brinda un estudio de caso especialmente interesante en cuanto a la evaluación de los resultados en materia de estratificación asociados con cambios en el modelo de desarrollo. Durante las últimas dos décadas, el país se ha convertido en uno de los "nuevos globalizadores" más agresivos del mundo (World Bank, 2002). Tras la crisis de la deuda externa que experimentó a principios de los años ochenta, México instrumentó una serie de políticas para la reestructuración económica que incluían reformas fiscales, la privatización de empresas estatales, la desregulación de los mercados de trabajo, y la formación de un mercado común con Estados Unidos y Canadá, con la intención de incorporar al país a la economía global y de lograr que el modelo de desarrollo, que había sido "hacia adentro", se reorientara "hacia afuera". Si bien el periodo neoliberal se ha sustentado en la noción de que los mercados más abiertos mitigan las distorsiones políticas y fomentan la movilidad ascendente, éste se ha visto acompañado por varios efectos colaterales negativos, entre ellos un deterioro en los salarios reales y un aumento en las desigualdades de los ingresos en un país que ya de por sí se contaba entre los más desiguales del orbe (Altimir, 1996; Berry, 1998).

Sin embargo, los estudiosos en la materia no concuerdan en si dichos efectos adversos en la distribución del ingreso representan una tendencia permanente o, más bien, constituyen una reacción de corto plazo a la reestructuración económica, la cual será revertida tras un periodo de ajustes (Birdsall *et al.*, 1998; Stallings y Peres, 2000). Además, el aumento observado en la desigualdad de los ingresos en México es igualmente consistente con dos escenarios laborales diferentes: uno de oportunidades en expansión, en el que los trabajadores jóvenes ingresan al mundo laboral con empleos de baja calificación y ascienden más tarde en sus vidas, y otro en el que se reservan los empleos buenos para un pequeño grupo de trabajadores, mientras que otros se ven relegados a ocupaciones de baja calificación o incluso experimentan una movilidad descendente a lo largo del tiempo (Bernhardt *et al.*, 2001). Se requiere un enfoque basado en la movilidad de clase para poder comprender mejor la manera en que los cambios en el modelo de desarrollo afectaron los procesos que dieron lugar a la desigualdad, y no solamente a sus manifestaciones en cuanto al ingreso. Algunos sociólogos han elaborado el concepto de "regímenes de movilidad" con el propósito de describir variaciones históricas, y entre distintos países, en los patrones de estratificación, y de ofrecer una base para analizar las instituciones sociales y las elecciones políticas que los conforman (DiPrete, 2002; DiPrete *et al.*, 1997; Gerber, 2002). A diferencia de las formas que se utilizan para medir las desigualdades en los ingresos, los cambios en los regímenes de movilidad iluminan transformaciones más permanentes en el modo en que las ventajas y desventajas se distribuyen entre diferentes grupos sociales, reflejando modificaciones duraderas a las oportunidades del individuo a lo largo de su vida (Sørensen, 1975).

A pesar de la importancia de la estratificación y la movilidad de clase para evaluar las causas de la desigualdad, las investigaciones que se han llevado a cabo en América Latina sobre ellas han sido relativamente escasas en décadas recientes (Escobar Latapí, 1992; Filgueira, 2001; Klein y Tokman, 2000). En gran parte por limitaciones en los datos, los estudios longitudinales acerca de la movilidad de carrera que indagan sobre cambios en las oportunidades de empleo que se dan durante el curso de una vida y también a lo largo de generaciones son aún menos comunes. Mi análisis, que retoma datos de la Encuesta Demográfica Retrospectiva Nacional (EDER) de 1998, relaciona cambios en las estrategias de desarrollo con oportunidades de carrera a nivel individual mediante una comparación de los patrones de movilidad intrageneracional de clase en tres cohortes de varones mexicanos representativas de diferentes contextos de desarrollo: una cohorte de hombres maduros, representativa del periodo temprano de desarrollo económico en México; una intermedia, representativa de las condiciones de empleo que existían durante el auge de las políticas de industrialización por sustitución de importaciones (ISI), y una cohorte joven, que representa la primera generación en entrar en contacto con el mercado laboral bajo las reformas neoliberales. Los resultados de este análisis sugieren que la reestructuración económica tuvo un impacto significativo sobre los regímenes de movilidad en México, pues alteró las oportunidades a largo plazo para tener acceso a posiciones de clase más altas durante la vida de los individuos.

EL MODELO DE DESARROLLO Y LOS REGÍMENES DE MOVILIDAD EN MÉXICO

Generalmente, los primeros análisis de los cambios sociales y la estratificación en México y América Latina siguieron una visión relativamente optimista y monotónica atribuible a la perspectiva de modernización (Germani, 1962; Othón de Mendizábal, 1970). De acuerdo con esa perspectiva, la lógica del industrialismo, es decir, el proceso de transición de las sociedades preindustriales hacia las industriales, requería la adhesión a ciertos principios universales de racionalidad técnica y económica. Se esperaba que los procesos de urbanización e industrialización, así como el crecimiento de las instituciones burocráticas, mejoraran la estructura ocupacional de los países menos desarrollados e incrementaran la movilidad social. Al mismo tiempo, se pensaba que la difusión de valores universalistas y de conductos meritocráticos para el reclutamiento reduciría el papel de los antecedentes familiares y de otros factores adscriptivos en la determinación de las oportunidades laborales a lo largo de la vida (Kerr, 1960). Los supuestos evolutivos subyacentes a la teoría de la modernización calificaron a ese proceso como de mayormente universal y unidireccional. Mientras que el Estado podía acelerar el cambio por medio de la expansión del acceso a los recursos de capital humano tales como la educación, su principal papel consistía en garantizar el funcionamiento irrestricto de la lógica del industrialismo, lo cual propiciaría una expansión progresiva en las oportunidades ocupacionales y conduciría a una sociedad más abierta.

Desde hace mucho tiempo, algunos investigadores han cuestionado la descripción universal y unidireccional de la movilidad social presentada por la perspectiva de modernización. En cambio, han enfatizado el papel de los procesos políticos, que según ellos influyen sobre los resultados de estratificación tanto en los países más desarrollados como en los menos desarrollados. Ciertos estudios comparativos de países europeos identificaron variaciones considerables en las tasas de movilidad relativa o en la fluidez social, dependiendo del grado y del alcance de las políticas socialdemócratas (Erikson y Goldthorpe, 1992; Esping-Andersen, 1990). En Estados Unidos, algunos estudiosos demostraron la importancia de los programas sociales y políticos instrumentados durante los años sesenta y setenta del siglo pasado para expandir las oportunidades ocupacionales; documentaron una reversión significativa, con una creciente polarización, también asociada con las políticas económicas (DiPrete y McManus, 1996; Bernhardt *et al.*, 2001). En América Latina, los analistas también han identificado considerables variaciones entre países en los niveles de protección para el trabajador y de cobertura de seguridad social, con consecuencias directas para los patrones de estratificación y para la ampliación del empleo formal (Filgueira, 2000). Una implicación central de dichas investigaciones es que las diferencias en el grado de apertura entre las sociedades pueden entenderse como un resultado de la manera en que las instituciones sociales gobiernan la movilidad social y, además, como un reflejo de elecciones políticas.

Una elección política en particular ha afectado dramáticamente las instituciones sociales que rigen sobre la movilidad social en México. Durante los años ochenta y noventa, México y América Latina se apartaron cada vez más de las políticas de industrialización por sustitución de importaciones que habían predominado en los años sesenta y setenta, y empezaron a adoptar un enfoque impulsado por el mercado para lograr el desarrollo. Hubo tres medidas específicas, aplicadas en diferentes grados a lo largo de América Latina, que incidieron en las oportunidades para la movilidad en México.

En primer lugar, un mayor énfasis en la austeridad fiscal; la productividad y la competitividad propiciaron medidas encaminadas a reducir el número de empleados públicos (incluyendo algunos periodos en que se congelaba la contratación de éstos), así como un programa enérgico de privatización y de liquidación de las empresas estatales. Para 1993, solamente 210 de las 1 155 empresas estatales que habían existido en México en el año 1982 no habían sido privatizadas, fusionadas o liquidadas (Teichman, 1995). En tanto que otrora las empresas propiedad del Estado habían empleado a 10% de toda la fuerza laboral del país (Pagán *et al.*, 2000), los esfuerzos por incrementar las ganancias y la eficiencia indujeron a las empresas privatizadas a reducir el número de trabajadores "de cuello blanco" y "de cuello azul" en más de la mitad (La Porta y López-de-Silanes, 1997). Eso constituyó un alejamiento importante de las políticas de ISI, que dependían de una extensa burocracia estatal y de las empresas propiedad del Estado para asegurarse, en cierta medida, de que la rápida expansión de la educación se tradujera en ascensos de clase y en el empleo dentro del sector formal.

En segundo lugar, la promoción de una flexibilidad laboral exacerbó la vulnerabilidad de los trabajadores y, a la vez, favoreció al sector informal, a expensas del empleo formal. Las políticas laborales del modelo ISI se basaban, al menos parcialmente, en la noción de que el sector informal era producto del crecimiento acelerado de la población y de una estructura productiva que favorecía a las innovaciones tecnológicas más que al empleo. Por otra parte, la explicación de los neoliberales en cuanto al sector informal remontaba los orígenes de éste a reglamentos estatales excesivos, por culpa de los cuales era muy caro para los pequeños empresarios trabajar dentro de la economía formal. En el contexto latinoamericano, más que una ventaja, las medidas protectoras del mercado laboral fueron vistas como una desventaja tanto para los trabajadores como para los empleadores y, además, como un obstáculo para la productividad (Rakowski, 1994). De esta manera, el gobierno mexicano implementó varios pactos de "solidaridad", el primero en diciembre de 1987, con sindicatos selectos y con el sector privado, a fin de garantizar una oferta abundante de mano de obra barata en un contexto de "especialización flexible" de las relaciones industriales (Dussel Peters, 1998). En consecuencia, entre 1980 y 1995 el salario mínimo real decayó casi 65% (Dávila Capalleja, 1997). Ello representa un alejamiento importante de las políticas del modelo ISI, que se habían guiado por la idea de que convertirse en una economía industrial significaría incorporar la fuerza de trabajo en actividades bien remuneradas que tuvieran una cobertura de protección social (es decir, al sector formal), lo cual les brindaría a las familias condiciones de vida estables, aumentaría la demanda de los consumidores y ampliaría los mercados internos.

En tercer lugar, el énfasis que se puso en la integración de México en la economía global alteró el camino de este país hacia la industrialización (Dussel Peters, 1997). Las políticas neoliberales –que se basan en la teoría económica clásica de las ventajas comparativas– enfatizan los problemas de integración a la economía mundial y de la competitividad global como los obstáculos centrales para el desarrollo económico. En vez de que México intentara reproducir un patrón de industrialización nacional, se instó a este país a perseguir su ventaja comparativa y a promover la integración comercial. Sin embargo, en contraste con periodos anteriores caracterizados por una orientación hacia las exportaciones, este cambio no solamente implicaba una concentración en la producción de productos primarios, sino también la expansión de las exportaciones industriales, generalmente producidas por filiales de multinacionales y otras ensambladoras de propiedad extranjera ubicadas en las zonas en que se procesaban las exportaciones, para aprovechar los costos más bajos de mano de obra en México. La orientación hacia las exportaciones ha sido especialmente exitosa en este país debido a sus vínculos cercanos con Estados Unidos y gracias, también, a la firma del Tratado de Libre Comercio de América del Norte (NAFTA) en 1992. Entre 1960 y 1998, la participación de las exportaciones de bienes y servicios en el PIB creció de 8 a 31% (véase la gráfica 1), con lo cual México llegó a ser el país exportador más grande, más dinámico y más diversificado de América Latina. Cabe mencionar que en ese entonces, 90% de las exportaciones se dirigía a Estados Unidos (CEPAL, 2002). El principal impulso para dicho crecimiento vino del programa de maquiladoras iniciado en 1965 (Cooney, 2001) que, para fines de los años noventa, ya empleaba a más de un millón de trabajadores y representaba a 27.3% del empleo en el sector manufacturero (Dussel Peters, 1997).

La principal diferencia entre estas políticas y las del modelo ISI estribaba en el cambio en el enfoque desde el mercado interno hacia el mercado internacional. Las políticas a favor de la industrialización encaminadas hacia el mercado interno se habían concentrado en la promoción de industrias con extensos eslabonamientos hacia adelante y hacia atrás dentro de la economía nacional. En contraste, la orientación hacia las exportaciones ha puesto el énfasis en los eslabonamientos industriales con países más desarrollados y con la economía global (Gereffi y Wyman, 1990). Las consecuencias internas de tales eslabonamientos no son directas –incluyendo los efectos multiplicadores sobre otras industrias nacionales–, puesto que las industrias orientadas hacia las exportaciones tienden a depender de insumos extranjeros y su producción no se encuentra guiada por consideraciones del mercado interno. La expansión de las exportaciones se ha visto acompañada por una ampliación concomitante de las importaciones, que crecieron de 11 a 33% entre 1960 y 1998 (véase la gráfica 1); 88% de éstas provenían de Estados Unidos. Tan sólo 3% de los insumos utilizados por las maquiladoras son generados en México. Esto pone de relieve la creciente dependencia del sector manufacturero mexicano de las condiciones de la oferta y la demanda existentes en Estados Unidos, una situación difícil que algunos críticos han calificado como "industrialización orientada hacia las importaciones" (Dussel Peters, 1998).

Además, la apertura irrestricta y unilateral de los mercados mexicanos hacia la competencia extranjera obligó a la clausura de algunos establecimientos industriales pequeños que no fueran productivos en una escala global, dando lugar a una disminución en la capacidad del sector manufacturero para ofrecer empleos. De manera específica, algunos estudios muestran que, si bien la tasa promedio de crecimiento del empleo en dicho sector aumentó entre 1972-1975 y 1978-1981 de 3.0 a 6.2%, ésta bajó abruptamente a 0.2% para el periodo 1988-1992 (Dussel Peters, 1998). En parte, esa disminución refleja una tendencia de largo plazo hacia el crecimiento del sector servicios dentro de la economía mexicana; no obstante, se ha acelerado rápidamente durante el periodo neoliberal.

En conjunto, la mermada capacidad del Estado para ofrecer empleos, la mayor flexibilidad de la fuerza de trabajo y el relajamiento de las políticas de industrialización alteraron los regímenes de movilidad existentes en México. Tal vez la reducida capacidad del sector público para ofrecer empleos restringió uno de los canales centrales para la movilidad ascendente y el empleo dentro del sector formal en este país. El amplio desplazamiento de trabajadores que acompañó a la privatización de las empresas estatales, así como el énfasis que se puso en la flexibilidad laboral, socavaron la estabilidad en el empleo y quizá fomentaron la movilidad descendente y el empleo informal. Además, es posible que el menor énfasis en la industrialización como el motor del crecimiento económico haya desacelerado la movilidad ocupacional, dando lugar a una menor disminución del empleo agrícola. Como resultado, en cuanto al modelo ISI, se piensa que el régimen de movilidad asociado con el periodo neoliberal ha incrementado los movimientos hacia el sector informal, limitado las oportunidades para la movilidad ascendente, acelerado la movilidad descendente y reducido el papel de los logros personales en la determinación de la posición del individuo en una clase determinada.

Para poder comprender cómo se traducen los regímenes de movilidad en distintos resultados de estratificación en México, en el presente estudio el autor compara la movilidad intrageneracional de clase en tres cohortes de varones mexicanos. Se divide este análisis en dos partes. En la primera, el análisis se concentra en la probabilidad de ingresar al mercado laboral a través de distintas posiciones de clase. En la segunda se considera la movilidad de clase a lo largo de la vida del individuo, incluyendo la probabilidad de experimentar movilidad en general, la clase de destino y la movilidad ascendente o descendente.

DATOS Y MÉTODOS

Los datos para este análisis fueron tomados de la Encuesta Demográfica Retrospectiva Nacional (EDER) de 1998. La EDER constituye la primera encuesta nacionalmente representativa de historias de vida en México. Fue diseñada para captar cambios en las transiciones a lo largo del ciclo de vida entre tres generaciones de hombres y mujeres mexicanos (EDER, 2000). Los encuestados de las tres cohortes fueron seleccionados con base en una submuestra probabilística obtenida de la Encuesta Nacional de la Dinámica Demográfica (ENADID) de 1997, una encuesta nacionalmente representativa que proporciona información básica sobre todos los miembros de los hogares mexicanos. Dentro de cada cohorte, se seleccionaron a los hombres y mujeres de forma independiente; por lo tanto, éstos no eran miembros de un mismo hogar. Este procedimiento de muestreo arrojó datos representativos a nivel nacional, tanto para hombres como para mujeres. El Instituto Nacional de Estadística, Geografía e Informática (INEGI) estuvo encargado del muestreo, recolección y procesamiento de datos. Para una descripción detallada del procedimiento de muestreo y de la estrategia para la recolección de datos, véase EDER (2000).

El presente análisis se restringe al componente masculino de dicha encuesta. Con eso, no es mi intención minimizar la importancia de la reestructuración económica para las oportunidades de empleo de las mujeres. Más bien, estudios realizados en México indican que el empleo femenino, especialmente entre las mujeres casadas, ha tenido una reacción muy sensible al deterioro en los ingresos familiares que se ha dado durante el periodo neoliberal. Asimismo, los incrementos en la participación de la mujer en la fuerza laboral se concentraron en ciertas ocupaciones, particularmente las que estaban vinculadas con la industria maquiladora y con el trabajo doméstico, las cuales albergan perspectivas limitadas para la movilidad social (Parrado y Zenteno, 2001; Selby *et al.*, 1990). Empero, las tasas más bajas del empleo femenino y sus patrones de trabajo más intermitentes[1] requieren de una consideración teórica y analítica especial; por esa razón, el escrutinio simultáneo de los hombres y de las mujeres se vuelve bastante difícil.

En la gráfica 1 se ilustran los periodos representados por las tres cohortes en relación con el PIB per cápita y el comercio en México. Los varones de la cohorte madura, nacidos entre 1936 y 1938, ingresaron al mercado laboral en 1951 en promedio; esta cohorte es representativa del perio-

[1] Mientras que aproximadamente 30% de las mujeres adultas trabajan, las tasas de participación en la fuerza laboral disminuyen dramáticamente después del matrimonio; más de 50% de las mujeres mexicanas que trabajaban antes de casarse abandonan la fuerza de trabajo dentro de los dos años después de haberse casado (Ariza y Oliveira, 2005).

do temprano del desarrollo económico en México. Los de la cohorte intermedia, nacidos entre 1951 y 1953, entraron al mercado laboral, en promedio, en el año 1967; esta cohorte representa un periodo de rápido crecimiento económico en México, cuando el modelo ISI estaba en su auge. Finalmente, los de la cohorte joven, nacidos entre 1966 y 1968, se incorporaron al mercado laboral, en promedio, en 1983, después de la debacle del modelo ISI, cuando se instrumentaron la reestructuración económica y las políticas neoliberales. Irónicamente, las condiciones económicas estancadas e inestables que la cohorte más joven experimentó en la década de 1990 coinciden con el ingreso de México a la economía global y al comercio internacional en rápida expansión, tal como lo ejemplifican ciertas tendencias en la participación porcentual de las importaciones y exportaciones en el PIB.

Los tres periodos cubiertos por estas cohortes también se caracterizan por contextos educativos y familiares muy distintos. El acceso a la educación creció de modo dramáti-

Gráfica 1. Evolución del PIB per cápita
y el comercio en México

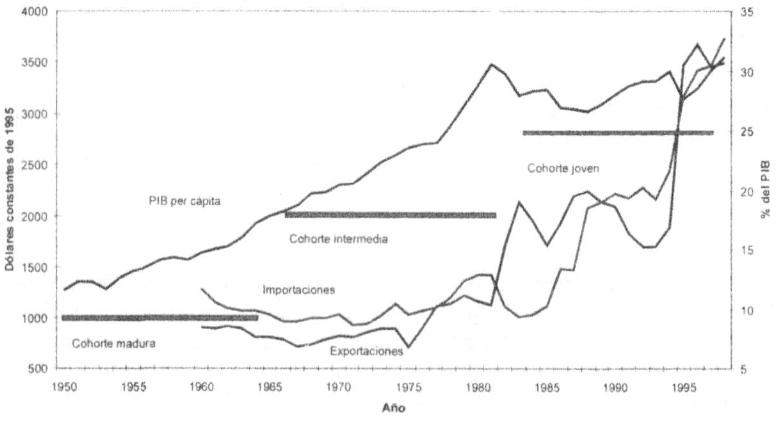

co entre las cohortes. Así, el número promedio de años de educación terminados a la edad de 30 se incrementó de 4.2 a 7.2 a 9.4 entre las generaciones madura, intermedia y joven, respectivamente. La expansión de la educación también se vio acompañada por un retraso en el momento de la incorporación al mercado laboral; la edad promedio al ingresar al primer empleo aumentó de 14.4 a 16.5 entre estas tres cohortes. En tanto que la proporción de individuos casados siguió siendo más o menos igual entre las diferentes generaciones, los niveles de fecundidad disminuyeron de manera considerable. El número promedio de hijos que estos varones tenían a la edad de 30 decayó de 2.5 a 2.4 a 1.7 entre las cohortes madura, intermedia y joven, respectivamente.

Mediante la utilización de información retrospectiva[2] sobre cuatro dimensiones relacionadas con el empleo que aparecen en la EDER –ocupación, industria, autoridad y tamaño de la empresa–, este análisis rastrea la posición de clase de los individuos conforme fueron envejeciendo. A fin de asegurar que las tres generaciones fueran perfectamen-

[2] Se han realizado varias evaluaciones de la calidad de las encuestas retrospectivas (Becket *et al.*, 2001; Belli *et al.*, 2001; Smith y Thomas, 2003). Por lo general, sugieren que esos datos son particularmente útiles para analizar las principales transiciones que se dan a lo largo de la vida de los individuos, tales como los cambios de clase, en nuestro caso, pero que es más difícil usar estos datos cuando se desee examinar acontecimientos a corto plazo. A los entrevistadores mexicanos se les advirtió en particular acerca de los problemas inherentes a la recolección de datos, y se les proporcionó capacitación intensiva respecto a las técnicas de entrevista. Además, el cuestionario de la EDER siguió una versión modificada de una metodología basada en un calendario histórico de acontecimientos que permitía a los entrevistadores y a los entrevistados rastrear trayectorias paralelas en el curso de la vida, tales como el empleo y la fecundidad, así como corroborar la información que se estaba registrando (Belli, 1998).

te comparables, se limitó la estimación a acontecimientos que ocurrieron entre las edades de 8 y 30 años.[3] De esta manera, el análisis se concentra en los cambios en la movilidad experimentados por los adultos jóvenes. Una vez más, no es mi intención soslayar la importancia de los diferentes periodos de desarrollo para los resultados, en materia del mercado laboral, de los mexicanos más maduros quienes, en muchos casos, también se han visto severamente afectados por los cambios económicos. El enfoque de nuestro estudio es la movilidad ascendente y el desarrollo de los individuos a lo largo de sus carreras; se ha encontrado que la mayor parte de esos dos fenómenos ha ocurrido dentro de la primera década y media de su experiencia laboral (Bernhardt *et al.*, 2001; Balán *et al.*, 1973; Murphy y Welch, 1990).

En la presente investigación se aplican métodos en tiempo discreto para el análisis de historias de acontecimientos que siguen a los individuos a lo largo de distintas edades y estiman la probabilidad de que éstos ingresen a una clase en particular o efectúen un cambio de clase (Allison, 1995; Yamaguchi, 1991). La especificación del modelo varía de acuerdo con la variable dependiente. En los análisis en que el resultado consiste en la ocurrencia de un acontecimiento, como un cambio de clase o la movilidad ascendente o descendente, se estiman los modelos a través de una regresión logística. En los casos donde lo que nos interesa más bien es

[3] Las edades más tempranas de ingreso al mercado laboral son relativamente más comunes entre los hombres mayores en áreas rurales. En tanto que 21% de los hombres maduros entraron al mercado laboral antes de cumplir 12 años, ese porcentaje bajó a 17 y 10 entre las cohortes intermedia y joven, respectivamente. No obstante, las edades tempranas al ingresar al primer empleo siguen siendo comunes, puesto que la educación obligatoria apenas se elevó, recientemente, a 9 años (1992).

el destino específico de un cambio, como la clase a la cual se incorpora, o sea, la clase de destino, los modelos siguen una especificación de riesgos en competencia y se estiman mediante la utilización de regresiones logísticas multinomiales (Allison, 1995).

LAS ESPECIFICACIONES DEL MODELO: CLASES SOCIALES EN MÉXICO

Cualquier análisis que se pretenda realizar de la movilidad intrageneracional de clase requiere de criterios específicos para clasificar los empleos en posiciones de clase particulares. En el contexto latinoamericano, esto constituye un reto especial, pues allí coexisten formas capitalistas y no capitalistas de las relaciones de clase, lo cual hace complicada la aplicación de las clasificaciones estándares desarrolladas para los países más industrializados (Portes y Hoffman, 2003). La clasificación que he escogido retoma la definición de Goldthorpe (1980) de las clases sociales; dicha definición combina ocupaciones cuyos miembros comparten condiciones similares en cuanto al mercado y al trabajo –incluyendo fuentes y niveles de ingreso, grado de seguridad económica y posibilidades de lograr el progreso económico– con posiciones parecidas dentro de los sistemas de autoridad y control que rigen sobre el proceso productivo. El esquema elaborado por Goldthorpe consta de una tipología de 11 clases que pueden reducirse a siete, cinco o incluso tres, dependiendo de la disponibilidad de datos y de los intereses de la investigación. Una ventaja muy importante de esta tipología es que brinda reglas específicas para delinear las ocupaciones y los empleos dentro de las clases, haciendo uso de información que generalmente está disponible en encuestas del mercado de trabajo sobre las actividades ocupacionales y los estatus de empleo. Por otro lado, también se ha utilizado con frecuencia en las comparaciones entre naciones y en estudios longitudinales.

No obstante, cuando esta tipología se aplica al caso mexicano, encontramos que necesita ser modificada un poco. Comparado con sociedades más desarrolladas, México sufre un desarrollo imperfecto de las relaciones capitalistas modernas, ya que una gran proporción de los trabajadores no están formalmente incorporados a la economía regulada legalmente y basada en un intercambio monetario (Jusidman, 1992; Roberts y Oliveira, 1994).

En México, el desempleo no es el indicador clave, dentro del mercado laboral, de las condiciones económicas en general (Fleck y Sorrentino, 1994; Ros, 2000; Martin, 2000). En virtud de la falta de un sistema de seguros contra el desempleo y de protección social, para los varones mexicanos es insostenible estar sin empleo. Por lo tanto, la proliferación de empresas económicas de pequeña escala, de mano de obra intensiva, orientadas hacia la familia y no reguladas (es decir, el tamaño de la economía informal), es una medida más exacta de las oportunidades económicas que la tasa de desempleo.

La segmentación estructural de los mercados laborales mexicanos implica que cualquier definición de clases debe tener en cuenta la situación particular de los trabajadores del sector informal. En el presente estudio, modifiqué la definición del sector informal basada en un enfoque de racionalidad productiva propuesta por ILO/PREALC (Jusidman, 1992). En este paradigma, hay varias características que separan el sector informal del formal, como la facilidad de la incorporación al sector en cuestión, la dependencia de los recursos locales, la propiedad de los negocios por parte de la familia, operaciones en pequeña escala, tecnologías de mano de obra intensiva y mercados competitivos no regulados. En los análisis estadísticos, esta definición del sector informal incluye tanto a los dueños como a los trabajadores (ya sean remunerados o no) de empresas con menos de seis empleados y también a las personas que trabajan por cuenta propia, excluyendo a los profesionistas, que residen en áreas urbanas de México. Sin embargo, algunos estudios indican que en dicho país, los dueños de empresas dentro del sector informal a menudo viven mucho mejor que sus empleados, y que con frecuencia la transición entre tener un empleo asalariado en el sector formal y ser el dueño de un negocio en el sector informal es una decisión voluntaria asociada con ingresos más altos y la movilidad ascendente (Roubaud, 1995). Así, para los propósitos de este análisis, excluyo a los empresarios dueños de firmas que cuentan con menos de seis empleados en el sector informal; los incluyo dentro de la clase de profesionistas.[4]

A continuación se presentan las posiciones de clase que utilicé en mi análisis (Goldthorpe, 1980; Jusidman, 1992). También reporto el salario promedio por clase, el cual obtuve de la Encuesta Nacional de Empleo Urbano de abril de 1998, a fin de corroborar el orden jerárquico de este esquema de clasificación.

Profesionistas, clase I: Profesionistas de alto nivel y de nivel más bajo, administradores, oficiales, gerentes en establecimientos grandes o pequeños, supervisores de empleados no manuales y dueños de empresas informales. Clases I-II en la tipología de Goldthorpe (salario promedio: 5 433 pesos mensuales).

[4] En nuestros datos, los dueños de empresas en el sector informal representan cerca de 8% de la categorización elaborada por ILO/PREALC de los trabajadores de dicho sector. Una evaluación de esta decisión, con base en datos de la Encuesta Nacional de Empleo Urbano de 1998, indica que, si bien el salario promedio llegó a los 3 500 pesos entre los dueños de empresas informales, fue de tan sólo 1 800 pesos en promedio entre otros trabajadores de ese sector.

Oficinistas, clase II: Empleados comunes no manuales de oficina, personal de ventas y otros empleados rasos en el sector servicios. Clase III en la tipología de Goldthorpe (salario promedio: $3 069 pesos mensuales).

Trabajadores manuales, clase III: Técnicos de rango más bajo, supervisores de trabajadores manuales y trabajadores manuales asalariados en rangos de semicalificados y no calificados. Clases V, VI y VIIa en la tipología de Goldthorpe (salario promedio: $2 214 pesos mensuales).

Trabajadores informales, clase IV: Trabajadores en empresas con menos de seis empleados, vendedores eventuales y trabajadores familiares no remunerados, excluyendo a los dueños de empresas pequeñas y a los profesionistas. No representados en la tipología de Goldthorpe (salario promedio: 1 801 pesos mensuales).

Trabajadores agrícolas, clase V: Trabajadores manuales en el sector agrícola. Clase VIIb en la tipología de Goldthorpe (datos sobre el salario promedio no disponibles).

De acuerdo con la literatura sobre la movilidad social, se espera que tres conjuntos de variables afecten los resultados de estratificación: limitaciones estructurales que se derivan de los distintos contextos socioeconómicos y periodos de desarrollo; características individuales, sociales y familiares, y la posición del individuo en el pasado y en la actualidad dentro del mercado laboral. En el cuadro 1 se enumeran las variables que se incluyeron en este análisis, junto con sus definiciones, una especificación de las variaciones en el tiempo y si son incluidas en modelos de incorporación a una clase y movilidad de clase.

El primer conjunto de variables capta las limitaciones estructurales que surgen de diferentes modelos de desarrollo y que afectan los resultados de estratificación, tal como se refleja en la experiencia de tres cohortes de varones mexicanos. Dado que se sigue a estas tres cohortes a lo largo del

Cuadro 1. Lista de variables incluidas en el análisis

Variable	*Varía en el tiempo*	*Primera clase*	*Movilidad de clase*	*Descripción*
Limitaciones estructurales y condiciones del periodo				
Cohorte		*	*	Conjunto de variables *dummy* que indican pertenencia a la cohorte madura, intermedia o joven. Referencia = cohorte intermedia.
Variables de logro de estatus				
Capital humano				
Edad	+	*		Edad del individuo.
Educación				
Inscrito en la escuela	+	*		Igual a 1 si la persona asiste a la escuela, 0 si no asiste.
Años de educación		*	*	Conjunto de 4 variables *dummy* que indican los años de educación terminados: menos de la primaria (0-5 años); primaria/ parte secundaria (6-8 años); secundaria/ parte preparatoria (9-11

Continúa...

...continuación

				años); preparatoria/universidad (12+ años). Referencia = 0-5 años.
Experiencia laboral	+		*	Número total de años de experiencia.
Antecedentes sociales y familiares				
Estructura del hogar				
Casado	+		*	Igual a 1 si el individuo es casado pero no tiene hijos, 0 para todos los demás.
Casado con hijos	+		*	Igual a 1 si el individuo es casado y tiene hijos, 0 para todos los demás casos.
Migrante	+	*	*	Igual a 1 si la residencia actual no es la misma que el lugar de nacimiento, 0 para todos los demás casos.
Ocupación del padre		*		Conjunto de 5 variables *dummy* que indican la ocupación del padre cuando el encuestado tenía 15 años de edad: calificado no manual, no calificado no manual,

				calificado manual, no calificado manual, trabajador agrícola. Referencia = trabajador agrícola.
Limitaciones del mercado laboral				
Edad al ingresar en la clase			*	Edad al ingresar en la clase actual.
Años en esa clase	+		*	Número de años en la clase actual.
Primera clase de ingreso			*	Igual a 1 si es la primera clase de pertenencia del encuestado, 0 para todos los demás casos.
Residencia rural	*	*	*	Igual a 1 si el entrevistado reside en un área rural, 0 para todos los demás casos.
Clase anterior			*	Conjunto de cinco variables *dummy* que indican la clase a la que perteneció anteriormente. Referencia = trabajador agrícola.

mismo rango de edades y durante el mismo lapso de tiempo, los efectos sobre las cohortes nos permiten aislar el impacto de las condiciones del periodo de desarrollo sobre los regímenes de movilidad.

El segundo conjunto de variables está relacionado con la literatura sobre el logro de estatus, y mide la influencia de los antecedentes sociales y familiares sobre la posición de clase y la movilidad (Kurz y Müller, 1987). Los modelos de incorporación al mercado laboral reconocen cómo el riesgo de la incorporación a dicho mercado depende de la edad del individuo, lo cual constituye la tasa de riesgo base en los modelos para el análisis de historias de acontecimientos. Los niveles más altos de educación y la experiencia laboral constituyen dos dimensiones centrales, en materia de capital humano, que se espera enriquecerán las oportunidades de carrera y la movilidad ascendente. A fin de tomar en cuenta el conflicto entre el trabajo y la escuela, en los modelos de incorporación al mercado laboral también se controla por la inscripción actual en alguna institución educativa.

Entre los antecedentes sociales y familiares se incluyen medidas de la estructura del hogar, la experiencia migratoria y la ocupación del padre. Se espera que las responsabilidades familiares, y en particular la presencia de hijos, limiten la experimentación dentro del campo laboral y restrinjan la movilidad de carrera. Se supone que los migrantes son seleccionados positivamente y que, por lo tanto, tienen mayores probabilidades de experimentar una movilidad ascendente. En los modelos de incorporación al mercado laboral también se controla por la ocupación del padre, con el propósito de captar el efecto de la transmisión intergeneracional de ventajas en el momento de ingresar al primer empleo.

En el tercer conjunto de variables, se toman en cuenta los atributos particulares de los mercados laborales y de los puestos de empleo, así como la manera en que éstos determinan las oportunidades de carrera (Blossfeld, 1986). Las edades más avanzadas en el momento de entrar en una clase determinada, así como la permanencia más larga en una clase particular, indican una posición relativamente estable dentro del mercado laboral; se supone que dichos factores disminuirán la movilidad ocupacional. Si bien las investigaciones sobre personas a lo largo de sus vidas sugieren que la clase en que un individuo se halla al ingreso puede consistir en un puesto temporal que se ocupa durante las etapas iniciales de la experimentación laboral, el cual posteriormente se abandona, algunos estudios sobre las limitaciones del mercado laboral han indicado que las condiciones en las que un individuo se haya incorporado a una clase tienen efectos de largo plazo sobre la movilidad ocupacional. También señalan que no necesariamente es probable que se dé una movilidad de egreso de la primera clase en la que ingresó (Mayer y Carroll, 1987). De esta manera, no esperamos que el hecho de estar en la primera clase de inserción tenga un efecto significativo sobre la movilidad de carrera. La residencia en un área rural explica las pobres perspectivas laborales en esas áreas y se espera que dicho factor constriña la movilidad de carrera. Finalmente, se espera que diferentes clases tengan distintas propensiones de movilidad. Suponemos que la movilidad será más baja entre las clases más altas, especialmente entre los profesionistas, y que aumentará entre las clases más bajas. También estimé las interacciones entre la membresía en una cohorte determinada y las características socioeconómicas, y reporto los resultados cuando éstos son significativos.

RESULTADOS DESCRIPTIVOS

Antes de dirigir nuestra atención al análisis multivariado, examinemos el cuadro 2, el cual presenta estadísticas descriptivas básicas sobre la incorporación a una clase y la movilidad de clase en México. En la sección superior izquierda del cuadro se reporta la distribución entre las clases en el momento de la incorporación al mercado laboral. Los resultados –que son congruentes con los procesos de modernización, urbanización y desarrollo– muestran una tendencia general hacia ascensos de clase, la cual es especialmente evidente en la disminución de la incorporación al mercado laboral a través de la agricultura (clase V), de 57 a 30% entre las tres cohortes. No obstante, hay varias diferencias notables entre las cohortes intermedia y joven en cuanto a la representación de clase, las cuales sugieren que ha habido un deterioro en las oportunidades de empleo en años recientes. Entre las cohortes madura e intermedia, se observa un incremento considerable en la proporción de varones que ingresaron al mercado laboral a través de la clase profesionista (clase I), pues ésta pasó de 4 a 12%. Pero dicho progreso se vio erosionado entre las cohortes intermedia y joven, donde la proporción de varones que se incorporaron al mercado laboral mediante la clase I bajó a 10 por ciento.

A la vez, los resultados revelan una expansión importante del empleo en el sector informal a lo largo del tiempo. El empleo informal creció un poco entre las cohortes madura e intermedia, de 13 a 15% de todas las posiciones en el momento de ingresar al mercado laboral. Ese crecimiento se aceleró de modo sustancial entre las cohortes intermedia y joven; en esta última, 20% ingresó al mercado laboral fuera del empleo formal. Es más, dichos patrones siguieron siendo evidentes incluso conforme los encuestados envejecieron, tal como se ve en la sección superior derecha del cuadro 2, donde se reporta la representación de clase de los individuos a la edad de 30. Los resultados indican que las ocupaciones no manuales y de oficina constituyen la clase de destino más frecuente de los varones de la cohorte joven, al absorber en gran parte la disminución en los empleos agrícolas y profesionales. La proporción de varones ocupados dentro de la clase profesionista a la edad de 30 se redujo de 18 a 14% (cohortes intermedia y joven), mientras que la ocupación dentro de la clase de empleos no manuales y de oficina aumentó de 19 a 28% (mismas cohortes).

En las dos secciones inferiores del mismo cuadro, se describen las tendencias observadas en las propensiones de movilidad al reportar la proporción de cambios de clase en el tiempo, por clase y por cohorte. En general, entre las cohortes aumentó la probabilidad de experimentar movilidad de clase tanto ascendente como descendente; eso indicó la presencia de mercados laborales más dinámicos. Empero, las tasas de movimientos ascendentes o descendentes variaron de modo considerable entre las clases a lo largo de distintos periodos. Mientras que los trabajadores de oficina y manuales en el sector formal (clases II y III) fueron las dos clases con las mayores probabilidades de experimentar una movilidad ascendente entre las cohortes madura e intermedia, los trabajadores informales y agrícolas (clases IV y V) fueron los que experimentaron el mayor grado de movilidad ascendente entre los varones jóvenes. Y lo que es más importante, la movilidad ascendente entre la clase de oficinistas y la de profesionistas no creció entre las cohortes intermedia y joven. De hecho, entre esas dos cohortes, la proporción de movimientos *descendentes* desde la clase profesionista se incrementó de 2.5 a 4.5 por ciento.

Las variaciones observadas en los patrones de movilidad absoluta ilustran cambios significativos en la obtención de una clase más alta y en la movilidad asociados con el periodo neoliberal. Sin embargo, es necesario recurrir a un enfoque basado en tasas de movilidad relativa, o en la fluidez social, a fin de evaluar la vinculación existente entre las estrategias para el desarrollo y las probabilidades de que los varones logren una mejor posición de clase en México. Dada la expansión continua de la educación en todas las

Cuadro 2. Estructura de clase entre tres cohortes de varones mexicanos

Clase	*Primer empleo*				*Empleo a la edad de 30*			
	Cohorte				*Cohorte*			
	Todos	*Madura*	*Inter-media*	*Joven*	*Todos*	*Madura*	*Inter-media*	*Joven*
I Profesionistas, gerentes y técnicos	8.7	4.4	12.0	9.9	13.2	8.0	18.0	13.8
II Empleados no manuales, oficinistas	18.8	14.9	18.9	22.6	21.4	18.0	18.8	27.6
III Trabajadores manuales calificados y no calificados, sector formal	13.6	10.7	12.5	17.5	12.5	10.0	12.3	14.3
IV Trabajadores informales	15.7	13.0	14.5	19.8	18.0	14.9	18.5	20.5
V Trabajadores agrícolas	43.2	57.0	42.1	30.2	35.0	49.1	32.8	23.2
N	1 076	363	359	354	1 076	363	359	354

Clase	*% de movilidad ascendente*				*% movilidad descendente*			
	Cohorte				*Cohorte*			
	Todos	*Madura*	*Inter-media*	*Joven*	*Todos*	*Madura*	*Inter-media*	*Joven*
I Profesionistas, gerentes y técnicos					3.1	2.0	2.5	4.5
II Empleados no manuales, oficinistas	2.2	1.2	2.6	2.5	5.6	4.6	5.6	6.2
III Trabajadores manuales calificados y no calificados, sector formal	4.1	2.6	5.3	4.2	4.3	3.6	5.0	4.4
IV Trabajadores informales	4.4	3.5	4.1	5.2	1.0	0.9	1.2	0.9
V Trabajadores agrícolas	2.8	2.0	2.9	4.3				
Total	2.9	2.1	3.0	3.7	2.0	1.2	2.0	2.8
N	16 377	6 015	5 406	4 956	16 377	6 015	5 406	4 956

cohortes, la falta de movilidad estructural que se desprende del cuadro 2 implica que, probablemente, el deterioro de las oportunidades de carrera en décadas recientes sea aún más pronunciado una vez que controlemos por las características socioeconómicas. En el siguiente conjunto de modelos, estimamos las diferencias en las tasas relativas de obtención de un estatus de clase más elevado y de movilidad según el periodo, la obtención de un estatus particular y las características del mercado laboral.

EL PROCESO DE INCORPORACIÓN A UNA CLASE

En el cuadro 3 se da cuenta de las estimaciones resultado de un modelo *logit* multinomial de riesgos en competencia, el cual predice la primera posición de clase; la categoría de referencia es "no empleado". Los efectos entre las distintas cohortes no muestran diferencias entre la madura y la intermedia en términos de las tasas relativas de incorporación a una clase. Esto sugiere que el proceso inicial de acceso a una clase más alta permaneció relativamente estable en México entre los periodos temprano y posterior del modelo ISI, y que la obtención inicial de un estatus de clase más elevado dependió primordialmente de los antecedentes socioeconómicos y familiares específicos del individuo.

En cambio, los resultados se modifican de manera importante cuando tomamos en cuenta las diferencias en las tasas relativas de incorporación a una clase entre las cohortes intermedia y joven. El riesgo relativo de entrar al mercado laboral mediante la clase profesionista (clase I) fue 55% *menor* (1/exp (-0.44) = 1.55) en la cohorte joven que en la intermedia. Al mismo tiempo, el riesgo relativo de incorporarse al mercado laboral mediante las clases manuales, sean éstas formales o informales (clases III y IV), aumentó en 51% (exp (0.42) = 1.51) y en un 41% (exp (0.35) = 1.41)

Cuadro 3. Modelos *logit* multinominales de tiempo discreto para predecir el ingreso en una clase

	Clase en que se incorpora				
	I	*II*	*III*	*IV*	*V*
Constante	-6.706**	-10.468**	-11.033**	-5.050**	-6.539**
	(1.840)	(1.228)	(1.401)	(0.936)	(0.679)
Cohorte (ref. = intermedia)					
Madura	0.045	0.213	0.081	-0.068	0.159
	(0.332)	(0.199)	(0.236)	(0.211)	(0.117)
Joven	-0.440*	0.018	0.416**	0.354*	-0.064
	(0.255)	(0.179)	(0.210)	(0.194)	(0.139)
Variables de logro de estatus					
Capital humano					
Edad	-0.044	0.778**	0.806**	0.164	0.546**
	(0.206)	(0.139)	(0.157)	(0.113)	(0.094)
Edad al cudadrado	0.005	-0.018**	-0.018**	-0.003	-0.018**
	(0.005)	(0.004)	(0.004)	(0.003)	(0.003)
Inscrito en la escuela	-0.849**	-1.125**	-1.499**	-1.455**	-1.176**
	(0.258)	(0.188)	(0.247)	(0.209)	(0.133)
Años de educación (ref. = 0-5)					
6-8	0.367	0.463**	0.361	0.082	-0.410**
	(0.612)	(0.226)	(0.236)	(0.220)	(0.150)
9-11	1.410**	0.263	-0.144	0.028	-0.440**
	(0.618)	(0.275)	(0.302)	(0.285)	(0.220)

12*	3.662**	0.722**	-0.443	-0.632	-0.932**
	(0.611)	(0.311)	(0.375)	(0.415)	(0.489)
Antecedentes sociales y familiares					
Migrante	0.032	-0.323**	-0.015	-0.077	-0.184*
	(0.273)	(0.155)	(0.183)	(0.164)	(0.103)
Ocupación del padre a la edad de 15 (ref. = trabajadopr agrícola					
Calificado no manual	1.007**	0.398	-0.141	-0.333	-1.178**
	(0.350)	(0.301)	(0.458)	(0.533)	(0.515)
No calificado no manual	0.604*	0.481**	0.110	0.119	-0.998**
	(0.326)	(0.226)	(0.308)	(0.304)	(0.304)
Calificado manual	0.021	0.202	0.429*	0.688**	-1.100**
	(0.374)	(0.219)	(0.236)	(0.220)	(0.274)
No calificado manual	0.051	0.244	0.175	0.612**	-0.566**
	(0.488)	(0.245)	(0.275)	(0.239)	(0.238)
Limitaciones del mercado laboral					
Residencia rural	0.407	-0.943**	-0.976**	-0.370**	1.139**
	(0.312)	(0.197)	(0.211)	(0.184)	(0.151)
Chi al cuadrado	918.76**				
Grados de libertad	90				
Años-persona	9 194				

entre los varones jóvenes en comparación con los de la cohorte intermedia, respectivamente. Una vez más, estos resultados corroboran el deterioro en las oportunidades para tener acceso a las clases altas asociado con el periodo neoliberal. En vista de pruebas anteriores de que las condiciones de incorporación a una clase determinada tienen efectos duraderos, de largo plazo, sobre la movilidad social, estos hallazgos presagian un futuro perturbador para las generaciones más jóvenes de trabajadores mexicanos.

Las variables de logro de estatus constituyen predictores centrales de la incorporación a una clase determinada en México. Los hombres tienden a postergar su ingreso al mundo laboral hasta que terminen su educación, aunque el efecto es algo más débil entre los que ingresan al mercado laboral mediante la clase profesionista (clase I), lo cual sugiere que la educación superior puede no impedir la acumulación temprana de experiencia en el mercado laboral entre los profesionistas. No es de sorprender que la educación sea un predictor central de los resultados de estratificación, pues los niveles educativos más altos aumentan las probabilidades relativas de incorporarse al mercado laboral a través de las clases más altas y reducen las de ingresar mediante la clase de trabajadores agrícolas.

Los antecedentes familiares también tienen un impacto significativo sobre la incorporación a una clase. El efecto de la ocupación del padre cuando el entrevistado tenía 15 años nos brinda un indicio aproximado de los patrones de movilidad intergeneracional en México. La EDER no contiene suficiente información acerca de la ocupación del progenitor para poder distinguir entre el empleo dentro de los sectores informal y formal. No obstante, los resultados muestran un alto grado de homogeneidad entre la ocupación del padre y la clase a la que pertenece el hijo, tal como se plasma en los altos coeficientes positivos a lo largo de las diagonales. Los efectos fuera de las diagonales indican que los hijos cuyos padres se dedican a ocupaciones no manuales y no calificadas también exhiben probabilidades más altas de ingresar al mercado laboral a través de la clase profesionista que los varones cuyos padres son trabajadores agrícolas. Asimismo, los hijos cuyos padres trabajan en ocupaciones manuales calificadas y no calificadas tienen mayores probabilidades de incorporarse a la clase de trabajadores informales que los hijos de padres que son trabajadores agrícolas. Esto sugiere que, después de controlar por las características del estatus logrado, ni siquiera los antecedentes del trabajo manual calificado les impiden a los hombres unirse a las filas del sector informal.

LA MOVILIDAD DE CLASE DURANTE EL CICLO DE VIDA

Con las condiciones de la incorporación a una clase, obtenemos detalles sobre los cambios en las oportunidades de ingresar a una clase determinada en el momento de tomar el primer empleo y podemos identificar un deterioro significativo en el ingreso mediante la clase profesionista para la cohorte joven. En tanto que probablemente tengan consecuencias de largo plazo para la movilidad social, las limitadas oportunidades de acceso a una clase al ingreso a la fuerza laboral podrían ser mitigadas conforme los individuos envejecen e incrementan su experiencia. En el próximo conjunto de análisis, nos concentraremos en los patrones de movilidad intrageneracional de clase con el propósito de captar el grado en que los individuos puedan trascender una clase determinada, subiendo la escala de estratificación. Nuestro análisis se enfocará primero en las diferencias en las tasas relativas de movilidad total y en las clases de destino específicas, para luego concentrarse en las variaciones en las tasas relativas de movilidad de clase ascendente o descendente.

En el cuadro 4 se presentan estimaciones provenientes de dos modelos de movilidad ocupacional. En la primera columna, se reportan los resultados de un modelo *logit* de tiempo discreto que predice la probabilidad de que el individuo experimente un cambio de clase. El modelo está especificado como uno de acontecimientos repetidos (Allison, 1995; Blossfeld *et al.*, 1989), donde la posición de clase de un individuo se rastrea a lo largo del tiempo, desde el momento en que se incorpora a una clase; aquí la variable dependiente es la tasa de transición hacia una clase distinta. En las siguientes columnas, se reportan los resultados de un modelo multinomial de historias de acontecimientos con riesgos en competencia que produce estimaciones acerca de la clase de destino para un movimiento determinado. El modelo sigue la misma especificación de acontecimientos repetidos, pero aquí la variable dependiente es el movimiento hacia una clase determinada, y la categoría de referencia es no hacer ningún movimiento.

Las estimaciones de las diferentes cohortes que se encuentran en la primera columna del cuadro 4 –que son congruentes con los resultados de la descripción de las tasas de movilidad absoluta– indican que la probabilidad de experimentar un cambio de clase aumentó de manera significativa entre las cohortes madura e intermedia, pero que siguió siendo estable entre las intermedia y joven. Una vez más, esto subraya el mejoramiento más lento que se ha dado en las condiciones de movilidad durante el periodo neoliberal en comparación con el del modelo ISI. Las variaciones entre las cohortes se vuelven aún más reveladoras cuando consideramos la dirección de los cambios de clase. En comparación con los varones de la cohorte madura, los de la cohorte intermedia muestran una propensión más alta a incorporarse a las clases de trabajadores manuales de los sectores formal e informal (clases III y IV). Esto representa la expansión de las oportunidades para el empleo dentro del sector formal durante el periodo del modelo ISI, pero también resalta las limitaciones de dicha expansión. Tal como se ha encontrado en otros estudios, el crecimiento del empleo formal fue acompañado por un incremento concomitante de los empleos en el sector informal (Jusidman, 1992).

Los resultados se modifican considerablemente entre las cohortes intermedia y joven. Como en el caso del primer empleo, el contexto neoliberal se ha asociado con menores oportunidades para tener acceso a las clases más altas. Entre los varones jóvenes, las probabilidades relativas de incorporarse a la clase profesionista (clase I) fueron 72% *menores* [1/exp (-0.54) = 1.72] que entre sus contrapartes de la cohorte intermedia. Además, aumentaron los cambios hacia el sector informal a una tasa aún mayor durante el periodo neoliberal que durante el del modelo ISI. El riesgo relativo de incorporarse a la clase de trabajadores informales (clase IV) fue 35% [exp (0.30) = 1.35] más alto entre los varones jóvenes que entre los de la cohorte intermedia. Por otra parte, se ha dado una contracción de las oportunidades de empleo fuera de la agricultura. Los resultados muestran que el riesgo relativo de incorporarse a la clase de trabajadores agrícolas (clase V) fue 63% [exp (0.49) = 1.63] más alto entre los varones jóvenes que entre los de la cohorte intermedia.

Otros hallazgos apoyan la importancia de las variables de logro de estatus como predictores clave de las propensiones de movilidad globales y de las clases de destino. La probabilidad de que se dé un cambio de clase y un movimiento hacia las clases superiores se incrementa de modo considerable con niveles educativos más altos. La magnitud y la orientación de los efectos de contar con 12 o más años de educación, en todas las clases de destino, corroboran el orden jerárquico de nuestro esquema de clases. Las clases de trabajadores agrícolas e informales resaltan como los destinos más improbables para los varones con altos niveles educativos.

Cuadro 4. Modelos de tiempo discreto para predecir la movilidad de clase

		Clase de destino				
	Cualquier movimiento	*I*	*II*	*III*	*IV*	*V*
Constante	-3.001**	-5.057**	-4.202**	-2.878*	-3.714**	-6.509
	(0.293)	(0.881)	(0.514)	(0.597)	(0.548)	(0.799)
Cohorte (ref. = intermedia)						
Madura	-0.256**	-0.069	-0.042	-0.584**	-0.391*	0.010
	(0.106)	(0.296)	(0.193)	(0.225)	(0.210)	(0.294)
Joven	0.037	-0.545**	0.193	-0.026	0.306*	0.488*
	(0.101)	(0.283)	(0.178)	(0.215)	(0.185)	(0.286)
Variables de logro de estatus						
Capital humano						
Años de educación (ref. = 0-5)						
6-8	0.406**	1.216**	0.749**	0.222	0.190	0.412
	(0.111)	(0.488)	(0.208)	(0.229)	(0.204)	(0.266)
9-11	0.636**	2.759**	1.117**	0.410	0.165	-0.469
	(0.135)	(0.461)	(0.239)	(0.290)	(0.257)	(0.409)
12+	0.792**	3.340**	1.194**	0.189	-0.574*	-2.258**
	(0.157)	(0.474)	(0.256)	(0.341)	(0.337)	(0.761)

Experiencia laboral	0.025	0.043	0.006	0.005	0.021	-0.002
	(0.019)	(0.055)	(0.034)	(0.047)	(0.036)	(0.044)
Antecedentes sociales y familiares						
Casado	-0264**	-1.047**	-0.215	-0.725**	0.364	-0.282
	(0.143)	(0.481)	(0.254)	(0.382)	(0.243)	(0.397)
Casado con hijos	-0.586**	-1.111**	-0.362*	-0.484*	-0.375	-0.718**
	(0.117)	(0.345)	(0.201)	(0.258)	(0.240)	(0.324)
Migrante	0.520**	0.193	0.394**	0.417**	0.559**	1.122**
	(0.090)	(0.251)	(0.157)	(0.191)	(0.180)	(0.310)
Limitaciones del mercado laboral						
Años en esa clase	-0.006	0.017	-0.006	-0.005	-0.026	-0.059*
	(0.011)	(0.034)	(0.020)	(0.023)	(0.022)	(0.036)
Edad al ingresar a la clase	-0.041**	-0.091**	-0.038*	-0.089**	-0.043*	0.067
	(0.014)	(0.039)	(0.024)	(0.030)	(0.027)	(0.036)
Primera clase	-0.097	-0.058	-0.178	-0.395	0.191	-0.325
	(0.143)	(0.409)	(0.250)	(0.321)	(0.280)	(0375)
Residencia rural	-0.224**	-0.765**	-0.371**	-0.448**	-0.436**	-0.030
	(0.098)	(0.300)	(0.162)	(0.194)	(0.174)	(0.242)
Clase anterior (ref. = trabajador agrícola						
Profesionista	-0.544**					
	(0.224)					

Continúa...

...continuación

	Clase de destino					
	Cualquier movimiento	*I*	*II*	*III*	*IV*	*V*
Trabajadores no manuales, sector formal	0.376** (0.143)					
Trabajadores manuales, sector formal	0.746** (0.142)					
Trabajadores informales	0.369** (0.133)					
Chi al cuadrado	240.7**	314.7**				
Grados de libertad	17	65				
Años-persona	16 377					

Asimismo, las responsabilidades familiares constituyen un constreñimiento importante para la movilidad. El hecho de estar casado y también de tener hijos reduce la probabilidad de que un varón experimente un movimiento de clase, sea cual sea el destino. Es factible que este hallazgo sea atribuible a que, entre los hombres que tienen responsabilidades familiares, se dan una menor experimentación en los empleos y menores conductas de riesgo. En forma global, los migrantes exhiben una movilidad de clase significativamente mayor que los no migrantes. La principal clase de destino, sin embargo, es la de trabajadores agrícolas. Eso sugiere que, como los migrantes a menudo provienen de áreas rurales, una proporción considerable de ellos vuelven, a la larga, al empleo agrícola. El segundo efecto más importante de la migración consiste en los movimientos hacia la clase de trabajadores informales. Varios estudios han documentado la concentración de los migrantes en el sector informal (Roberts y Oliveira, 1994). Mientras que nuestros resultados apoyan dicha expectativa, la magnitud del efecto no es considerablemente mayor que el efecto del origen de los migrantes sobre su incorporación a la clase de trabajadores manuales formales o incluso a la clase de oficinistas. Eso sugiere una gran diversidad en las clases de destino de los migrantes una vez que controlemos por otras características socioeconómicas.

Las experiencias previas en el mercado laboral afectan en distintos grados la movilidad de clase y el destino. Mientras que el número de años que se pasa dentro de una clase particular no tiene efecto alguno sobre las propensiones de movilidad, las edades más altas en el momento de incorporarse a una clase determinada representan una limitación importante para la movilidad. Este resultado es cierto para todas las clases de destino, excepto la agricultura, e implica que, si bien los varones mayores tienen por lo general menos probabilidades de cambiar de clase, una edad más avanzada en el momento de incorporarse a una clase podría obligarlos a entrar a la clase agrícola. Por otra parte, los resultados muestran que los varones no tienen mayores probabilidades de cambiar de clase cuando se encuentran en su primera clase que cuando están en las clases a las que pertenecen posteriormente. Tal como se esperaba, la residencia en áreas rurales se asocia con oportunidades más limitadas para el empleo y da lugar a menores propensiones de movilidad.

Con el último conjunto de variables se controla por la clase en que se encuentra el individuo al ingresar al mercado laboral. Los resultados revelan que la mayor parte de la movilidad de clase ocurre en la parte media de la escala de estratificación. Los dos extremos de la distribución de clases, a saber, las de trabajadores agrícolas y profesionistas, exhiben el grado más alto de permanencia. De hecho, el riesgo relativo de salir de la clase en que actualmente se encuentra el individuo fue 71% [1/exp (-.54) = 1.71] más bajo entre los profesionistas que entre los trabajadores agrícolas. La relativa permanencia del estatus de profesionista apoya la existencia de una elite privilegiada que da cuenta de 9% de los varones mexicanos, a la cual, con el tiempo, se ha vuelto más difícil incorporarse. Empero, en comparación con esos dos extremos, las demás clases muestran un grado de movilidad mucho mayor, siendo la clase de trabajadores manuales del sector formal la de mayor movilidad.

A fin de profundizar en la investigación de las condiciones de movilidad intrageneracional, en el cuadro 5 reportamos estimaciones de modelos *logit* que predicen la probabilidad de experimentar un movimiento ascendente o descendente. Éstos son los primeros modelos que revelan efectos estadísticamente significativos de las interacciones. Así, en las dos primeras columnas se ofrecen los resultados de modelos que carecen de interacciones, mientras que en las dos siguientes se dan los resultados con términos de interacción estadísticamente significativos.

En las dos primeras columnas del cuadro referido, los efectos entre las cohortes ilustran el creciente dinamismo del mercado laboral mexicano a lo largo del tiempo, así como las decrecientes oportunidades para la movilidad social que se han tenido durante el periodo neoliberal. Las probabilidades de experimentar una movilidad ascendente se incrementaron de manera considerable entre las cohortes madura e intermedia, pero permanecieron estancadas entre las cohortes intermedia y joven. Al mismo tiempo, son evidentes ciertos aumentos en la probabilidad de que ocurra un movimiento descendente entre los varones de la cohorte intermedia en comparación con la madura. Eso sugiere que la cada vez mayor flexibilización del mercado laboral mexicano ya se estaba dando durante los periodos del modelo ISI. No obstante, la probabilidad de sufrir movimientos descendentes se vuelve significativamente más marcada entre los varones jóvenes en comparación con los de la cohorte intermedia. Los hallazgos indican que los varones de la cohorte joven tienen una probabilidad mayor, en 32% [exp (0.28) = 1.28], de experimentar la movilidad descendente que los de la cohorte intermedia. De esta manera, aunque la movilidad descendente es un hecho real en todos los periodos, ésta se aceleró entre las cohortes intermedia y joven, o sea, cuando se trata de las reformas del periodo neoliberal.

Los resultados que aparecen en las dos primeras columnas también ilustran la importancia de la educación superior en cuanto al aumento en la movilidad ascendente y la reducción en la descendente. Además, las limitaciones familiares, tanto el matrimonio como la procreación, reducen de manera significativa la probabilidad de experimentar movilidad ascendente, con efectos tan sólo menores sobre los movimientos descendentes. Por lo general, los migrantes

Cuadro 5. Modelos *logit* de tiempo discreto para prededcir la movilidad de clase ascendente por cohorte

	Todas las cohortes				*Interacciones*			
	Movilidad ascen.		*Movilidad descen.*		*Movilidad ascen.*		*Movilidad descen.*	
Constante	-3.449**	(0.340)	-1.695**	(0.392)	-3.486**	(0.342)	-1.531**	(0.399)
Cohorte (ref. = intermedia)								
Madura	-0.327**	(0.124)	-0.272*	(0.160)	-0.233*	(0.135)	-0.331**	(0.162)
Joven	-0.065	(0.118)	0.282**	(0.137)	0.020	(0.131)	-0.196	(0.269)
Variables de logro de estatus								
Capital humano								
Años de educación (ref. = 0-5)								
6-8	0.426**	(0.131)	0.048	(0.152)	0.414**	(0.132)	-0.088	(0.184)
9-11	0.886**	(0.155)	-0.309*	(0.181)	0.873**	(0.155)	-0.394*	(0.242)
12+	1.433**	(0.169)	-0.818**	(0.209)	1.136**	(0.170)	-1.360**	(0.302)
Experiencia laboral	0.004	(0.024)	0.011	(0.023)	0.001	(0.024)	0.010	(0.023)

Antecedentes sociales y familiares								
Casado	-0.414**	(0.174)	0.001	(0.192)	-0.427**	(0.174)	0.023	(0.192)
Casado con hijos	-0.685**	(0.139)	-0.257	(0.164)	-0.699**	(0.139)	-0.243	(0.164)
Migrante	0.624**	(0.106)	0.388**	(0.128)	0.626**	(0.106)	0.404**	(0.128)
Limitaciones del mercado laboral								
Años en esa clase	-0.004	(0.013)	-0.105**	(0.021)	-0.004	(0.013)	-0.105**	(0.021)
Edad al ingresar en la clase	-0.026*	(0.016)	-0.034*	(0.019)	-0.026*	(0.016)	-0.035*	(0.019)
Primera clase	-0.060	(0.174)	-0.118	(0.176)	-0.069	(0.175)	-0.109	(0.176)
Residencia rural	0.174*	(0.108)	0.032	(0.126)	-0.184*	(0.108)	0.011	(0.126)
Clase anterior	(ref. = agricultura)		(ref. = profesionista)		(ref. = agricultura)		(ref. = profesionista)	
Trabajadores no manuales, sector formal	-0.498**	(0.226)	-0.091	(0.166)	-0.489**	(0.226)	-0.122	(0.166)
Trabajadores manuales, sector formal	0.240*	(0.143)	-0.361**	(0.149)	0.584**	(0.217)	-0.372**	(0.149)
Trabajadores informales	0.408*	(0.121)	-1.901**	(0.217)	0.410**	(0.121)	-1.925**	(0.218)
Interacciones								
Varón* maduro. Trabajadores formales					-0.630*	(0.351)		
Varón* joven. Trabajadores formales					-0.472*	(0.286)		

Continúa...

...continuación

	Todas las cohortes		*Interacciones*		
	Movilidad ascen.	*Movilidad descen.*	*Movilidad ascen.*	*Movilidad descen.*	
Joven* 6-8 años de educación			0.493	(0.338)	
Joven* 9-11 años de educación				0.386	(0.365)
Joven* 12+ años de educación				1.093**	(0.392)
Chi al cuadrado	228.9**	201.0**	233.0**	209.4**	
Grados de libertad	16	16	20	19	
Años-persona	15 134	9 114	15 134	9 114	

son más móviles en términos de los movimientos hacia arriba y hacia abajo, en especial, los primeros.

Las experiencias que tienen los individuos en el mercado laboral afectan de diferentes maneras la dirección de sus cambios de clase. Los años que el individuo lleva dentro de una clase particular constituyen un indicador de su estabilidad de clase e impiden, de modo importante, los movimientos descendentes. Las edades más avanzadas a las que el individuo se incorpora en una clase son un factor disuasivo para la movilidad social, sea ésta ascendente o descendente, y eso implica que los trabajadores de mayor edad tienen menores probabilidades de experimentar movilidad. Como en análisis previos, los resultados muestran que la primera clase del individuo no afecta las propensiones en cuanto a la movilidad. Esto es especialmente importante para la movilidad ascendente, y contradice la noción de que la primera clase en que se ocupa un individuo es una posición temporal que fácilmente se trasciende con el tiempo.

Los efectos de la clase previa del individuo sobre la movilidad ascendente y descendente reflejan variaciones en la permeabilidad de las distintas posiciones de clase. Los resultados referentes a la movilidad ascendente indican que los movimientos desde la clase de oficinistas (clase II) hacia la clase profesionista (clase I) son particularmente improbables, lo cual subraya la rigidez de las posiciones de clase superiores en México. Además, la movilidad ascendente es mayor entre los trabajadores manuales, sean del sector formal o informal, que entre los trabajadores agrícolas. En contraste, las variaciones en las probabilidades de experimentar una movilidad descendente según la anterior posición de clase del individuo muestran un patrón más congruente. La movilidad descendente es más pronunciada entre las clases superiores, especialmente entre las clases I y II, y se va reduciendo conforme descendemos la escala de estratificación.

Para explorar de modo más profundo las diferencias entre las cohortes en cuanto a las propensiones hacia la movilidad ascendente y descendente, analicé los términos de interacción entre la pertenencia a una cohorte y las condiciones socioeconómicas. En las columnas 3 y 4 del cuadro 5 se presentan los resultados. El análisis de la movilidad ascendente resalta la presencia de una división más pronunciada entre las clases manuales y las no manuales, asociada con los periodos neoliberales. Más específicamente, el mayor cambio en las oportunidades para la movilidad entre las cohortes intermedia y joven se dio entre los varones jóvenes empleados como trabajadores manuales formales; para éstos, las probabilidades de ascender de clase son 60% menores que entre varones comparables de la cohorte intermedia.

Al contrario, los resultados que predicen la movilidad descendente sugieren que los efectos de la educación también se modificaron considerablemente entre los varones de las cohortes intermedia y joven. Mientras que los niveles educativos más altos protegieron a los individuos contra la movilidad descendente en todos los periodos, los efectos fueron significativamente menores entre la cohorte joven. Por ejemplo, fue aproximadamente cuatro veces [1/exp (-1.36) = 3.89] menos probable que los varones de las cohortes madura e intermedia con 12 o más años de educación experimentaran una movilidad descendente que varones con 0-5 años de educación pertenecientes a esas mismas cohortes. Sin embargo, entre los varones de la cohorte joven, los que contaban con 12 o más años de educación tuvieron tan sólo una probabilidad de 0.8 veces menos [exp (-1.360+1.093) = -0.27] de experimentar movimientos descendentes que sus pares menos instruidos. Lo mismo se aplica a otras categorías de educación. Semejante debilitamiento del efecto protector de la educación durante la reestructuración económica concuerda con estudios hechos sobre diferenciales salariales. Esto es de especial importancia, puesto que subraya el deterioro en la factibilidad de que las características logradas afecten las oportunidades para la movilidad (Alarcón y McKinley, 1997; Berry, 1998).

DISCUSIÓN

La crisis de los años ochenta del siglo XX marcó el agotamiento de la industrialización por sustitución de importaciones como modelo de desarrollo en América Latina y desencadenó una serie de reformas estructurales que varios observadores, desde perspectivas diferentes, consideraron inevitables (Edwards, 1995; Lustig, 1992). Empero, tras casi dos décadas de reestructuración económica, existe una disociación enorme entre las promesas implícitas en las políticas neoliberales y la realidad de un crecimiento económico deficiente, una falta de empleo y la creciente pobreza en América Latina (Barkin y Rosen, 1997; Ocampo, 2002; Stallings y Peres, 2000). Dicha disociación es especialmente notable en el caso mexicano. Es razonable sostener que México debió haber sido uno de los países de la región que más se beneficiara de una apertura al mercado mundial debido a su comercio extenso con Estados Unidos, a las cuantiosas inversiones extranjeras hechas en el país y a su posición preferencial, gracias al NAFTA, en comparación con otras naciones latinoamericanas. Pese a esas señales favorables de la integración de México a la economía global, en ese país el periodo neoliberal ha sido caracterizado por un estancamiento de los salarios promedio y una creciente desigualdad (Barkin y Rosen, 1997; Bouzas y Ffrench-Davis, 2003; Dussel Peters, 1997, 1998; Castañeda, 1996).

La predominante explicación económica del aumento en las desigualdades consiste en la creciente brecha salarial que existe entre los trabajadores calificados y los no calificados como resultado de cambios tecnológicos que han acompañado a la liberalización del comercio (Acemoglu, 2002; Bouillon, 2000; Bouzas y Ffrench-Davis, 2003; Cragg y Epelbaum, 1996; Hanson y Harrison, 1999; Pagán *et al.*, 2002; Ros y Bouillon, 2002). De acuerdo con esta interpretación, la utilización intensiva de mano de obra calificada, en la cual se basa la orientación hacia las exportaciones, modifica la demanda de mano de obra hacia trabajadores con dotaciones superiores de capital humano, en detrimento relativo de los trabajadores no calificados. Semejantes modificaciones, aunadas a la oferta relativamente limitada de trabajadores calificados en México, aumentan los salarios de por sí mayores otorgados a éstos, dando lugar a una creciente desigualdad salarial. Gran parte del efecto que genera desigualdades es considerado pasajero, es decir, como consecuencia de un choque "de una sola vez" de exponer a industrias locales ineficientes a una competencia más avanzada desde el punto de vista tecnológico (Robertson, 2000). Se piensa que el principal factor responsable del incremento en las desigualdades es la falta de políticas estatales apropiadas para dar solución a la escasez de trabajadores calificados (Legovini *et al.*, 2001; Inter-American Development Bank, 1999). Desde esa perspectiva, la conclusión más importante es que "el cambio en los precios relativos y en la demanda de trabajadores calificados ha creado oportunidades para los trabajadores más educados, las cuales deben acompañarse de fuertes y prontas inversiones en la educación" (Robertson, 2000: 845), lo cual, a la larga, propiciará reducciones en las desigualdades (World Bank, 2000).

La explicación arriba mencionada ofrece una interpretación parsimoniosa y, a la vez, atractiva desde una perspectiva intuitiva, del incremento en la desigualdad de ingresos asociado con las políticas neoliberales. No obstante, los resultados del presente análisis señalan importantes limitaciones de dicha explicación. Mediante un enfoque en las oportunidades ocupacionales y en la movilidad intrageneracional de clase, mi análisis proporciona una descripción más integral de cómo los procesos del mercado laboral han conformado la estratificación social en México en décadas recientes. Cuando comparamos las oportunidades para la movilidad entre distintas cohortes de varones mexicanos, obtenemos una visión única de la manera en que se intersectan las condiciones de determinados periodos históricos y las oportunidades de los individuos a lo largo de sus vidas. Eso nos brinda mayores posibilidades de evaluar con precisión el grado en que las elecciones de políticas hayan afectado la magnitud de la movilidad ascendente en el país estudiado.

Al concentrarnos en las oportunidades dentro del mercado laboral más que en los salarios, los resultados contradicen la expectativa de que se diera una expansión de oportunidades ocupacionales para los trabajadores calificados durante el periodo neoliberal. En realidad, en México dicho periodo (tal como se retrata mediante la experiencia de la cohorte joven de varones mexicanos) se ha asociado con menores logros en cuanto al ingreso a la clase profesional y a la permanencia en ella que periodos anteriores del modelo ISI. En comparación con los de la cohorte intermedia, los de la cohorte joven tuvieron menos probabilidades de incorporarse al mercado laboral a través de la clase profesionista; igualmente, tuvieron menos probabilidades de ingresar al estatus de la clase profesionista a lo largo de sus vidas. Por otra parte, los varones jóvenes aumentaron su participación en las clases manuales e informales de baja calificación. Estos hallazgos ponen de relieve los peligros de inferir que, como se paga mejor a los trabajadores calificados, hay una mayor demanda de ellos; sugieren, más bien, que se necesita enfocarse más de cerca en las oportunidades para llegar a una mejor apreciación del impacto a largo plazo de las reformas económicas sobre las desigualdades (Bernhardt *et al.*, 2001; Birdsall *et al.*, 1998).

Además, en México el periodo neoliberal se ha caracterizado por un deterioro en las oportunidades para la movilidad ascendente, incluso entre los trabajadores con altos niveles educativos, así como por mayores probabilidades de experimentar una movilidad *descendente*. En comparación con periodos de desarrollo anteriores, la era neoliberal ha coincidido con una expansión notable de los empleos en el sector informal, no solamente en el momento en que los trabajadores mexicanos se incorporaron al mercado laboral, sino también a lo largo de todas sus vidas. Si bien dicha expansión refleja una tendencia a largo plazo dentro del mercado laboral mexicano, se ha acelerado en décadas recientes. Tal merma de las oportunidades ocupacionales también ha influido sobre el papel de la educación en la determinación de la posición ocupacional. Los resultados muestran que entre los varones de la cohorte joven, niveles educativos más altos ya no protegen a los trabajadores contra la movilidad descendente en el mismo grado que en las generaciones previas.

Es importante reconocer que tales efectos negativos probablemente hubieran sido más pronunciados en ausencia de una emigración importante de mexicanos hacia Estados Unidos. El hecho de que más de 10% de la población mexicana reside actualmente en dicho país implica que hay un sesgo de selectividad inherente en los estudios realizados solamente con datos mexicanos, incluyendo los que analizan desigualdades salariales. Eso, a su vez, afecta la composición de los trabajadores jóvenes en particular. En algunos estudios se ha encontrado que, cada vez más, los migrantes mexicanos a Estados Unidos son seleccionados negativamente, en cuanto a sus características socioeconómicas, comparados con los no migrantes (Massey y Espinosa, 1997). Esa selectividad negativa implica que los migrantes son reclutados con cada vez mayor frecuencia de entre los grupos menos privilegiados de México que, si no hubieran contado con la alternativa de migrar, muy probablemente habrían continuado en el empleo agrícola, o bien se habrían unido a las filas del sector informal.

La principal implicación del presente estudio es que los expertos deben reconsiderar seriamente las consecuencias de las reformas neoliberales. Los que proponen estrategias de desarrollo alternativas han insistido en criticar la falta de énfasis que se pone, dentro de las políticas de reestructuración económica, en la creación de empleos y en la protección de los mismos (Korzeniewicz y Smith, 2000; Portes y Hoffman, 2003; Rodrik, 1997; Stiglitz, 2002). A diferencia de la expectativa de que los incrementos en las desigualdades no son más que una reacción a corto plazo del cambio tecnológico y de que éstos serán revertidos conforme la liberalización del comercio estimule el crecimiento económico, nuestros hallazgos demuestran que dichos incrementos han tenido un impacto sobre elementos más duraderos del sistema de estratificación mexicano. No existe un mecanismo automático que garantice que los efectos destructivos de las reformas económicas puedan traducirse en un aumento en las oportunidades de empleo en ramas tecnológicamente avanzadas o competitivas. En ausencia de una promoción adecuada de las industrias locales y de una expansión de los eslabonamientos internos, la reestructuración económica tiende a exacerbar la heterogeneidad estructural de la fuerza de trabajo mexicana, pero no necesariamente a generar nuevas oportunidades (Dussel Peters, 1998; Ocampo, 2002).

Asimismo, la contracción de las oportunidades de empleo dentro de la clase profesionista contradice la noción de que la principal política para confrontar la desigualdad debe consistir en inversiones en la educación superior (World Bank, 2002). Si no se logra generar más empleos de calidad, es probable que las inversiones en la educación superior aumenten la subutilización y emigración de la población con altos niveles educativos, y ambos fenómenos de por sí ya son considerables (Portes y Hoffman, 2003; CEPAL, 2002). Adicionalmente, en la medida en que el sistema educativo es una de las principales instituciones que estructuran la desigualdad, es probable que la concentración en la educación superior aumente el grado de ésta en México, agravando el efecto de la segmentación ocupacional.

Nuestro énfasis en los resultados de estratificación refuerza la percepción de que las consideraciones de equidad, y en especial las oportunidades para la movilidad, deben ser el elemento central de discusiones sobre las políticas de desarrollo en México y, de manera más amplia, en América Latina (Birdsall *et al.*, 1998). Los defensores de las políticas neoliberales a menudo suponen que "ya sabemos lo que hay que hacer" (Ocampo, 2002; Przeworski, 2003). Nuestros hallazgos apoyan un enfoque más cauteloso en materia de la elección de estrategias para el desarrollo, uno que reconoce los peligros sociales y políticos de aumentar la polarización en las sociedades latinoamericanas. También resalta la necesidad de prestar una mayor atención a fuentes endógenas de crecimiento y a políticas para la generación de empleos, a fin de detener el deterioro de las oportunidades de carrera que ha acompañado el periodo neoliberal.

BIBLIOGRAFÍA

ACEMOGLU, Daron (2002), "Technical change, inequality, and the labor market", *Journal of Economic Literature*, 40 (1): 7-72.

ALARCÓN GONZÁLEZ, Diana y Terry MCKINLEY (1997), "The paradox of narrowing wage differentials and widening wage inequality in Mexico", *Development and Change*, 28 (3): 505-530.

ALLISON, Paul (1995), Survival analysis using the SAS system: a practical guide. Cary, NC: SAS Institute.

ALTIMIR, Oscar (1996), "Economic development and social equity: A Latin American perspective", *Journal of Interamerican Studies and World Affairs*, 38 (2-3): 47-71.

ARIZA, Marina y Orlandina DE OLIVEIRA (2005), "Unión conyugal e interrupción de la trayectoria laboral de las trabajadoras urbanas en México", en María Eugenia ZAVALA DE COSÍO, Marie Laure COUBÈS y René ZENTENO (coords.), *Cambio demográfico y social en el México del siglo XX: una perspectiva de historias de vida*, México, El Colegio de México, en prensa.

BALÁN, Jorge, Harley L. BROWNING y Elizabeth JELIN (1973), *Men in a developing society: geographic and social mobility in Monterrey, Mexico*, Austin and London: University of Texas Press.

BARKIN, David y Fred ROSEN (1997), "Why the recovery is not a recovery?", *NACLA Report on the Americas*, 30 (3): 24-25.

BECKET, Megan, Julie DAVANZO, Narayan SASTRY, Constantijn PANIS y Christine PETERSON (2001), "The quality of retrospective data: an examination of long-term recall in a developing country", *Journal of Human Resources*, 36 (3): 593-625.

BELLI, Robert F. (1998), "The structure of autobiographical memory and the event history calendar: Potential improvements in the quality of retrospective reports in surveys", *Memory*, 6 (4): 383-406.

BELLI, Robert F., William L. SHAY y Frank P. STAFFORD (2001), "Event history calendars and question list surveys: A direct comparison of interviewing methods", *Public Opinion Quarterly*, 65 (1): 45-74.

BERNHARDT, Annette D., Martina MORRIS, Mark S. HANDCOCK y Marc S. SCOTT (2001), Divergent paths: economic mobility in the new American labor market, Nueva York, Russell Sage Foundation.

BERRY, Albert (ed.) (1998), *Poverty, economic reform, and income distribution in Latin America*, Boulder, Colorado y Londres, Lynne Rienner Publishers.

BIRDSALL, Nancy, Carol GRAHAM y Richard H. SABOT (eds.) (1998), *Beyond tradeoffs: market reforms and equitable growth in Latin America*, Washington, D. C., Inter-American Development Bank, Brookings Institution Press.

BLOSSFELD, Hans-Peter (1986), "Career opportunities in the Federal Republic of Germany: A dynamic approach to the study of life-course, cohort, and period effects", *European Sociological Review*, 2 (3): 208-225.

BLOSSFELD, Hans-Peter, Alfred HAMERLE y Karl U. MAYER (eds.) (1989), *Event history analysis: statistical theory and application in the social sciences*, Hillsdale, NJ, Lawrence Erlbaum Associates.

BOUILLON, César Patricio (2000), *Inequality and Mexico's labor market after trade reform*, Inter-American Development Bank, Sustainable Development Department / Georgetown University.

BOUZAS, Roberto y Ricardo FFRENCH-DAVIS (2003), "Globalization and equity: A Latin American perspective", ponencia, Fourth Annual Conference of the Global Development Network, El Cairo, Egipto.

CASTAÑEDA, Jorge G. (1996), "Mexico's circle of misery", *Foreign Affairs*, 75 (4): 92-105.

COMISIÓN ECONÓMICA PARA AMÉRICA LATINA Y EL CARIBE (CEPAL) (2002), *Panorama social de América Latina y el Caribe*, Santiago, Chile, CEPAL.

COONEY, Paul (2001), "The Mexican crisis and the maquiladora boom: A paradox of development or the logic of neoliberalism?", *Latin American Perspectives*, 28 (3): 55-83.

CRAGG, Michael Ian y Mario EPELBAUM (1996), "Why has wage dispersion grown in Mexico? Is it the incidence of reforms or the growing demand for skills?", *Journal of Development Economics*, 51 (1): 99-116.

DÁVILA CAPALLEJA, Enrique Rafael (1997), "Mexico: The evolution and reform of the labor market", en Sebastián EDWARDS y Nora LUSTIG (eds.), *Labor markets in Latin America: combining social protection with market flexibility*, Washington, D. C., Brookings Institution Press, pp. 292-327.

DIPRETE, Thomas (2002), "Life course risks, mobility regimes, and mobility consequences: A comparison of Sweden, Germany, and the U.S.", *American Journal of Sociology*, 108 (2): 267-309.

DIPRETE, Thomas y Patricia A. MCMANUS (1996), "Institutions, technical change, and diverging life chances: Earnings mobility in the United States and Germany", *American Journal of Sociology*, 102 (1): 34-79.

DIPRETE, Thomas, Paul DE GRAAF, Ruud LUIJKX, Michael TÅHLIN y Hans-Peter BLOSSFELD (1997), "Collectivist *vs.* individualist mobility regimes? How welfare state and labor market structure condition the mobility effects of structural change in four countries", *American Journal of Sociology*, 103 (2): 318-358.

DUSSEL PETERS, Enrique (1997), *La economía de la polarización: teoría y evolución del cambio estructural de las manufacturas mexicanas (1988-1996)*, México, UNAM, Facultad de Economía.

——— (1998), "Mexico's liberalization strategy, 10 years on: results and alternatives", *Journal of Economic Issues*, 32 (2): 351-363.

EDER (2000), *Diseño muestral: Encuesta demográfica retrospectiva nacional*, México, INEGI.

EDWARDS, Sebastián (1995), *Crisis and reform in Latin America: from despair to hope*, Oxford World Bank y Oxford University Press.

ERIKSON, Robert y John H. GOLDTHORPE (1992), *The constant flux: a study of class mobility in industrial societies*, Oxford, Clarendon Press.

ESCOBAR LATAPÍ, Agustín (1992), "Men's and women's patterns of intragenerational occupational mobility during Mexico's boom and crisis", capítulo 5, en H. A. SELBY y H. BROWNING (eds.), *The sociodemographic effects of the crisis in Mexico*, Austin, Texas, University of Texas at Austin. Web address: http://lanic.utexas.edu/project/etext/mexico/selby/.

ESPING-ANDERSEN, Gøsta (1990), *The three worlds of welfare capitalism*, Princeton, NJ, Princeton University Press.

FILGUEIRA, Carlos (2001), *La actualidad de viejas temáticas: sobre los estudios de clase, estratificación y movilidad social en América Latina*, Santiago de Chile, CEPAL, División de Desarrollo Social.

FLECK, Susan y Constance SORRENTINO (1994), "Employment and unemployment in Mexico's labor force", *Monthly Labor Review*, 117 (11): 3-31.

GERBER, Theodore P. (2002), "Structural change and post-socialist stratification: Labor market transitions in contemporary Russia", *American Sociological Review*, 67 (5): 629-659.

GEREFFI, Gary y Donald L. WYMAN (eds.) (1990), *Manufacturing Miracles: Paths of Industrialization in Latin America and East Asia*, Princeton, NJ, Princeton University Press.

GERMANI, Gino (1962), *Política y sociedad en una época de transición: de la sociedad tradicional a la sociedad de masas*, Buenos Aires, Paidós.

GOLDTHORPE, John H. (1980), *Social mobility and class structure in modern Britain*, Oxford, Clarendon Press.

GONZÁLEZ DE LA ROCHA, Mercedes (1994), *The resources of poverty: women and survival in a Mexican city*, Cambridge, MA, Blackwell.

HANSON, Gordon H. y Ann E. HARRISON (1999), "Trade liberalization and wage inequality in Mexico", *Industrial and Labor Relations Review* 52 (2): 271-288.

INTER-AMERICAN DEVELOPMENT BANK (1999), "Facing up to inequality in Latin America", *Report on Economic and Social Progress in Latin America*, Washington, D. C.

ITZIGSOHN, José (2000), *Developing poverty: the state, Labor Market Deregulation, and the Informal Economy in Costa Rica and the Dominican Republic*, University Park, Pennsylvania State University Press.

JUSIDMAN, Clara (1992), *The informal sector in Mexico*, México, Secretaría del Trabajo y Previsión Social.

KERR, Clark (1960), *Industrialism and industrial man: the problems of labor and management in economic growth*, Cambridge: Harvard University Press.

KLEIN, Emilio y Victor TOKMAN (2000), "Social stratification under tension in a globalized era", *CEPAL Review*, 72: 7-29.

KORZENIEWICZ, Roberto Patricio y William C. SMITH (2000), "Poverty, inequality, and growth in Latin America: Searching for the high road to globalization", *Latin American Research Review*, 35 (3): 7-54. Versión en español en *Desarrollo Económico. Revista de Ciencias Sociales*, 40 (159): 387-424, IDES, Buenos Aires, 2000.

KURZ, Karin y Walter MÜLLER (1987), "Class mobility in the industrial world", *Annual Review of Sociology*, 13: 417-442.

LA PORTA, Rafael y Florencio LÓPEZ-DE-SILANES (1997), "The benefits of privatization: evidence from Mexico", *Public Policy Journal*, núm.. 117, The World Bank Group.

LEGOVINI, Arianna, César BOUILLON y Nora LUSTIG (2001), *Can education explain changes in income inequality in Mexico?*, Inter-American Development Bank, Sustainable Development Department.

LUSTIG, Nora (1992), *Mexico: the remaking of an economy*, Washington, D.C., The Brookings Institution.

MARTIN, Gary (2000), "Employment and unemployment in Mexico in the 1990s", *Monthly Labor Review*, 123 (11): 3-18.

MASSEY, Douglas S. y Kristin E. ESPINOSA (1997), "What's driving Mexico-U.S. migration? A theoretical, empirical and policy analysis", *American Journal of Sociology*, 102 (4): 939-999.

MAYER, Karl Ulrich y Glenn R. CARROLL (1987), "Jobs and classes: Structural constraints on career mobility", *European Sociological Review*, 3 (1): 14-38.

MURPHY, Kevin M. y Finis WELCH (1990), "Empirical age-earnings profiles", *Journal of Labor Economics*, 8 (2): 202-229.

OCAMPO, José Antonio (2002), "Rethinking the development agenda", *Cambridge Journal of Economics*, 26 (3): 393-407.

OTHÓN DE MENDIZÁBAL, Miguel (ed.) (1970), *Ensayos sobre las clases sociales en México*, 2a ed., México, Nuestro Tiempo.

PAGÁN, José A., Jorge VALERO GIL y José A. TIJERINA GUAJARDO (2002), "Employment shifts, economic reform and the changes in public/private sector wages in Mexico: 1987-1997", *Empirical Economics*, 27 (3): 447-460.

PARRADO, Emilio A. y René ZENTENO (2001), "Economic restructuring, financial crises, and women's work in Mexico", *Social Problems*, 48 (4): 456-477.

PORTES, Alejandro (1997), "Neoliberalism and the sociology of development: Emerging trends and unanticipated facts", *Population and Development Review*, 23 (2): 229-259.

PORTES, Alejandro y Kelly HOFFMAN (2003), "Latin American class structures: Their composition and change during the neoliberal era", *Latin American Research Review*, 38 (1): 41-82.

PRZEWORSKI, Adam (2003), "A flawed blueprint: The covert politicization of development economics", *Harvard International Review*, 25 (1): 42-47.

RAKOWSKI, Cathy A. (ed.) (1994), *Contrapunto: the informal sector debate in Latin America*, Albany, Nueva York, State University of New York Press.

ROBERTS, Bryan R. y Orlandina DE OLIVEIRA (1994), "Urban growth and urban social structure in Latin America, 1930-1990", en Leslie BETHELL (ed.), *The Cambridge History of Latin America*, vol. VI, Cambridge, MA, Cambridge University Press, pp. 253-324.

ROBERTS, Kenneth M. (2002), "Social inequalities without class cleavages in Latin America's neoliberal era", *Studies in Comparative International Development*, 36 (4): 3-33.

ROBERTSON, Raymond (2000), "Trade liberalisation and wage inequality: Lessons from the Mexican experience", *The World Economy*, 23 (6): 827-849.

RODRIK, Dani (1997), "Has globalization gone too far?", *California Management Review*, 39 (3): 29-53.

ROS, Jaime (2000), "Employment, structural adjustment, and sustainable growth in Mexico", *Journal of Development Studies*, 36 (4): 100-119.

ROS, Jaime y César BOUILLON (2002), "La liberalización de la balanza de pagos en México: efectos en el crecimiento, la desigualdad y la pobreza", capítulo 14, en Enrique GANUZA, Ricardo PAES DE BARROS, Lance TAYLOR y Rob VOS (eds.), *Liberalización, desigualdad y pobreza: América Latina y el Caribe en los 90*, UNDP/CEPAL, http://www.undp.org/rblac/liberalization/.

ROUBAUD, François (1995), *La economía informal en México: De la esfera doméstica a la dinámica macroeconómica*, México, Fondo de Cultura Económica.

SELBY, Henry A., Arthur D. MURPHY y Stephen A. LORENZEN (1990), *The Mexican Urban Household: Organizing for Self-Defense*, Austin, University of Texas Press.

SMITH, James P. y Duncan THOMAS (2003), "Remembrances of things past: Test-retest reliability of retrospective migration histories", *Journal of the Royal Statistical Society Serie A*, 166 (1): 23-49.

SØRENSEN, Aage B. (1975), "The structure of intragenerational mobility", *American Sociological Review*, 40 (4): 456-471.

STALLINGS, Barbara y Wilson PERES (2000), *Growth, employment, and equity: the impact of economic reforms in Latin America and the Caribbean*, Washington, D. C., Brookings Institution Press.

STIGLITZ, Joseph E. (2002), *Globalization and its discontents*, Nueva York, W. W. Norton.

TEICHMAN, Judith A. (1995), *Privatization and political change in Mexico*, Pittsburgh, University of Pittsburgh Press.

WORLD BANK (2000), *Higher education in developing countries: peril and promise*, Washington, D. C., The World Bank, Task Force on Higher Education and Society.

——— (2002), *Globalization, growth, and poverty: building an inclusive world economy*, Washington, D. C., The World Bank y Oxford University Press.

YAMAGUCHI, Kazuo (1991), *Event history analysis*, Newbury Park, CA, Sage Publications.

MOVILIDAD OCUPACIONAL EN EL CAMBIO DEL MODELO ECONÓMICO: LA TRANSICIÓN HACIA UN MICRONEGOCIO DENTRO DE LAS TRAYECTORIAS LABORALES

MARIE-LAURE COUBÈS

INTRODUCCIÓN

Durante los últimos veinte años del siglo XX, México pasó de un modelo económico proteccionista con fuerte intervención del Estado, conocido como el modelo de industrialización de sustitución de importaciones (ISI), a un modelo centrado en la industrialización para la exportación y la integración al mercado global. Este modelo de crecimiento económico que sigue la ideología neoliberal del llamado "consenso de Washington", basa la mejora económica en el intercambio internacional y la apertura al exterior así como en la reducción del papel económico del Estado.

Este cambio de modelo económico tiene repercusiones directas en el mercado laboral. De manera general, se ha subrayado como principales consecuencias de ello a la flexibilización de las relaciones laborales y sobre todo a la débil creación de empleo, lo que acentúa los problemas de absorción de la fuerza laboral. En consecuencia, la absorción de una buena parte de la fuerza laboral mexicana se realizó mediante su transnacionalización (la migración hacia Estados Unidos aumentó a lo largo de los años noventa) y mediante el crecimiento de las microunidades económicas.

Las microunidades económicas, que llamamos micronegocios en este capítulo, son pequeñas unidades de producción caracterizadas por una operación en pequeña escala, generalmente sin acceso al crédito y a la tecnología, y basadas en mano de obra familiar o en autoempleo, por lo cual generalmente están asociadas a una baja productividad, bajos ingresos y ocupaciones precarias.

La situación de recrudecimiento del empleo en micronegocio que acompaña al nuevo modelo de apertura económica, da un nuevo aire a la ya antigua discusión en América Latina sobre la relación entre absorción de mano de obra y desarrollo capitalista, con sus polémicas sobre la funcionalidad de los excedentes de población.

Esta discusión, desarrollada a partir de los años sesenta con el concepto de la marginalidad económica, se enfocaba en la articulación entre las pequeñas unidades económicas y las empresas capitalistas. La discusión sobre la informalidad y el tipo de interacción entre el sector informal y el formal de la economía prorrogó este debate durante los años ochenta.

Hoy en día, la reflexión sobre la absorción de la mano de obra en el modelo capitalista actual congrega a protagonistas de entonces (Nun) con autores más recientes (como Pérez Sáinz o Salas), y añade a la discusión el tema de la exclusión. Según Pérez Sáinz, el nuevo modelo económico neoliberal es más excluyente que el anterior y redefine la relación entre el excedente de mano de obra y el sistema capitalista. Salas, en una perspectiva neomarxista, mantiene la idea de que el excedente de mano de obra es funcional para el sistema capitalista.

En el contexto de esta reflexión sobre el cambio de modelo económico, la discusión sobre los micronegocios cobra cada vez más relevancia. Sin embargo, más allá de la documentación de su peso creciente en el empleo no se han desarrollado suficientes estudios sobre esas pequeñas unidades de producción, particularmente en cuanto a su papel en las trayectorias laborales.

Ahora bien, el análisis de las trayectorias laborales permite un enfoque dinámico de las transformaciones del empleo. Específicamente resulta útil entender las transiciones hacia los micronegocios dentro de la trayectoria laboral, y saber a qué características del empleo de origen o de destino están asociadas, y cuáles son los sectores ocupacionales y ramas de actividad desde y hacia los que las transiciones hacia los micronegocios son más probables.

En este capítulo, aprovechamos la Encuesta Demográfica Retrospectiva (EDER) realizada en 1998 en México, para estudiar tres generaciones en su periodo de vida entre los 20 y los 30 años de edad, y comparar entre esas tres cohortes la movilidad ocupacional en diferentes modelos de acumulación.

Este capítulo primero presenta, de manera breve, los enfoques teóricos acerca del papel de los micronegocios en el empleo y en el sistema económico, y luego discute el impacto del cambio de modelo económico sobre los micronegocios en México. Después de presentar la estrategia metodológica, se compara la movilidad de tres generaciones de hombres entre 20 y 30 años, y se discute a partir de este ejemplo, de manera específica, el efecto del cambio de modelo económico sobre los micronegocios. Enseguida veremos los factores asociados a la transición laboral, dentro de la trayectoria, desde una empresa de mayor tamaño hacia un micronegocio. La pertinencia de estos factores se prueba por medio de un modelo de regresión logística. Al final se ofrecen algunas conclusiones acerca de las trayectorias laborales en el contexto de apertura económica de México.

EMPLEO EN MICRONEGOCIOS EN LAS TEORÍAS DEL DESARROLLO

A mediados del siglo XX la teoría ortodoxa del desarrollo, apoyándose en el paradigma clásico asumía que con el desarrollo de la economía de un país, las formas de producción de pequeña escala tenderían a desaparecer (Azoulay, 2002). Esta teoría ortodoxa elaboró una concepción dualista de la economía según la cual la mano de obra circula desde un sector tradicional estancado, ligado al mundo rural, hacia un sector moderno y dinámico, ligado a la urbanización. El sector tradicional se refiere a la agricultura y el moderno a la industria de transformación. En los años cincuenta, Lewis propuso un modelo dualista de la estructura económica, donde el excedente de mano de obra (que califica como de "oferta ilimitada") es la condición misma del crecimiento del sector moderno, de su acumulación de capital, y por lo tanto del desarrollo. En consecuencia, para esta visión el empleo finalmente se concentraría en unidades grandes, hecho que ocurriría como un fenómeno intrageneracional o intergeneracional.

Para los marxistas, la desaparición de las pequeñas unidades y su reemplazo por grandes también era ineluctable, pero la explicación la ponían en el desarrollo del capitalismo, que genera un proceso de asalarización de los trabajadores y la destrucción de las formas de producción de pequeña escala (García, 1988).

Dentro de los enfoques marxistas dependentistas que surgieron en los años sesenta, la mayor crítica a la perspectiva dualista ortodoxa se desarrolla con el concepto de marginalidad económica. Según este concepto, una actividad económica es central o es marginal de acuerdo a si pertenece o no al polo capitalista dominante de acumulación.[1] Dentro de esta misma perspectiva teórica se desarrolla la

[1] Una primera conceptualización de marginalidad fue desarrollada por la DESAL y Gino Germani. Se inserta en la teoría de la modernización, en la cual los individuos, cuando son marginales, lo son respecto a la modernidad. Para una discusión más amplia sobre los diferentes conceptos de marginalidad, véanse Cortés 1990 y 2005.

polémica sobre la funcionalidad, para el sistema capitalista, de las personas insertas en relaciones sociales de producción marginales al polo de acumulación del capital. Estas personas son funcionales al sistema porque su condición marginal reduce los salarios en las actividades centrales (a través del mercado laboral) incrementando la ganancia y la acumulación de esas actividades centrales.

En oposición a esta visión, Nun considera que existen trabajadores que no trabajan en el polo de acumulación, que llama masa marginal, que al no participar del ejército de reserva dentro del polo acumulador (es decir de su mercado laboral), no reducen su salario.

Esta propuesta de Nun provocó amplios debates sobre el tema de la funcionalidad de los refugios de mano de obra.[2] De esta discusión teórica se derivó la cuestión de si esos modos de producción de pequeña escala, que funcionan como refugios de mano de obra, eran un modo de producción diferente del capitalismo (menos eficiente) o si era una reserva laboral para el sector capitalista de la economía. Es decir, si era entorpecedor o útil (funcional) para el desarrollo del capitalismo. Los que consideran a la producción en pequeña escala como una forma productiva subordinada y totalmente articulada al modo de producción capitalista, también consideran que esa producción a baja escala permite, por una parte, la reproducción de la mano de obra gracias a su producción de bajo costo y precio que es consumida por los trabajadores y, por otra, mantener los salarios bajos al servir de ejército de reserva para el sector capitalista de la economía.

La polémica acerca de la funcionalidad o no funcionalidad de los excedentes de mano de obra para el sistema capitalista fija, en cierta medida, esta perspectiva teórica en el

[2] Los artículos del debate de 1969 y 1970 se pueden encontrar en una publicación reciente de Nun (2001).

ámbito latinoamericano, y a partir de los años ochenta es remplazada por la discusión sobre el sector informal que se desarrolla a nivel mundial. Aparecida a mitad de los años setenta en un informe de la OIT sobre Kenya, la noción de sector informal es adoptada en América Latina y en el conjunto del mundo en desarrollo.

Según una primera perspectiva, el sector informal es un conjunto de actividades que tienen una lógica de producción para asegurar la sobrevivencia de la unidad familiar, y por consiguiente alejada de la lógica capitalista de acumulación. En esta versión, promovida por el PREALC, con los numerosos trabajos de Tokman (1991), el sector informal se caracteriza por actividades de pequeña escala, baja productividad e ingresos limitados. Por otra parte, en la vertiente que articula a este sector con el desarrollo del capitalismo, el sector informal es definido como el que escapa a las regulaciones del Estado, pero que es totalmente dependiente del sistema capitalista (Portes, Benton y Castells, 1989). Para su definición operativa, este enfoque no toma en cuenta el tamaño de la empresa, sino la falta de respeto a las regulaciones, particularmente en lo que se refiere a las prestaciones legales para sus empleados.[3]

Paralelamente a la gran difusión de la noción de sector informal[4] (adoptada en el conjunto del mundo), las críticas

[3] Una tercera perspectiva que se desarrolló al final de los años ochenta por De Soto, aunque recibió bastante eco, ya no encuentra muchos seguidores en la actualidad. Este autor (1987, citado por Cortés, 1990 y Roubaud, 1995) proponía, desde un punto de vista neoliberal, que el sector informal se desarrollaba al margen de la regulación del Estado a causa de que esta regulación era excesiva. Se puede interpretar que esta perspectiva perdió su poder explicativo del persistente crecimiento del fenómeno de la informalidad ya que la economía es cada vez más neoliberal y con menos intervención del Estado.

[4] Según Pries, el éxito de la noción de informalidad se debe en gran parte a su conceptualización dualista de la economía: remplazó la duali-

también son numerosas (Cortés, 1990; Lautier, 1994; Salas, 2003). Estas críticas subrayan que la definición de informalidad carece de consenso entre los estudiosos, lo cual provoca más confusión que utilidad en el análisis del empleo. Señalan además el carácter empírico y no teórico de la noción sector informal.

Varias investigaciones recientes plantean un claro rechazo de esta noción y se orientan hacia el análisis del autoempleo o de las pequeñas unidades de producción (Salas, 2003). Usando la teoría de la Estructura Social de Acumulación, que se basa en la relación entre la acumulación y las instituciones durante periodos de ondas largas de acumulación, Salas vincula las características y dinámicas del empleo con la nueva fase de acumulación en México. Las pequeñas unidades de producción representan una alternativa ocupacional y de consumo para la población de bajos ingresos; participan en la reproducción de la fuerza laboral urbana y, por lo tanto son un elemento clave de la nueva estructura social de acumulación. Asimismo, permiten al capitalismo reproducirse minimizando los conflictos causados por la menor absorción de mano de obra y por el menor poder adquisitivo de los salarios. La doble función de los micronegocios, ya mencionada en el pasado (en la polémica acerca de la teoría de la marginalidad), aparece en un nuevo escenario de la acumulación: el inicio de la consolidación del modelo de economía abierta (Salas, 2003).[5]

dad tradicional/moderna por otra más pertinente, la de informal/formal (Pries, 2000).

[5] En realidad para Salas la función de los micronegocios ya no es la misma que tenía en las discusiones sobre marginalidad económica, pues ya no habla de ello en términos de ejército de reserva con su efecto de reducción de la tasa de salario, sino de un efecto de minimización de los conflictos. De tener un efecto económico pasó a tener un efecto social de mantener la paz social, lo cual también se podría leer como una manera

Por su parte, Pérez Sáinz (2002) hace énfasis en el vínculo entre el cambio de modelo y las transformaciones del empleo, mediante el análisis de las lógicas de integración y exclusión del mercado laboral. Plantea que el modelo actual es más excluyente que el anterior dado que se observa a la vez un deterioro de las tendencias integradoras de la época pasada (a través de la disminución del empleo público y de la precarización de las relaciones laborales) y nuevas expresiones de la exclusión (crecimiento del desempleo y de la migración internacional) asociadas a la persistencia de las tendencias excluyentes del pasado, como lo es el autoempleo de subsistencia. El crecimiento de los micronegocios aparece en las lógicas de exclusión del nuevo modelo. El autor propone una nueva discusión sobre la funcionalidad (para el sistema capitalista) de los micronegocios dado que, por una parte, con la mundialización y la globalización del consumo la funcionalidad de los micronegocios para la reproducción de la clase trabajadora ya no es tan relevante debido a la reducción de precios del consumo en las grandes tiendas como resultado de la globalización. Por otra parte, en un sistema laboral basado en la exclusión existen contingentes de trabajadores que el sistema puede obviar, y que por lo tanto no influyen en la disminución del salario. Al proponer que los excedentes de población ya no son útiles para el sistema de acumulación, Pérez Sáinz concuerda con algunos de los autores de la marginalidad económica. En esta misma sintonía, Nun por su parte ya había retomado sus propias reflexiones de fines de los años sesenta en una publicación llamada "marginalidad y exclusión social" en 2001.[6]

de administrar la exclusión en un régimen que no tiene sistema de protección social.

[6] El concepto de exclusión, que aparece cada vez más en la literatura latinoamericana, ha sido ampliamente debatido en los países centrales a

Desde el enfoque de la informalidad, Portes (1998) también destaca el vínculo entre cambio de modelo económico y crecimiento del sector informal. El autor interpreta el aumento del sector informal como una pérdida de atracción del sector formal: con la reducción de las protecciones laborales y los salarios muy reducidos debido a la implementación de las políticas neoliberales, los trabajadores ya no tienen incentivos para buscar un trabajo dentro del sector formal, sino para procurar oportunidades alternativas de ingresos. Estas oportunidades alternativas se encontrarán más fácilmente en el sector informal de la economía. Su planteamiento es una crítica a la teoría clásica del desarrollo al proponer la hipótesis de la reversión de los flujos de mano de obra entre sectores formal e informal.

En síntesis, el empleo en microunidades de producción ha sido teorizado desde hace mucho tiempo. Analizado como consecuencia de las limitaciones del proceso de proletarización del país (García, 1988), desde la perspectiva de la marginalidad o desde la del sector informal (Tokman, 1991), el crecimiento del empleo en micronegocios inicialmente fue vinculado con la fase de recesión y agotamiento del modelo ISI. Recientemente, este proceso de crecimiento del empleo en micronegocios ha sido analizado a la luz del cambio de modelo económico en el marco de un nuevo modelo de acumulación (Portes, 1998, Pérez Sáinz, 2002, Salas, 2003).

De esta manera, las investigaciones sobre el cambio de modelo económico han dado un nuevo aire a la discusión sobre micronegocios, que tiene antecedentes importantes en las ciencias sociales latinoamericanas.

partir de la crisis de los años setenta. Pareciera que estamos frente a un fenómeno de difusión de conceptos teóricos desde el centro hacia la periferia, poco justificado en mi opinión dado que las ciencias sociales en América Latina han tenido muchos aportes sobre el tema de la absorción de la fuerza laboral.

MICRONEGOCIO Y CAMBIO DE MODELO ECONÓMICO EN MÉXICO

Durante los últimos veinte años del siglo XX, México pasó de un modelo económico proteccionista con fuerte intervención del Estado, conocido como el modelo de sustitución de importaciones, a un modelo centrado en la industrialización para la exportación y la integración al mercado global. Este modelo económico, que sigue el llamado "consenso de Washington", de ideología neoliberal, se basa en el intercambio internacional y promueve la apertura con el exterior así como la reducción del papel económico del Estado.

Iniciado con la adhesión de México al GATT en 1986, el TLCAN, firmado en 1993, consolidó este cambio de orientación económica que promueve la integración de la economía mexicana en el mercado norteamericano y su inserción en el proceso de globalización.

Las principales repercusiones de esta reestructuración económica sobre el mercado laboral ya han sido estudiadas: débil generación de empleo, aumento del desempleo y precarización del empleo con el incremento de empleos de baja productividad.

La poca generación de empleo se debería tanto a la reducción de actividades que ya no son viables en un contexto de apertura económica y de reducción del papel del Estado, como al hecho de que las actividades más competitivas en el ámbito internacional son las que usan tecnologías poco intensivas en mano de obra, lo que limita la generación de empleo incluso en los sectores dinámicos (CEPAL, 1996).

El crecimiento del desempleo ha sido mucho menor en México que en los demás países latinoamericanos,[7] en par-

[7] Salvo durante el año 1995, la tasa de desempleo en la década de 1990 es muy inferior a la media de 10 países latinoamericanos (Stalling y Peres, 2000: 157).

te por el dinamismo de otros modos de absorción de fuerza laboral como la migración hacia Estados Unidos y el empleo en micronegocios.

Así, en los años noventa gran parte de los nuevos empleos fueron creados en micronegocios (como asalariados o independientes por su cuenta), conocidos generalmente por su menor calidad en términos de condiciones de empleo, es decir por su precariedad. Se ha documentado la mayor precarización de los empleos por su mayor creación en pequeñas unidades económicas. Según Stalling y Peres (2000) "las empresas modernas externalizaron el proceso laboral, traspasando el costo del ajuste y la inestabilidad a las firmas pequeñas y a los trabajadores independientes". En un análisis empírico sobre las 24 ciudades más grandes de México, el deterioro de las condiciones laborales se observó entre 1993 y 1998 en el aumento de las probabilidades de trabajar en ocupaciones sin beneficios laborales en 60% de las ciudades y en trabajo a destajo en 50% de ellas (Zenteno, 2002).

Paralelamente, en términos generales el poder adquisitivo de los salarios ha caído a lo largo de las dos últimas décadas.[8] Adicionalmente, hubo un incremento de la desigualdad de los ingresos en la ciudad de México entre 1989 y 1998 (Pacheco, 2004).

Un segundo cambio importante en el mercado laboral es el incremento de su heterogeneidad. Diferentes formas de empleo se observan simultáneamente. Por un lado, el empleo asalariado con prestaciones laborales de las grandes empresas de producción para la exportación, dinamizado

[8] La caída no ha sido linear a lo largo del periodo. Así durante los noventa, hubo algunos aumentos en los ingresos a principio de la década, pero fueron anulados por la fuerte devaluación del peso durante la crisis financiera de 1994-1995 (Stalling y Peres, 2000: pp.157-158).

por el considerable incremento de los flujos de inversión extranjera directa a partir de la mitad de la década, pero muy concentrado regionalmente. Por otro lado, un reforzamiento de formas precarias de empleo como el autoempleo, empleo no remunerado, empleo a domicilio, y empleo en muy pequeñas unidades. Considerando esta presencia simultánea, a nivel nacional, de algunos empleos estables frente a una gran cantidad de gente buscando formas alternativas de obtener un ingreso Salas plantea una tendencia a la polarización del empleo. Esta "economía de dos pisos" estaría formada por un lado por un polo orientado hacia la exportación, participando del sistema financiero internacional, y por otra parte por un polo orientado hacia el mercado interno, sin acceso al crédito.

Puesto en términos de Shaiken (2003), el modelo actual presenta un rompimiento del vínculo entre mejor competitividad y bienestar del trabajador. De esta manera, el objetivo de un empleo estable y bien remunerado que permitiría un retiro digno parece poco alcanzable en este panorama.

En el contexto de esta reflexión sobre el cambio de modelo económico, la discusión sobre los micronegocios está cobrando cada vez más relevancia. Sin embargo, más allá de la documentación de su peso creciente en el empleo, no se han desarrollado suficientes estudios sobre esas pequeñas unidades de producción, particularmente en cuanto a su papel en las trayectorias laborales: a nivel nacional, los trabajos de Salas (2003) y Coubès (2005) son de los pocos que hacen énfasis en el peso de los micronegocios en las trayectorias laborales. Esta debilidad en la literatura viene de que, por una parte, los estudios específicos sobre los micronegocios, aun cuando tienen una perspectiva comparativa temporal, comparan momento en el tiempo y no realizan un seguimiento de las historias laborales de los trabajadores. Además, aparte de los dos trabajos mencionados, los estudios acerca de las trayectorias laborales en México generalmente han sido limitados a mercados laborales locales particulares, analizando las influencias específicas a algunos mercados locales.[9]

DATOS Y MÉTODOS

La Encuesta Demográfica Retrospectiva (EDER), realizada en México en 1998, recolecta historias de vida (mediante la reconstrucción de las trayectorias de residencia, laboral y familiar) de una muestra representativa de tres generaciones de hombres y mujeres residentes en todo el territorio nacional, nacidos en los periodos 1936-1938, 1951-1953 y 1966-1968.[10]

Con los datos de la EDER se presenta la movilidad laboral de tres generaciones a mismas edades ubicándolas en tres contextos económicos diferentes. La generación nacida en 1936-1938, llamada aquí generación avanzada, vivió la etapa analizada de su trayectoria laboral durante el periodo de desarrollo del modelo de sustitución de importaciones; la generación nacida en 1951-1953, llamada aquí generación intermedia, vivió esa etapa durante el periodo de agotamiento de este modelo, en los años setenta justo antes de la crisis de 1982; y para la generación joven, naci-

[9] Véanse los trabajos pioneros de Balan *et al.* (1977) centrados en la ciudad de Monterrey y de Muñoz *et al.* (1977) en la ciudad de México y, más recientes, los trabajos de Escobar (1986) en Guadalajara, Pries (1992) en Puebla, y Coubès (2001) y Contreras (2000) en Tijuana. En estos últimos trabajos el énfasis en el análisis local es mayor; por ejemplo, en Puebla las trayectorias laborales del final de los años ochenta están afectadas por la reestructuración de la empresa Volkswagen, en Tijuana el impacto de las maquiladoras ha sido evaluado.

[10] La EDER (base de datos y documentos metodológicos) está disponible en el siguiente sitio: http://www.mty.itesm.mx/egap/deptos/cee/ern/.

da en 1966-1968, que tenían de 30 a 32 años en el momento de la encuesta (1998), la etapa estudiada corresponde con el periodo reciente de implementación del nuevo modelo neoliberal en México. Estudiar el periodo de vida que corresponden a los 20-30 años de edades de cada una de esas generaciones permitirá entonces comparar esos tres momentos del desarrollo económico de México, y entrar en la discusión sobre las transformaciones del mercado laboral en relación con la reestructuración económica y el cambio de modelo de acumulación.

Además, desde el punto de vista del empleo, los límites de 20 y 30 años representan diferentes etapas del ciclo de vida: a los 20 años las personas se han insertado recientemente o están cerca de insertarse al mercado laboral (en las tres generaciones de hombres estudiadas la edad media al primer empleo es inferior a los 20 años).[11] A los 30 años la situación ocupacional puede ser considerada como más consolidada en la trayectoria laboral, con una experiencia de actividad de más de 10 años. Efectivamente, con los datos de la EDER, se observa una movilidad menor después de los 30 años de edad (entre 30 y 40 o entre 35 y 45) para las generaciones avanzada e intermedia.[12]

En este trabajo las categorías de empleo utilizadas en el análisis de la movilidad son: *1)* sin empleo, *2)* agricultura, *3)* micronegocio y *4)* otras empresas. Para la categoría "sin

[11] Para las mujeres la edad mediana de entrada es más tardía, en virtud sobre todo de la proporción importante de mujeres que nunca entraron en el mercado laboral.

[12] En relación con esta situación ocupacional consolidada a partir de los 30 años de edad, observamos que en México, tanto para los hombres como para las mujeres, gran número de las transiciones importantes en el curso de vida ha tenido lugar antes de los 30 años (salida de la casa de los padres, matrimonio, nacimiento del primer hijo) (véase Coubès, Zavala de Cosío y Zenteno, 2005). Así, una persona de 30 años ya está, en general, frente a la necesidad de mantener a una familia.

empleo" la encuesta EDER no permite precisar entre inactividad y desempleo. Se incluye esta categoría porque nos interesa observar al conjunto de la población y las entradas en el mercado laboral entre 20 y 30 años, así como el peso de estas entradas en las transformaciones sectoriales.

La categoría "agricultura" representa un sector importante para los hombres, sobre todo en las dos primeras generaciones, y por eso la consideramos aparte. Incluye cualquier ocupación en la agricultura, pesca o silvicultura.[13]

La categoría "micronegocio" incluye los tipos de negocios propuestos por Rendón y Salas (1993): unidades económicas de cinco personas o menos en el comercio y los servicios; y unidades de 15 personas o menos en la industria, lo cual incluye, en cada caso, a los trabajadores por cuenta propia.

De manera complementaria, la categoría "otras empresas" incluye todas las unidades económicas que tienen un número de empleados superior a los rangos que definen a los micronegocios (más de cinco en el terciario, más de 15 en la industria). En esta categoría hemos incluido el empleo público, es decir, los trabajadores empleados por los tres niveles de gobierno en las áreas de administración pública, sector educativo y sector salud.

En la presentación de resultados y análisis, aparece primero la movilidad entre los diferentes sectores laborales a partir de las tablas de movilidad entre 20 y 30 años de cada generación. Una tabla de movilidad es una tabla cruzada que tiene como columnas a las categorías de empleo a los 30 años y los renglones de esas mismas categorías a los 20. En cada celda se puede leer el porcentaje de personas de una

[13] Existe una amplia discusión respecto a la analogía entre el papel del campesinado y el de los micronegocios para la absorción de la mano de obra, pero no la tratamos aquí. Sobre esta discusión véase Cuéllar, 1990.

categoría a los 20 años que termina en alguna categoría a los 30.[14]

Luego, aprovechando que la EDER da información para todos los años de vida de los entrevistados, se analiza la transición laboral hacia un micronegocio en el contexto de toda la historia de vida del trabajador. Con un modelo de regresión logística por tiempo discreto se puede conocer cuáles son las características asociadas en cada año de vida a este cambio de tipo de empleo.

El modelo en tiempo discreto es un modelo de análisis de los datos biográficos propuesto por Allison en 1982 que usa los datos según un tiempo discreto, en lugar de continuo. La unidad de análisis es el año de vida: se analiza todos los años de vida de los individuos de la cohorte estudiada hasta el año de ocurrencia del evento o hasta el año de final de observación (o censura). Este modelo de regresión logístico explica la ocurrencia o no ocurrencia del evento por cada año de vida. Desde su primera publicación (1982) Allison ha demostrado la importancia de este tipo de modelos y su correspondencia con los métodos biográficos que usan el tiempo continuo, como el modelo de Cox.[15] Dentro de sus

[14] Respecto a las tablas de movilidad presentadas, el interés de la EDER es realizar el seguimiento de la movilidad individual. Recordemos que la mayor crítica al modelo de Hugo López sobre la movilidad entre sector formal e informal era sobre problemas metodológicos: usar datos transversales (es decir de distintas cohortes para representar las diferentes edades), no tomar en cuenta las tasas de actividad a cada edad y usar datos agregados (véase Roubaud, 1995). Al contrario, las tablas de movilidad construidas con la EDER representan el conjunto de la movilidad individual de diferentes generaciones dentro de su curso de vida, y toman en cuenta el conjunto de cada cohorte y no sólo los activos a cada edad.

[15] El modelo en tiempo discreto se basa en la estimación del máximo de verosimilitud, el modelo de Cox, en la estimación de la verosimilitud parcial.

virtudes se puede citar la mayor agilidad para introducir numerosas variables independientes que varían con el tiempo dentro del modelo (Allison, 1995). Los datos de la EDER han sido recolectados según un tiempo discreto por cada año de vida de la persona entrevistada, lo que justifica en sí la elección de tal método.

Finalmente, desde el punto de vista metodológico, se debe subrayar la pertinencia de la herramienta de una encuesta de historias de vida para analizar la movilidad laboral. Sus virtudes no sólo atañen a la medición de la movilidad individual y a su relación con varias características en diferentes momentos de la vida del individuo, sino también al estudio simultáneo de muchas otras movilidades. Esta herramienta permite usar variables construidas en términos de cambios (o no cambios) de diversas condiciones. El análisis de las transiciones, que son dinámicas por definición, puede así realizarse teniendo en cuenta cambios en otros aspectos de la vida del individuo; una mirada a todas las transiciones.

MOVILIDAD LABORAL DE TRES GENERACIONES DE HOMBRES[16]

En el cuadro 1 se presenta una primera fotografía de la movilidad con la proporción de hombres de cada generación distribuidos en las categorías de empleo a los 20 y a los 30 años.

Se observa cómo la generación más joven evidencia una mayor proporción en micronegocios que las demás genera-

[16] No estudiamos la movilidad de las mujeres en esta parte. Para ellas, las transiciones directas entre sectores de empleo son menos numerosas porque la mayor movilidad se refiere a las salidas y entradas del mercado laboral. Se pueden encontrar las tablas de movilidad de mujeres en esas tres generaciones en Coubès, 2005.

ciones tanto a los 20 como a los 30 años, pero con mayor peso aún a los 30 años. Esto confirma la importancia de esta categoría de empleo para el periodo actual.

Respecto al empleo en "otras empresas" se notan dos puntos importantes. Primero, los jóvenes también cuentan con una mayor proporción que las generaciones anteriores en otras empresas. Esta mayor proporción de jóvenes tanto en micronegocios como en otras empresas se debe al peso decreciente de la agricultura entre las 3 generaciones, peso que disminuye de 42 a 28 y 17% desde la generación avanzada hasta la joven.

Segundo, a los 30 años de edad la cohorte joven ya no tiene una mayor proporción en otras empresas; tiene la misma que la cohorte intermedia. Así, comparados con la generación intermedia, los jóvenes tenían una sobreproporción en otras empresas a los 20 años que desapareció a los 30. ¿Qué ha pasado en este periodo de la trayectoria que pueda explicar tal reducción?

Las tablas de movilidad que presentan al mismo tiempo todas las categorías posibles para cada generación permiten contestar esta pregunta (véanse cuadros 2, 3 y 4).

El primer elemento de explicación es la mayor permanencia entre los 20 y los 30 años en la categoría micronegocios para la generación joven. En las dos generaciones mayores, la categoría de empleo donde menos se permanece es micronegocios: sólo uno de cada dos hombres que laboraba en un micronegocio a los 20 años trabajó aún en esa categoría a los 30 (exactamente 50 y 52% para la generación avanzada e intermedia respectivamente; véanse cuadros 2 y 3). Pero en la generación joven, los hombres se quedan más en la categoría de los micronegocios (exactamente 74%, véase cuadro 4). La tasa de permanencia en esta categoría pasó de 0.5 a 0.75 entre las dos primeras generaciones y la más joven, lo cual representa un incremento muy fuerte.

Cuadro 1. Proporción de hombres de cada generación distribuidos en tres categorías de empleo a los 20 y a los 30 años de edad

Generación	*Categorías de empleo*	*20 años*	*30 años*
	Empleo en micronegocios		
1936-1938		20%	15%
1951-1953		19%	22%
1966-1968		25%	33%
	Empleo en otras empresas		
1936-1938		27%	43%
1951-1953		31%	48%
1966-1968		41%	47%
	Empleo en la agricultura		
1936-1938		42%	37%
1951-1953		28%	24%
1966-1968		17%	16%

Fuente: cálculos propios Eder, 1998.

El segundo elemento de explicación consiste en la disminución de la tasa de permanencia en las otras empresas. En las dos primeras generaciones esa tasa era la más elevada entre todas las categorías, pero para la tercera generación ya no ocurre así; la permanencia en la categoría de otras empresas es inferior a la de la agricultura.

En síntesis, entre generaciones se identifica un cambio muy importante respecto a la movilidad laboral entre micronegocios y otras empresas dentro de la trayectoria. En las primera y segunda generaciones la transición de micronegocios a otras empresas es numerosa (aproximadamente 50% de los hombres originalmente en micro negocios), en

Cuadro 2. Tabla de movilidad laboral entre los 20 y los 30 años de edad. Hombres generación 1936-1938, porcentajes por renglón y totales

20 años	*30 años*				*Total*
	Sin empleo	*Agricultura*	*Micronegocios*	*Otras empresas*	
Sin empleo	38	8	7	48	100
	4.1	0.8	0.7	5.1	10.5
Agricultura	1	84	8	7	100
	0.2	35.2	3.4	3.1	41.8
Micronegocios	2	0	50	48	100
	0.3	0	10.2	9.9	20.4
Otras empresas	5	3	1	92	100
	1.2	0.7	0.4	24.9	27.2
Total	5.7	36.7	14.6	43	100

Fuente: cálculos propios Eder, 1998.

cambio en la tercera generación es menor (sólo 17 %).[17] Por el contrario, la transición de otras empresas a micro ha aumentado pasando de casi nada en la primera cohorte (1%) a 14 y 17 % en la segunda y la tercera respectivamente.

Así, al presentar los tipos de movilidad en función de los periodos de desarrollo económico de México encontramos que durante la fase ISI existía una fuerte movilidad de micronegocio hacia empresas de mayor tamaño y casi ninguna de empresa grande hacia micronegocio. Durante la

[17] Sobre el paso de micro a otras empresas en la generación intermedia es interesante observar que una gran parte fue al sector público (véase Coubès, 2005). Esta generación tenía entre 20 y 30 años en la década de los setenta, años considerados de profundización del estatismo mexicano.

Cuadro 3. Tabla de movilidad laboral entre los 20 y los 30 años de edad. Hombres generación 1951-1953, porcentajes por renglón y totales

20 años	*30 años*				*Total*
	Sin empleo	*Agricultura*	*Micronegocios*	*Otras empresas*	
Sin empleo	27	8	15	50	100
	6.1	1.8	3.3	11.3	22.5
Agricultura	1	76	16	8	100
	0.2	21	4.3	2.3	27.8
Micronegocios	1	2	52	46	100
	0.2	0.3	9.7	8.6	18.7
Otras empresas	1	4	14	82	100
	0.2	1.1	4.2	25.4	30.9
Total	6.7	24.2	21.5	47.6	100

Fuente: cálculos propios Eder, 1998.

fase de agotamiento de ese modelo económico, todavía se vivió esta fuerte movilidad desde micronegocio hacia otras empresas, pero a la vez empezó a cobrar relevancia la movilidad inversa, desde otras empresas hacia micronegocios. Finalmente, durante el modelo basado en la apertura económica la movilidad de micronegocio a otras empresas es reducida y del mismo nivel que la movilidad inversa, de empresa hacia micronegocio. La movilidad de empresa hacia micronegocio es un proceso creciente: es mayor en la generación intermedia que en la avanzada y aún más en la joven que en la intermedia. Mientras el paso hacia otras empresas se debilita entre generación, el paso hacia micronegocio se fortalece.

Al respecto, en un trabajo anterior se probó que las diferencias entre generaciones sobre las movilidades entre micro

Cuadro 4. Tabla de movilidad laboral entre los 20 y los 30 años de edad. Hombres generación 1966-1968, porcentajes por renglón y totales

20 años	*30 años*				*Total*
	Sin empleo	*Agricultura*	*Micronegocios*	*Otras empresas*	
Sin empleo	9	3	28	60	100
	1.7	0.5	4.9	10.6	17.6
Agricultura	1	80	13	7	100
	0.1	13.4	2.2	1.1	16.8
Micronegocios	6	3	74	17	100
	1.5	0.7	18.5	4.3	25.1
Otras empresas	2	4	17	77	100
	0.9	1.4	6.9	31.3	40.5
Total	4.1	16.1	32.5	47.3	100

Fuente: cálculos propios Eder, 1998.

y empresas de mayor tamaño eran significativas, aun después de controlar estadísticamente el efecto de características individuales (Coubès, 2005).

LA TRANSICIÓN DE OTRAS EMPRESAS HACIA UN MICRONEGOCIO

Para entender el proceso de transición desde otras empresas hacia micronegocios, se explora las características de la trayectoria laboral de hombres y mujeres que están asociadas con esta transición. Primero se presenta un análisis descriptivo y luego un modelo de regresión.

El análisis descriptivo lo hacemos con el auxilio de los cuadros 5 y 6. En él se observa la población que tuvo un

Cuadro 5. Características sociodemográficas de los trabajadores con una transición hacia un micronegocio y de todos los que tuvieron un empleo en otra empresa antes de 33 años de edad

Variables	*Categorías*	*Con transición*	*Total observados*
Sexo	Hombres	70.8	58.7
	Mujeres	29.2	41.3
Generación	Avanzada	7.8	10.1
	Intermedia	25.9	29.7
	Joven	66.2	60.2
Residencia en 1998	Rural	13.8	17.2
	Urbano	86.2	82.8
Residencia en el momento de la transición o al final de la observación	Rural	22.5	20.2
	Urbano	77.5	79.8
Migración durante la trayectoria	Al menos una migración	51.9	51.5
	Sin ninguna migración	48.1	48.5
Educación	Sin educación	2.0	2.1
	Algún grado de:		
	primaria	28.2	31.0
	secundaria	17.6	16.9
	escuela técnica o preparatoria	33.7	33.9
	universidad	18.5	16.1
	Estudian en el momento de la transición	10.1	5.7
	%	19.4	100
	N		988

Fuente: cálculos propios, Eder, 1998. Datos ponderados.

Cuadro 6. Características laborales de los trabajadores que tuvieron un empleo en otra empresa antes de 33 años de edad y de aquellos con una transición hacia un micronegocio

Variables	*Categorías*	*Con transición*	*Total observados*
Posición en el micronegocio o al final de la observación	Patrón	12.5	2.7
	Por cuenta propia	21.4	4.7
	A destajo	15.5	12.3
	Asalariado	49.6	79.4
	Sin pago	1.0	0.8
Sector de actividad en el micronegocio o al final de la observación	Industria	18.3	29.4
	Construcción	5.3	7.6
	Comercio	20.5	15.2
	Servicios	55.6	47.6
Sector de actividad el año anterior	Industria	23.2	30.8
	Construcción	11.5	8.4
	Comercio	16.3	13.1
	Servicios	48.8	47.6
Ocupación en el micronegocio o al final de la observación	Profesionista o directivos	10.2	7.6
	No manual semi-calificado	12.4	16.8
	No manual	9.7	18.6
	Manual	50.3	42.0
	Manual no calificado	17.4	15.1
Ocupación en el año anterior	Profesionista o directivos	6.5	6.8
	No manual semi-calificado	12.1	16.9
	No manual	17.4	19.5
	Manual	45.5	42.4

	Manual no calificado	18.5	14.4
	% N	19.4	100 988

Fuente: cálculos propios, Eder, 1998. Datos ponderados.

empleo en la categoría otras empresas antes de los 33 años de edad (total de observados), y dentro de ella, los que tuvieron una transición hacia un micronegocio (con transición).

¿Quiénes son los trabajadores que experimentaron esta transición durante su trayectoria? Primero notamos que los hombres, así como los jóvenes, son más numerosos en el grupo con transición que en el total de los observados. La sobrerrepresentación de los jóvenes coincide con los resultados de la tabla de movilidad. En cuanto a la subrepresentación de las mujeres en la transición hacia micronegocio (como observamos en la nota 16), las mujeres son más propensas a las transiciones de entrada y salida del mercado laboral. De acuerdo con estos resultados, la transición hacia micronegocio, si se interpreta como transición hacia la independencia, ésta sería más masculina.

Respecto al lugar de residencia, esta transición parece un poco más asociada al medio rural (se trata de la residencia en el momento de la transición). En relación con la migración a lo largo del curso de vida, no se observa diferencia entre los que siguieron la transición y el conjunto de los observados.

Desde el punto de vista de la educación no se observa muchas diferencias entre los que tienen transición y el total de los observados: sólo se nota algunas diferencias en los niveles extremos (primaria y universidad). La proporción de los que estaban estudiando en el momento de la transición es más discriminante: la transición es más frecuente para los que estudian que para los que no estudian.

Las características del empleo son consideradas el año de la transición para las personas que lo tuvieron, y para el total de observados se considera el último año del rango de edad de observación (33 años o antes de la salida del mercado laboral; véase cuadro 6). En cuanto a la posición en el empleo en micronegocio, las posiciones de trabajador por cuenta propia y patrón representan sólo una tercera parte de las situaciones (34%); para las dos terceras partes restantes se trata de una situación de subordinación en el micronegocio (los asalariados representan la mitad de la categoría y los trabajadores a destajo 16%), lo cual determina condiciones de empleo precarias (es probable que carezcan de seguridad social y otras prestaciones). Éste es un resultado interesante, pues demuestra que la mayor parte de los que experimentan esta transición no son microempresarios o independientes, sino trabajadores que transitan de una situación de asalariado a dependiente o a asalariado precario.

Desde el punto de vista del sector de actividad, los micronegocios son más numerosos en el terciario (servicios y comercio) y menos en el secundario (industria y construcción) comparados con el total de los observados (cuya mayoría quedó en otras empresas). Además, si se compara con el año anterior a la transición, se nota que la industria y la construcción son sectores de expulsión. Finalmente, desde el punto de vista de las ocupaciones, en los micronegocios se observa una mayor proporción de profesionistas o directivos y de ocupaciones manuales, es decir, los dos polos de la estratificación social. Entre aquellos con transición, las ocupaciones no manuales están subrepresentadas si las comparan con el conjunto de los observados. Si vemos la ocupación el año anterior, se observa que las ocupaciones no manuales (no calificadas) son las que expulsan más.

LA REGRESIÓN LOGÍSTICA

A continuación presentamos el modelo de regresión para estudiar los factores asociados a la transición hacia micronegocios. La población estudiada está compuesta por personas de las tres generaciones que tuvieron un empleo en "otras empresas" antes de haber cumplido 33 años. Se les observa desde el primer año que ingresan a "otras empresas" hasta el año de la transición o el año anterior a la salida de observación (salen de la observación cuando pasan a la agricultura, dejan la actividad o alcanzan los 33 años de edad). El modelo presenta para cada año la probabilidad de ocurrencia de una transición hacia un micronegocio comparado con mantenerse en la categoría de otras empresas.[18]

La regresión está construida con tres grupos de variables. El primero está compuesto por variables de control del tiempo y de la heterogeneidad de la muestra. Dos variables controlan el tiempo de observación; la primera mide la duración de la observación en años, la segunda es la duración al cuadrado. La inclusión de esta segunda variable se justifica por la hipótesis de que la relación con el tiempo no es linear.

Tres variables controlan la heterogeneidad de la muestra: lugar de residencia en el momento de la encuesta, sexo y generación, y su inclusión en los modelos de regresión es

[18] Este modelo podría enfrentarse a un sesgo de selectividad: los individuos observados son los que han tenido una primera inserción particular en el mercado laboral ("otras empresas"). Esta inserción representa una selección en sí de individuos, lo cual podría hacer sobrerrepresentativa alguna característica que, puesta como variable independiente del modelo de regresión, podría ser significativa de manera espuria en la explicación de la transición hacia micronegocios. Estos sesgos de selectividad están corregidos en modelos econométricos, el más conocido de los cuales es el de Heckman. Sin embargo no existe paquetería estadística que proponga una corrección de este sesgo cuando el modelo de selección es multinomial (caso de la elección del primer empleo de cuatro categorías) o, más importante aún para nuestro caso, cuando se aplique para los modelos de historias de vida, donde los años de vida del segundo modelo no están incluidos en el primer modelo de selección. Además la aplicación generalizada de los modelos de Heckman también ha sido criticada. Véase Ross Stolzenberg y Daniel Relles (1997).

Cuadro 7. Modelo de regresión logística en tiempo discreto: transición de otras empresas hacia micronegocio

Tipos de variables	*Variables*	*Coeficiente*	*Sig.*
Tiempo	Duración en el empleo	0.616	0.000
	Duración al cuadrado	-0.035	0.000
Sexo	Femenino (ref. masculino)	0.313	0.132
Generación	Intermedia (ref. Avanzada)	0.464	0.081
	Joven (ref. Avanzada)	0.807	0.001
Lugar de residencia en 1998	Urbano (ref. rural)	0.361	0.106
Empleo	Ocupación no manual (ref. manual)	-0.802	0.000
	Sector secundario (ref. terciario)	-0.275	0.203
Trayectoria laboral	Cambio en la ocupación	1.039	0.000
	Cambio en el sector	1.499	0.000
	Cambio en la posición	3.147	0.000
Trayectorias de residencia y familiar	Migración	-0.988	0.001
	Cambios en la situación familiar	-1.163	0.000
Constante		-7.612	0.000
Nagelkerke R 2		0.329	
Años-Personas		8 582	

Fuente: cálculos propios, Eder, 1998.

necesaria.[19] En cuanto a la variable generación, en un trabajo anterior se comprobó su efecto sobre la transición a micronegocio con un modelo de regresión un poco diferente (Coubès *et al.*, 2005). Se encontró una relación significativa y positiva con transición a micronegocio, por una parte para la generación intermedia comparada con la avanzada, y por otra para la generación joven comparada con la intermedia. En esta investigación se incluyen en este nuevo modelo las tres generaciones de manera conjunta, lo que nos permitirá probar en estas condiciones si el efecto de generación sigue siendo significativo.

El segundo grupo de variables contempla las características del empleo. En este grupo se pensaba introducir la variable educación para tomar en cuenta los efectos del capital humano sobre esta transición. Sin embargo las variables educación y ocupación siempre están fuertemente correlacionadas, lo que dificulta su inclusión simultánea en un modelo. En éste nos pareció más importante privilegiar las variables relativas al empleo, por lo que hemos incluido la variable ocupación y no la de educación.[20]

La inclusión de la variable sector de actividad permite comprobar diferentes hipótesis sobre el papel de los micronegocios en la absorción laboral. En el sector industrial o de construcción, estas pequeñas unidades de producción estarían funcionando en subcontratación de empresas capita-

[19] Para una presentación más amplia del muestreo de la EDER y particularmente respecto a la discusión sobre el uso de las ponderaciones, véase Coubès *et al.*, 2005: 22-24.

[20] Además, después de realizar varias pruebas para controlar que los demás factores no fueran alterados por la inclusión de una u otra de esas dos variables (educación y ocupación), encontramos que la variable ocupación era la que aumentaba más el nivel de significación total del modelo y cuyo valor del coeficiente era mayor (en valor absoluto).

listas, lo cual demuestra una subordinación directa de la mano de obra. Se trata entonces de un tipo de producción directamente vinculado con las formas capitalistas, dependiente de ellas y que contribuye a acelerar el proceso de acumulación capitalista. En cambio, en el sector comercio y servicios estos micronegocios tendrían el papel de refugio de mano de obra que podría ser desvinculado del sector capitalista.

Bajo el rubro trayectoria laboral incluimos variables de movilidad para estudiar su asociación con la transición hacia un micronegocio. Son tres variables que indican un cambio en la trayectoria laboral: cambio de posición, cambio de sector de actividad y cambio de ocupación. Estas variables no están consideradas como factores determinantes sino como factores asociados, dado que la dirección de la causalidad podría ser discutible. La inclusión de estas variables tiene como objetivo probar hipótesis sobre la continuidad y promoción ascendente o, al contrario, sobre la inestabilidad en la trayectoria: ¿esta transición está asociada a una movilidad ascendente, de carrera o, al contrario, a una movilidad errática de simple búsqueda de oportunidades laborales? Estudiar los cambios de condición laboral (expresados por esas tres variables) asociados a esta transición hacia micronegocios dará más elementos de conocimiento de esta transición laboral hacia micronegocio.[21]

Finalmente, incluimos un último rubro de variables de las trayectorias de residencia y familiar. Esas variables per-

[21] Los valores de cada una de estas tres variables dicotómicas están definidos como un cambio entre categorías: para la variable "cambio en la ocupación" el valor 1 es el cambio de una ocupación a cualquiera de las cuatro restantes; para la variable "cambio en la posición" el valor 1 es el cambio de una posición a cualquiera de las otras cuatro; para la variable "cambio en el sector de actividad" el valor 1 es el cambio de un sector de actividad a cualquiera de los tres restantes.

miten observar si existe asociación entre la trayectoria laboral y las demás trayectorias de vida. La variable migración describe un cambio de lugar de residencia cada año de observación. La variable de cambio en la situación familiar describe un cambio de condición, sea de soltero(a) a unido(a) o de unido(a) a separado(a) o viudo(a).

LA TRANSICIÓN EN LA TRAYECTORIA LABORAL: RESULTADOS DEL MODELO

Como resultado general, la prueba de regresión señala que la transición desde otras empresas hacia micronegocio está asociada a cambios laborales en todas las direcciones, lo que nos permite interpretar que esta transición participa de un momento de gran inestabilidad de la trayectoria laboral, alejada de una carrera ascendente. A continuación se comentan los resultados para cada variable.

Respecto a las dos variables de control del tiempo, es decir de la duración en el empleo, los coeficientes son significativos, positivo para la primera variable de duración en el empleo (medida en años) y negativo para la segunda (número de años al cuadrado). Estos resultados demuestran una relación no linear del evento estudiado con el tiempo: en un primer momento, la probabilidad de la transición aumenta con la duración en el empleo en otras empresas, pero después de un cierto umbral de permanencia en esa empresa, la probabilidad de transición hacia un micronegocio deja de crecer.

La variable sexo no es significativa, lo que quiere decir que no hay diferencia entre hombres y mujeres en la propensión a vivir la transición una vez que se ha controlado por ocupación. Las mujeres son más numerosas que los hombres en las ocupaciones no manuales y son estas ocupaciones las que reducen la probabilidad de transición hacia micronegocio; en consecuencia, las mujeres se encuentran con poco frecuencia en el grupo con transición, como se vio en el cuadro 5. Las ocupaciones no manuales es lo que limita el acceso de las mujeres a la transición hacia el micronegocio, porque controlando esta diferencia en el tipo de ocupación, las mujeres tienen la misma probabilidad que los hombres a experimentar esta transición.

La variable generación es significativa: la generación intermedia muestra una mayor probabilidad de pasar hacia micronegocio que quedarse en otra empresa comparada con la generación avanzada. Y la cohorte joven tiene mayor probabilidad aún. Este efecto es importante pues asociamos cada generación con una etapa de la historia económica de México. A lo largo de los años se ve la mayor importancia de los empleos en micronegocios: en los 30 años que separan la cohorte avanzada de la joven, la probabilidad de pasar de una gran empresa a un micronegocio ha ido en aumento. En la fase de agotamiento del modelo económico basado en ISI, la probabilidad de transición hacia micronegocio era mayor que durante el desarrollo de ese modelo (coeficiente significativo a 0.09), y en época de apertura económica, la probabilidad de pasar a micronegocio es mayor aún (coeficiente superior y significativo a 0.01).

Respecto a las variables de empleo, tener una ocupación no manual está asociado negativamente con la transición hacia el micronegocio comparado con tener una ocupación manual. En la jerarquía social, la ocupación no manual está sobre la manual, así, al estar asociado con la ocupación manual, es más probable que ocurra la transición hacia micronegocio dentro de las ocupaciones de menor jerarquía.[22] En cambio, la asociación de esta transición

[22] De la misma manera, en los modelos exploratorios en que reemplazamos la variable ocupación por la variable educación, encon-

con el sector secundario no es significativa una vez controlada por las demás características.[23] Así, los resultados indican que no hay claridad en la relación entre sectores de actividad y transición a micronegocios, de modo que no se sabe si la transición corresponde a la búsqueda de un refugio de mano de obra en el terciario o a la subcontratación en la industria.

En las variables de trayectoria laboral encontramos los coeficientes más altos de la regresión. De manera muy clara, la transición hacia micronegocios está asociada con los diferentes cambios de condición laboral: el cambio de ocupación, el cambio de sector y el cambio de posición. El cambio de sector es significativo más que el sector mismo, es decir la transición está asociada a un cambio de sector hacia cualquier dirección. La transición hacia micronegocio está asociada a diversos cambios en la situación laboral, no solamente en la posición. Además esos cambios no están dirigidos ni hacia un determinado sector ni hacia una ocupación específica, van en cualquier dirección. Las implicaciones de estos resultados son particularmente interesantes. No se trata de un trabajador que decide aprovechar los conocimientos adquiridos en un trabajo anterior para crear o participar en un micronegocio, como lo presenta la noción del pequeño empresario, sino de una búsqueda errática de alternativa ocupacional o de ingreso, probablemente en un momento de gran inestabilidad de la trayectoria laboral, alejada de una carrera ascendente.

La última dimensión del modelo presenta resultados sorprendentes e interesantes. Los cambios en la historia de vida,

tramos que a mayor educación hay menor probabilidad de pasar a un micronegocio.

[23] Se probó la variable "sector de actividad" en diferentes modelos exploratorios, incluyendo o excluyendo la variable "cambio de sector", y nunca fue significativo.

como la migración o la situación familiar, están asociados negativamente con la transición hacia un micronegocio durante la trayectoria. La migración y el cambio conyugal reducen la probabilidad de la transición hacia micronegocio.

La transición de "otras empresa" hacia micronegocio no ocurre asociada a una migración, al contrario, la migración desalienta esa transición. Esta transición hacia micronegocio no corresponde entonces a la instalación en un nuevo lugar, no se trata de la solución para el migrante de encontrar un empleo en su nuevo lugar de residencia.

Desde el punto de vista de la vida familiar, este resultado nos indica un contraste entre la gran movilidad laboral asociada con la transición hacia micronegocio y la estabilidad familiar. Pareciera que los trabajadores buscaran un cambio en su trayectoria laboral cuando tienen estabilidad en su vida familiar, compensando la gran movilidad laboral con la estabilidad familiar.

CONCLUSIÓN

El empleo en micronegocios es un fenómeno recurrente en América Latina que ha dado lugar a numerosas propuestas teóricas. Su persistencia a lo largo del desarrollo económico ha sido analizada desde diversas perspectivas, sea como consecuencia de las limitaciones al proceso de asalarización, como expresión de la existencia de relaciones de producción marginales al proceso de acumulación, o como parte del sector informal en una economía dual. Más recientemente, este fenómeno ha sido analizado en el marco del nuevo modelo de apertura de la economía como un elemento de la estructura social de acumulación actual o como un elemento de las tendencias de exclusión del sistema.

No se trata de un elemento nuevo, sino de una persistencia del pasado en un nuevo modelo que exacerba las tendencias seculares sobre la calidad del empleo en América Latina.

Es un fenómeno conocido aunque siempre dio lugar a polémica acerca de su papel: ser parte del sistema o estar alejado del mismo. Este debate sobre el papel de lo que se denomina excedentes de población en el sistema, o ejército de reserva o, al contrario, masa marginal, es retomado hoy con el concepto de exclusión. Varios autores proponen que en un modelo excluyente, muchos trabajadores no son útiles para el sistema.

En la discusión, algunos autores consideran que el trabajo en este sector que algunos llaman informal constituye un refugio laboral, y que con el modelo de apertura económica esta situación se ha acentuado. Para explorar empíricamente la condición de refugio y probar su intensificación reciente, se realizó una investigación que estudia con el método de historias de vida la movilidad hacia micronegocio dentro de la trayectoria laboral de tres generaciones de mexicanos.

En este estudio se observan las trayectorias laborales específicamente en el modo en que ocurre la transición desde un empleo en "otras empresas" hacia uno en micronegocios, y cuáles son sus características asociadas. Con datos de la EDER se analiza las trayectorias laborales, hasta la edad de 30 años, de tres generaciones de mexicanos nacidos en los años 1936-1938, 1951-1953 y 1966-1968. El estudio de los grupos al mismo rango de edad (hasta los 30 años) permite comparar tres periodos del desarrollo económico mexicano: consolidación del modelo centrado en mercado interno (ISI), agotamiento de este modelo, y finalmente apertura económica.

Respecto a la intensificación de la movilidad laboral hacia micronegocios, los resultados nos dicen que esta movilidad es un proceso creciente entre generaciones, en correspondencia con el peso ascendente de los micronegocios en la estructura del empleo en el nuevo modelo de apertura económica.

El efecto del periodo económico, medido con el auxilio de la variable generación, es significativo y positivo, lo cual significa que la movilidad desde "otras empresas" hacia micronegocio es un proceso creciente en el tiempo. Vinculado con los periodos de desarrollo económico de México, se puede concluir que la transición hacia micronegocio era casi inexistente durante los años del desarrollo del modelo económico ISI, empezó a crecer durante la fase de agotamiento de este modelo, y en la presente época de apertura económica, la probabilidad de pasar a micronegocio es mayor aún. Los procesos de acentuación de la movilidad desde "otras empresas" a micronegocio y de debilitamiento de la movilidad desde micronegocio hacia "otras empresas" están asociados al cambio de modelo económico.

Respecto a las características asociadas a la transición desde "otras empresas" a micronegocio, el método de seguimiento de cohorte hasta la transición dio resultados inéditos.

En primer lugar, para la mayoría esta transición no significa un paso hacia la independencia o instalación por cuenta propia, sino una situación precaria de trabajador subordinado en una microunidad: dos terceras partes de los trabajadores que experimentan la transición hacia un micronegocio están como asalariados o pagados a destajo en el micronegocio.

Segundo, esta transición no constituye una consolidación de la experiencia laboral pues está asociada a cambios tanto de sector como de ocupación. Los cambios de sector son hacia cualquiera sin que ninguno predomine significativamente. De la misma manera, entre ocupaciones, la transición está asociada tanto a una movilidad ascendente como a una descendente. En consecuencia, esta transición no está relacionada con la imagen del pequeño empresario que aprovecha las competencias y capacidades adquiridas en un trabajo anterior en una gran empresa para crear o participar en un micronegocio, imagen frecuentemente difundida.

Tercero, esos cambios de sector y ocupación hacia cualquier dirección muestran una búsqueda errática de alternativa ocupacional o de ingreso, probablemente en un momento de gran inestabilidad de la trayectoria laboral, alejada de una carrera ascendente o de consolidación.

Esos cambios en todos sentidos dan la imagen de una búsqueda errática de oportunidades de empleo e ingresos. Esta inestabilidad de la trayectoria coincide con la opinión de Lautier (1998), quien interpreta la movilidad de los trabajadores de los países del sur en un contexto de gran heterogeneidad del empleo. Este autor subraya que la movilidad es, al mismo tiempo, importante y limitada en su amplitud confinándose a situaciones precarias en sectores diversos.

En cuanto a la visión de los micronegocios como refugio laboral, la heterogeneidad de los cambios entre sectores indica que esta visión debe ser acotada. Los cambios no están relacionados con un sector particular. El sector de actividad desde donde ocurre la transición hacia el micronegocio no fue significativo al controlarse por cambio de ocupación. En consecuencia, el micronegocio no es más común en el sector terciario, donde podría ser refugio de mano de obra, y tampoco en el secundario, donde podría funcionar en la subcontratación de empresas capitalistas de mayor tamaño.

Respecto a las diferencias entre hombres y mujeres en la frecuencia de la transición hacia micronegocio, los resultados indican que el menor número de mujeres que viven la transición, comparado con el de hombres, no se debe a una menor probabilidad de las mujeres de experimentar esta transición sino a un efecto de estructura del empleo femenino. Estando sobrerrepresentadas en las ocupaciones no manuales, las mujeres tienen menos oportunidades de trabajar en un micronegocio que está más asociado a ocupaciones manuales.

Las condiciones laborales de los trabajadores que experimentan esta transición, cuyas dos terceras partes son de la generación joven (los nacidos entre 1966 y 1968), se inscriben en una estructura de empleo heterogénea e inestable, probablemente más que en el pasado. El reto de los estudios actuales es interpretar el papel de estas condiciones laborales en la estructura de empleo de manera teórica. Para Nun, la situación de los mercados laborales actuales dificulta el análisis de la incidencia de los excedentes de población sobre la acumulación capitalista: "la estructura ocupacional se ha vuelto muchísimo más heterogénea e inestable de lo que imaginaron aquellos análisis [los de los años sesenta], dividiendo los mercados de trabajo y agregando una enorme complejidad a la incidencia de los excedentes de población sobre los movimientos de la acumulación capitalista" (Nun, 2001).

Como lo han hecho otros autores, en esta investigación se usa la tesis del cambio de modelo de acumulación. Sin embargo, estas transformaciones del empleo tienen raíces añejas y cabe la posibilidad de una tesis diferente. Siguiendo a otros autores (Lautier o Wallerstein), los cambios actuales en el empleo son un regreso a las prácticas clásicas del capitalismo, siendo el fordismo con estado de bienestar en los países centrales sólo un paréntesis en la historia del capitalismo mundial. En América latina, con una visión similar, el modelo ISI sería un paréntesis de progreso, pero que nunca logró establecer una sociedad asalariada tipo europea, y aunque fue un modelo integrador siempre mantuvo grandes desigualdades de ingreso y excluyó a las mujeres del mercado laboral. En este mismo sentido, cabe la visión de que las reformas estructurales auspiciadas por el consenso de Washington, al aumentar la heterogeneidad del mercado laboral han exacerbado las tendencias seculares sobre la calidad del empleo (Stallings y Peres, 2000).

BIBLIOGRAFÍA

ALLISON, Paul D. (1995), *Survival analysis using the sas system: a practical guide*, Cary, NC, SAS Institute.

——— (1982), "Discrete-time methods for the analysis of event histories", *Sociological Methodology*, 13: 61-98.

AZOULAY, Gérard (2002), *Les théories du développement. Du rattrapage des retards à l'explosion des inégalités*, Rennes, Presses Universitaires de Rennes.

BALÁN, Jorge, Harley L. BROWNING y Elizabeth JELIN (1973), *Men in a developing society geographic and social mobility in Monterrey, México*, Austin, Institute of Latin American Studies-University of Texas Press. Versión en español: Jorge BALÁN *et al.* (1977), *El hombre en una sociedad en desarrollo: movilidad geográfica y social en Monterrey*, México, FCE.

CASTELLS, Manuel y Alejandro PORTES (1991), "El mundo debajo: orígenes, dinámica y efectos de la economía informal", en Víctor TOKMAN (comp.), *El sector informal en América Latina. Dos décadas de análisis*, México, Conaculta, pp. 233-272.

Centro de Estudios Sociológicos de El Colegio de México (2000), "Teoría sociológica del mercado de trabajo", en DE LA GARZA (coord.), *Tratado latinoamericano de sociología del trabajo*, México, El Colegio de México / FLACSO / UAM, Fondo de Cultura Económica, pp. 511-539.

CEPAL (1996), *América Latina y el Caribe. Quince años después. De la década perdida a la transformación económica 1980-1995*, Chile, CEPAL-FCE.

CONTRERAS, Óscar (2000), *Empresas globales, actores locales: producción flexible y aprendizaje industrial en las maquiladoras*, El Colegio de México.

CORTÉS, Fernando (1990), "De marginal a informal: el desarrollo de la discusión en América Latina", en Fernando CORTÉS y Óscar CUÉLLAR (1990), *Crisis y reproducción social. Los co-*

merciantes del sector informal, México, FLACSO, Porrúa, pp. 127-164.

——— (2005), Consideraciones sobre la marginación, la marginalidad, marginalidad económica y exclusión social, El Colegio de México, mimeo.

COUBÈS, Marie-Laure (2005), "Movilidad en la trayectoria laboral: transición entre sector formal /informal del empleo", en COUBÈS, Marie-Laure, María Eugenia ZAVALA DE COSÍO y René ZENTENO (coord.) (2005), *Cambio demográfico y social en el México del siglo XX. Una perspectiva de historias de vida*, México, El Colegio de la Frontera Norte.

——— (2001), "Trayectorias laborales en Tijuana: ¿segmentación o continuidad entre sectores de empleos?", en *Trabajo*, 2a época, año 2, núm. 4, enero-julio de 2001, pp. 189-220.

COUBÈS, Marie-Laure, María Eugenia ZAVALA DE COSÍO y René ZENTENO (coords.) (2005), *Cambio demográfico y social en el México del siglo XX. Una perspectiva de historias de vida*, El Colegio de la Frontera Norte, ITESM, Porrúa.

CUÉLLAR, Óscar (1990), "Balance, reproducción y oferta de fuerza de trabajo familiar. Notas sobre estrategias de vida", en Fernando Cortés y Óscar Cuéllar (1990), *Crisis y reproducción social. Los comerciantes del sector informal*, México, FLACSO, Porrúa, pp. 19-53.

ESCOBAR, Agustín (1986), *Con el sudor de tu frente. Mercado de trabajo y clase obrera en Guadalajara*, Guadalajara, El Colegio de Jalisco.

GARCÍA, Brígida (1988), *Desarrollo económico y absorción de fuerza de trabajo en México 1950-1980*, México, El Colegio de México.

LAUTIER, Bruno (1998), "Pour une sociologie de l'hétérogénéité du travail", *Revue Tiers Monde*, t. XXXIX, núm. 154, abril-junio 1998, pp. 251-279. Versión en portugués: (1999) "Por uma sociologia da heterogeneidade do trabalho", *Revista Latinoamericana de Estudios del Trabajo*, año 5, núm. 9, pp. 7-32.

——— (1994), *L'économie informelle dans le tiers monde*, París, La Découverte.

MUÑOZ, Humberto; Orlandina DE OLIVEIRA y Claudio STERN (comps.) (1977), *Migración y desigualdad social en la Ciudad de México*, México, El Colegio de México / UNAM, Instituto de Investigaciones Sociales.

NUN, José (2001), *Marginalidad y exclusión social*, Buenos Aires, Fondo de Cultura Económica.

PACHECO, María Edith (2004), *Ciudad de México, heterogénea y desigual. Un estudio sobre el mercado laboral*, México, El Colegio de México.

PÉREZ SÁINZ, J. P. (2002), "Exclusión laboral en América Latina: viejas y nuevas tendencias", en *Sociología del Trabajo*, nueva época, núm. 47, invierno 2002-2003, pp. 107-138.

PORTES, Alejandro (1998), "El neoliberalismo y la sociología del desarrollo: tendencias emergentes y efectos inesperados", en *Perfiles Latinoamericanos*, año 7, núm. 13, diciembre 1998, pp. 9-53. Versión en inglés en *Population and Development Review*, vol. 23, núm. 2, junio 1997, pp. 229-259.

PORTES, Alejandro; Manuel CASTELLS y L. A. BENTON (1989), *The informal economy: studies in advanced and less developed countries*, EEUU, Johns Hopkins University Press.

PRIES, Ludger (1992), "Del mercado de trabajo y del sector informal. Hacia una sociología del empleo: trabajo asalariado y por cuenta propia en la ciudad de Puebla", en *Ajuste estructural, mercados laborales y TLC*, México, El Colegio de México / Fundación Friedrich Ebert / El Colegio de la Frontera Norte, pp. 129-155.

RENDÓN, Teresa y Carlos SALAS (1993), "El empleo en México en los ochenta: Tendencias y cambios", *Comercio Exterior*, vol. 43, núm. 8, México, agosto, pp. 717-730.

ROUBAUD, François. (1995), *La economía informal en México. De la esfera doméstica a la dinámica macroeconómica*, México, Fondo de Cultura Económica / INEGI, ORSTOM.

SALAS, Carlos (2003), "Trayectorias laborales en México. Empleo, desempleo y microunidades", tesis de doctorado en economía, UNAM, Facultad de Economía.

SHAIKEN, Harley (2003), "México, los estándares laborales y la economía global", *La situación del trabajo en México, 2003*, Enrique DE LA GARZA y Carlos SALAS (coords.), México, Plaza y Valdés.

STALLINGS, Barbara y Wilson PERES (2000), *Crecimiento, empleo y equidad. El impacto de las reformas económicas en América Latina y el Caribe*, Santiago, Fondo de Cultura Económica / Comisión Económica para América Latina y el Caribe (CEPAL).

STOLZENBERG Ross y Daniel RELLES (1997), "Tools for intuition about sample selection bias and its correction", *American Sociological Review*, 1997, vol. 62, junio, pp. 494-507.

TOKMAN, V. (comp.) (1991), *El sector informal en América Latina. Dos décadas de análisis*, México, Conaculta.

ZENTENO, René (2002), "Tendencias y perspectivas en los mercados de trabajo local en México: ¿más de lo mismo?", en Brígida GARCÍA (coord.), *Población y sociedad al inicio del siglo XXI*, México, El Colegio de México, pp. 283-318.

LA MOVILIDAD OCUPACIONAL EN LA CIUDAD DE VERACRUZ

Hipólito Rodríguez

INTRODUCCIÓN

En este texto examinaré la manera en que la población trabajadora de la ciudad de Veracruz experimentó procesos de movilidad ocupacional durante el periodo en que la estructura productiva urbana sufrió sus cambios más importantes: 1950-1994. Para ello, sustentaré mi análisis en una encuesta diseñada especialmente para ese propósito.[1]

En otra parte he analizado los factores y procesos estructurales que se encuentran en la base de los procesos de movilidad ocupacional en Veracruz: por un lado, el proceso de urbanización y, por otro, los cambios en la estructura ocupacional que el proceso de industrialización y reconversión industrial produjo en las ciudades veracruzanas en el

[1] La encuesta fue aplicada en la ciudad de Veracruz por el INEGI en el curso del tercer trimestre de 1994, en el marco de su encuesta continua sobre empleo (ENEU). Fue realizada bajo los auspicios del Proyecto sobre Reestructuración de la Sociedad Urbana en México. Este proyecto incluyó el estudio de seis ciudades (las zonas metropolitanas de la ciudad de México, Monterrey, Guadalajara, Mérida, Orizaba-Córdoba y Veracruz) y contó con el apoyo de la Fundación Ford, el gobierno del estado de Veracruz, Conacyt y el CIESAS. El coordinador del proyecto es el doctor Agustín Escobar.

curso del periodo.[2] En este texto me dedicaré a examinar la forma social de los procesos de movilidad en relación con las posiciones y categorías ocupacionales que se configuraron en la estructura productiva a lo largo de esos años.

Mi análisis abordará el proceso de movilidad ocupacional indagando cómo se manifiestan los cambios en la estructura ocupacional en diferencias ocupacionales entre cohortes de población que iniciaron su vida activa en distintos momentos a través del tiempo. Como veremos, las diferencias entre las cohortes mayores y las más jóvenes a la misma edad deben atribuirse, al menos en parte, a cambios en el contexto histórico.[3] Dada la magnitud de los cambios que suscita el desarrollo económico entre 1950 y 1994, cabe afirmar que las trayectorias ocupacionales de los individuos incluidos en nuestro estudio abarcan un periodo trascendental de la historia de México.

La ciudad que estudiamos, Veracruz, se ubica en una entidad que ha vivido en el curso de las últimas décadas un proceso de cambio social extremadamente importante. De haber sido un estado con múltiples oportunidades de ocupación e inserción social, en los últimos años se ha configu-

[2] "Movilidad social en dos ciudades del Golfo", tesis de doctorado, CIESAS-Universidad de Guadalajara, 1996. Véase asimismo Hipólito Rodríguez, "La economía veracruzana en la más reciente época del libre cambio", *Ulúa*, 1, Universidad Veracruzana, 2003.

[3] J. Balán, H. Browning y E. Jelin han esclarecido la importancia de este fenómeno en su libro *El hombre en una sociedad en desarrollo* (1977). H. Muñoz, O. de Oliveira y C. Stern también han contribuido a iluminar este proceso en su obra *Migración y desigualdad social en la ciudad de México*: "La ocupación de entrada al mercado de trabajo, la época de incorporación a la actividad y las características sociodemográficas de cada cohorte son aspectos fundamentales para comprender los procesos de movilidad ocupacional intrageneracional de la población económicamente activa" (1977: 91).

rado como un espacio que ofrece cada vez más restricciones para encontrar un empleo productivo y por consiguiente para absorber a su creciente población trabajadora.

El proceso de cambio se manifiesta de muchas maneras, pero una de ellas, quizá la más visible, consiste en la formación de un nuevo flujo migratorio hacia la frontera norte, flujo que arrastra en su despliegue a muchos jóvenes que, al carecer de un nuevo espacio laboral para integrarse a la vida económica de la región, buscan alternativas fuera de la entidad.[4]

A lo largo de su historia, Veracruz se ha caracterizado por tener una estructura productiva en la cual los procesos de migración o movilidad geográfica de la población trabajadora han jugado un papel importante. Cabe recordar que en la entidad la industria petrolera dio pie a la formación de diversos emporios productivos que atrajeron a grandes masas de trabajadores jóvenes provenientes de diferentes regiones del país.[5] Así, si en los años treinta una ciudad como Poza Rica surgió prácticamente de la nada, atrayendo hacia sí a miles de individuos, en los años sesenta una ciudad como Coatzacoalcos devino en uno de los principales centros de ocupación para gran parte de la población trabajadora de todo el sureste mexicano. Del mismo modo, es preciso recordar que la actividad asociada a la industria

[4] De acuerdo con Francisco Alba ("Consolidación de los patrones emergentes", *Demos, Carta Demográfica sobre México*, 13, 2000, p. 11), "entre los estados con mayores aportes absolutos de emigrantes están el Estado de México, Distrito Federal, Veracruz, Guerrero, Puebla, Oaxaca y Morelos. Y que si la distribución porcentual sólo se refiriera a los flujos hacia y desde Estados Unidos, Veracruz y Guerrero superarían al Distrito Federal".

[5] "El petróleo, nacido en un desierto verde apenas tocado por la historia del Caribe, creó, de todos los mundos mexicanos, el que cambió más rápido a lo largo del siglo XX, con excepción de la frontera norte" (Bataillon, 1997: 154).

azucarera (Veracruz alberga 22 de los 66 ingenios que existen en el país) ha provocado, durante muchos años, el desplazamiento estacional de miles de trabajadores hacia sus principales áreas de abastecimiento.

Desde que el país inició, a principios de los años ochenta, un proceso de freno del intervencionismo estatal, y aún más desde que instauró, a mediados de la misma década, la transición hacia una economía más abierta al comercio exterior, la economía veracruzana ha experimentado un severo ajuste de su estructura productiva. Habiéndose beneficiado durante las décadas precedentes de múltiples proyectos auspiciados por el gobierno federal, Veracruz registró en los años noventa el desmantelamiento (privatización o desincorporación) de diversas empresas paraestatales, como es el caso de Inmecafe, Tabamex, Conafrut, Astilleros de Veracruz, Azufrera Panamericana, lo cual se tradujo en una situación laboral sumamente negativa, pues de acuerdo con algunos autores, la pérdida de empleos llegó a ascender a varios miles de personas. En la zona centro, los acuerdos de libre comercio suscitaron una drástica reestructuración y el ajuste laboral en algunas de las ramas más significativas de la industria manufacturera, como son la industria textil y la metalmecánica.[6]

[6] Según investigadores de la Universidad Veracruzana, "el ajuste económico forzado por la política neoliberal ha causado una penosa debacle en todas las ramas industriales veracruzanas. En la industria metalmecánica del puerto de Veracruz se han perdido más de 10 mil empleos directos a consecuencia del cierre forzado de varias grandes empresas; a este número hay que sumar los despidos que se han producido en la zona portuaria y que fueron alrededor de dos mil. En la zona sur, especialmente en Coatzacoalcos y ciudades circunvecinas, se calcula que en los dos últimos años se han perdido 50 mil empleos directos en las industrias petroquímica y petrolera" (Alberto Olvera y Martín Aguilar, "Las elecciones de 1994: Veracruz: cambios, continuidades y nuevas tendencias", Xalapa, IIH-S-Universidad Veracruzana, p. 4).

Como veremos, los procesos de reestructuración del sector industrial han provocado una nueva composición de la población sectorial de la población trabajadora. Si antes desplazarse hacia las áreas urbanas ofrecía opciones de integración en el mundo fabril, a partir de los años noventa se ha hecho cada vez más difícil insertarse en el espacio industrial, y es más frecuente incorporarse en actividades improductivas dentro del sector terciario. La saturación del mercado laboral urbano y la caída de los precios de los principales productos agropecuarios de la región constituye el escenario económico que explica el surgimiento de importantes flujos de migración hacia la frontera norte y Estados Unidos. Para las nuevas generaciones, esto delimita de modo estructural el ámbito de sus oportunidades.

EL CONTEXTO REGIONAL: EL CAMBIO EN EL MODELO ECONÓMICO

Durante un largo periodo Veracruz fue una entidad donde las posibilidades de incorporación laboral fueron muy amplias. De ahí que durante varias décadas haya sido un espacio de atracción de miles de inmigrantes. La reforma agraria, la industrialización, la urbanización, la creación de grandes infraestructuras, suscitaron tasas de crecimiento demográfico superiores a la media nacional. De esta forma, en pocos lustros la población se duplicó (cuadro 1).[7]

La dinámica del crecimiento económico y de la estructura ocupacional que suscitó, dio pie a la conformación de una peculiar estratificación social regional. En la actualidad, más de 50% de la población veracruzana todavía habita en localidades rurales y su población urbana se encuentra disper-

[7] Algunos cuadros se encuentran al final del texto.

Cuadro 1. Estado de Veracruz: crecimiento demográfico (1900-2000)

Año	*Población*	*Tasa de crecimiento*
1900	981 030	
1910	1 132 859	1.4
1920	1 159 935	0.2
1930	1 377 293	1.7
1940	1 619 338	1.6
1950	2 040 231	2.3
1960	2 727 899	2.9
1970	3 815 422	3.4
1980	5 387 680	3.5
1990	6 228 239	1.5
2000	6 908 975	1.0

Fuentes: Cambrezy, 1988; INEGI, XI Censo General de Población y Vivienda, 1990; INEGI, XII Censo General de Población y Vivienda, 2000.

sa, distribuida en siete ciudades medias. Esta singular forma de urbanización (tardía y no concentrada), que permite el entreveramiento de los mercados de trabajo rurales con los urbanos, se explica por la naturaleza de los procesos de industrialización y desarrollo agropecuario que prosperaron en el Golfo de México durante el periodo en que prevaleció la estrategia económica de sustitución de importaciones.[8]

[8] En estos años, Veracruz abasteció de materias primas, energía y alimentos al resto del país, y pudo de esta manera retener a parte de su población rural en ocupaciones agrícolas. Tres de las ciudades medias situadas en su territorio crecieron bajo el impulso de la industria petrolera, captando enormes contingentes de población inmigrante proveniente de otras entidades de la república. De las otras cuatro, ubicadas en la región centro, dos se desarrollaron por efecto de las políticas de protec-

Cabe afirmar que sin la intervención del Estado, el patrón de desarrollo urbano industrial de Veracruz resultaría incomprensible. Por ello, cuando esta intervención comience a ser cuestionada en la década de los ochenta, las ciudades y las áreas rurales experimentarán severos ajustes.

Mientras que en los años treinta y cuarenta el trabajo manual asalariado no tenía significación en la estructura laboral y las clases medias eran reducidas, en los años cincuenta, con la industrialización, las tasas de autoempleo disminuyeron y la salarización pudo incrementarse. Poco a poco, al crecer las plantas industriales, se redujo el artesanado y se multiplicó el asalariado fabril. Los servicios y las actividades comerciales que requerían las nuevas empresas dieron pie a que se constituyera una nueva capa media de trabajadores no manuales.

El proceso de modernización contribuyó a abatir las tasas de mortalidad sin que al mismo tiempo se redujeran las de fecundidad. Las altas tasas de crecimiento demográfico que ello originó hicieron que Veracruz se convirtiera en una de las entidades más pobladas del país.

La estratificación social urbana que emergió a finales de los años setenta se caracterizó por la presencia de un significativo estrato medio, compuesto sobre todo por trabajadores no manuales cuyo crecimiento constituía la evidencia de procesos de movilidad ascendente para miles de individuos cuyos padres habían sido trabajadores manuales en el campo y la ciudad.

ción industrial que permitieron, por un lado, la consolidación de los emporios textiles constituidos a finales del siglo XIX (Orizaba) y, por otro, la formación de una zona industrial productora de insumos para la industria petrolera (Veracruz). Las otras dos, Xalapa y Córdoba, prosperaron como centros de gestión, servicios y transformación para las actividades agropecuarias de su región, comercializando sus productos y sirviendo, en el caso de Xalapa, como sede del poder político estatal.

Sin embargo, este patrón de movilidad social, que dominó en estos años y que permitió mejores condiciones de vida, empezó a variar en algún momento de los años ochenta, cuando el empleo industrial registra una contracción (cuadro 2).

Veracruz asiste en estos años —los ochenta y notablemente los noventa— al surgimiento de una nueva estructura ocupacional. En el curso de ellos, las posibilidades de obtener un empleo asalariado en el sector manufacturero para los herederos de las capas medias y los trabajadores manuales parecen haberse reducido, al mismo tiempo que se han multiplicado los empleos en el sector terciario tradicional (comercio y servicios personales). Ante este panorama interesa examinar la orientación de las nuevas formas de movilidad: ¿hay desplazamientos crecientes desde los estratos medios y asalariados hacia el autoempleo informal y las ocupaciones poco productivas y mal remuneradas?, ¿los trabajadores inmigrantes de origen rural y los nativos no calificados topan ahora con más dificultades para salir de los estratos bajos de la pirámide urbana?

En Veracruz, estas preguntas surgen de la observación de la reorganización industrial, que ha implicado una disminución de la población ocupada por unidad económica (cuadro 3). Los cambios en la estructura económica del estado parecen indicar que la principal opción para ingresar al mercado de trabajo urbano consiste en insertarse en el comercio y los servicios (cuadro 4). Entre 1990 y 2000, la población ocupada en el sector primario disminuye 10%, y en esa proporción crece el empleo en el sector terciario, mientras que el sector manufacturero apenas presenta cambios.

En estas circunstancias es preciso preguntarse si el nuevo patrón de desarrollo económico plantea problemas para que la población trabajadora que abandona las actividades primarias se inserte en la economía urbana. ¿Esta población se vuelve migrante y tiende a ubicarse en actividades

Cuadro 2. Estado de Veracruz: categorías ocupacionales (1950-1992)

Año	*1950*	*1970*			*1979*			*1990*			*1992*	
Categoría ocupacional	*T*	*T*	*H*	*M*	*T*	*H*	*M*	*T*	*H*	*M*	*H*	*M*
Asalariados	42.8	59.4	59.6	58.1	47.8	47	51.6	62.6	60.1	73.9	57.9	63.4
Por cuenta propia	56.4	35.5	35.5	35.3	45.4	45.4	45.6	31.5	34.1	19.1	39.8	35.6
Patrones	0.8	5.1	4.9	6.6	6.8	7.6	2.8	2.1	2.2	2	2.3	1

Fuentes: para 1950, 1970 y 1979, García, 1988; para 1990, INEGI, XI Censo General de Población y Vivienda, 1990; para 1992, Enadid-Veracruz, 1996.

Cuadro 3. Evolución de las manufacturas en Veracruz: población ocupada por unidad económica según rama (1955-1993)

Rama		*1955*	*1960*	*1965*	*1970*	*1975*	*1980*	*1985*	*1988*	*1993*
Bienes de consumo final	Alimentos	16.3	8.8	10.5	8.5	9.3	11.6	12.7	10.7	7.5
	Textiles	29.8	18.2	9.0	9.2	9,0	6.9	8.6	7.0	3.8
	Madera	7.2	5.1	5.0	6.3	2.7	2.1	2.7	2.7	2.1
	Papel					12.7	18.2	6.9	14.1	11.7
Bienes de consumo intermedio	Química y petroquímica	154.9	94.5	140.2	209.8	192.5	302.1	55.0	343.1	150.1
	Minerales no metálicos	190.9	12.1	14.7	11.6	12,3	5.9	7.8	6.1	6.0
	Metálicas básicas	296.0	106.9	139.5	126.3	348.0	1135.2	231.8	118.6	311.1
	Otras	2.3	0.9	0.7	0.4	0,1	0.1	2.3	3.6	1.8
Bienes de capital	Maquinaria y equipo	19.4	13.5	35.7	81.5	205,6	397.8	8.6	6.8	4.2
	Total	24.8	10.2	11.5	10.9	11,6	12.0	11.2	12.4	7.4

Fuente: Elaboración propia a partir de Salinas García, 1981; Amezcua, 1981; INEGI, Censos industriales, 1985, 1988 y 1993.

manuales, mientras que los empleos no manuales y que demandan niveles más desarrollados de escolaridad están reservados a los nativos de las ciudades?

Si bien la disminución de la población rural continúa (cuadro 5), ésta ocurre ahora a un ritmo menor y en un contexto poco propicio para que los inmigrantes sean absorbidos por los mercados de trabajo urbanos de la región. Si en estos años la capacidad de las economías urbanas para asimilar el flujo de inmigrantes ha entrado en una etapa recesiva, cabe preguntar cómo se les asimila, ¿en calidad de asalariados o como trabajadores por cuenta propia?, ¿en actividades calificadas o en sectores que no exigen preparación? De hecho, una parte de la respuesta se encuentra en la formación de un nueva corriente de emigración hacia la frontera norte y Estados Unidos, que antes no figuraba como una opción entre los trabajadores veracruzanos y cuya importancia comienza a ponerse de relieve a mediados de los años noventa.[9]

En su conjunto, estos procesos tienden a configurar una estructura ocupacional polarizada. A diferencia del periodo anterior, el cual propició amplios procesos de movilidad social que hicieron posible la integración de las nuevas cohortes de fuerza de trabajo en empleos estables y asala-

[9] *Cfr.* Mario Pérez Monterosas, "Buscando el norte: la 'nueva' migración de veracruzanos a Estados Unidos", *El Cotidiano*, 108, 2000. "Desde mediados de los años ochenta la migración internacional en el estado ha presentado un crecimiento considerable, producida, en parte, por la deplorable situación económica, la falta de oportunidades laborales, la crisis en el campo y en productos como el café y la caña; y por otro por el desarrollo de redes sociales y el establecimiento de veracruzanos en Estados Unidos. Esto ha traído consigo la ausencia de la población económicamente activa, incluyendo jóvenes y hombres en edad adulta, la fragmentación de las familias rurales, la feminización de las actividades agrícolas, la reconversión y redefinición de identidades de los campesinos veracruzanos que hoy son obreros del primer mundo..."

Cuadro 4. Distribución sectorial de la población económicamente activa. Estado de Veracruz (1930-2000) (porcentajes)

Año / Sector	*I*	*II*	*III*
1930	75.5	12.9	11.6
1940	72	11.01	17
1950	66.8	13.8	19.4
1960	60.8	16.5	22.7
1970	54.9	19.9	25.3
1990	39.4	21.2	36.8
1995	37	15.7	46.8
2000	31.7	19.5	46.8

Fuentes: para 1930, Olvera, s. f.; para el periodo 1940-1970, Ramos Boyoli, 1974; para 1990-1995, INEGI, Perspectiva Estadística de Veracruz, 1997; para 2000, estimaciones con base en INEGI, XII Censo General de Población y Vivienda, 2001.

riados, el nuevo patrón de desarrollo económico que emerge en los años noventa no parece auspiciar la homogeneización de los mercados de trabajo. Como nunca antes, el subempleo y la pobreza emergen como problemas que afectan a proporciones crecientes de la fuerza de trabajo. En los últimos años, Veracruz ha dejado de ser un espacio atractivo para los inmigrantes y sus tasas de crecimiento demográfico han disminuido.

¿UNA NUEVA ESTRATIFICACIÓN?

A grandes rasgos, concebimos la estratificación social a partir de la consideración de atributos como la posición social en el proceso de producción y los ingresos económicos que de ello derivan. En este sentido, reconocemos, con base en la naturaleza de los procesos de trabajo, cuatro grandes conjuntos laborales: trabajadores no manuales calificados, trabajadores no manuales poco calificados, trabajadores manuales calificados y trabajadores manuales poco calificados. Entre ellos figuran diferencias que deben atribuirse a la naturaleza de sus relaciones laborales: asalariados, patrones y trabajadores por cuenta propia (independientes o autoempleados). Asimismo, se ha considerado pertinente considerar las diferencias que derivan del sector productivo y de la relación campo-ciudad, de modo que para apreciar mejor las pautas de movilidad se ha tomado en cuenta la especificidad de los trabajadores manuales asociados a actividades agropecuarias. De esta forma, los estratos sociales que figuran en nuestro análisis constituyen las capas sociales que caracterizan a la sociedad contemporánea: estrato alto (patrones, profesionistas independientes, profesionistas dependientes o asalariados), estrato medio (técnicos, comerciantes y oficinistas, trabajadores asalariados manuales calificados), estrato bajo (trabajadores manuales poco calificados y trabajadores del campo), y estrato de autoempleados (trabajadores por cuenta propia, pequeños patronos y trabajadores del sector informal).

Para explicar el peso que cada uno de estos estratos posee en la actualidad, una primera aproximación resulta de considerar la evolución del trabajo asalariado en la región.[10] Entre 1955 y 1975, durante el periodo llamado de sustitución de importaciones, el país registró un avance en el proceso de industrialización y expansión del trabajo asalariado. En Veracruz, particularmente entre 1950 y 1970, la salarización de la fuerza de trabajo mantuvo una tendencia ascendente; hacia 1990 las estadísticas señalan una am-

[10] *Cfr*. Hipólito Rodríguez, "1988-1998: El cambio estructural en la economía veracruzana", *Notas de INEGI*, 11, México, 2000.

Cuadro 5. Distribución de la población por tamaño de localidad (1960-2000)

Tamaño de localidad	*%*	*Población*
	2000	
De 1 a 2 499	40.9	2 829 007
2 500 a 14 999	17.4	1 199 121
15 000 a 99 999	17.9	1 233 332
100 000 a 499 999	23.8	1 647 515
	100.0	6 901 111
	1990	
De 1 a 2 499	43.8	2 726 513
2 500 a 14 999	17.1	1 063 055
15 000 a 99 999	15.8	982 872
100 000 a 499 999	23.4	1 455 799
	100	6 228 239
	1980	
De 1 a 2 499	49.1	2 644 394
2 500 a 14 999	16.7	897 799
15 000 a 99 999	15.6	840 849
100 000 a 499 999	18.7	1 004 998
	100	5 387 680
	1970	
De 1 a 2 499	55.0	2 017 637
2 500 a 14 999	18.8	690 114
15 000 a 99 999	13.8	506 514
100 000 a 499 999	12.4	456 911
	100	3 671 176
	1960	
De 1 a 2 499	60.2	1 643 483
2 500 a 14 999	18.3	499 138
15 000 a 99 999	12.1	328 883
100 000 a 499 999	9.4	256 395
	100	2 727 899

Fuentes: INEGI, Censo General de Población y Vivienda, 1960, 1970, 1980 y 1990, e INEGI, Conteo de Población, 1995.

pliación del trabajo asalariado hasta abarcar a 62.6% de la población ocupada. Con todo, el trabajo por cuenta propia siguió representando una situación laboral importante (31.5%). Las cifras del año 2000 registran nuevamente un ligero repunte del asalariado, aunque respecto de 1990 las mujeres disminuyen su peso en esa categoría laboral. Este fenómeno se encuentra asociado al incremento del trabajo familiar no remunerado femenino, que aumenta en cinco puntos porcentuales. En el caso del trabajo por cuenta propia, se observa en el conjunto una disminución, pero en el caso de las mujeres esta categoría también registra un significativo aumento de cinco puntos.

La transición de los años ochenta a los noventa representó para Veracruz un periodo de estancamiento económico. De 1985 a 1993, el PIB del sector primario experimenta una tasa de crecimiento negativa (de –6.57%), pasando su contribución al PIB estatal de 14% a 9.2%; esto explica en gran medida la caída del empleo asociado a actividades primarias. Por lo que hace a las actividades secundarias, se observa asimismo un desplome en su contribución al PIB estatal: si en 1980 aportaba 38.3%, en 1993 sólo aporta 28.6%. Así, entre 1980 y 1985, se registra una caída del PIB secundario equivalente a –3.2%. En contraste, de 1980 a 1993, el sector terciario observa un incremento en su participación al PIB estatal (de 49% a 62%). Todo ello forma parte del escenario que ha de considerarse para explicar la dinámica de transformaciones que experimenta la estructura de oportunidades laborales durante el periodo de estudio.

LA MOVILIDAD OCUPACIONAL EN LA CIUDAD DE VERACRUZ

Con frecuencia, movilidad y migración se asocian, e incluso llegan a confundirse. Sin embargo, es preciso distinguirlas, a fin de precisar justamente los cambios de tipo relacional que se ocultan bajo ellas. El fenómeno migratorio mantiene relaciones de importancia con los cambios de la estructura ocupacional y los procesos de movilidad que se dan en las áreas urbanas (Muñoz *et al.*, 1977). Por esta razón, empezaré con la indagación de las relaciones entre movilidad y migración.

Como diversos autores han mostrado (Balán, Muñoz, Escobar), en México la movilidad geográfica en los años cincuenta-setenta era básicamente rural-urbana e implicaba la transferencia de fuerza de trabajo del campo a los centros urbanos. El empleo moderno no siempre ni en todas partes pudo asimilar todo ese flujo y una parte significativa de él se ubicó en sectores donde no se requería fuerza de trabajo calificada: construcción, servicios personales, pequeño comercio, etc. Si la industria absorbió parte de la población inmigrante, generalmente lo hizo en actividades manuales de escasa complejidad. A partir de los años ochenta, diversos investigadores han señalado que el flujo de migrantes que arriba a las ciudades posee otras características: no procede ya de pequeñas localidades rurales sino que tiene como origen localidades urbanas. En consecuencia, los antecedentes laborales de la población inmigrante han variado. Ya no se trata de una transferencia de mano de obra campesina sino de una fuerza de trabajo que posee experiencia en actividades urbanas: servicios, comercio y manufactura. ¿Cómo se manifiesta este fenómeno en nuestra zona de estudio?

En la ciudad de Veracruz, como puede verse en los cuadros 6 y 7, la migración, si bien sigue siendo importante, ha ido disminuyendo su importancia en el curso del tiempo. Los datos parecen indicar que la ciudad ha ido reduciendo el volumen de sus inmigrantes. El descenso en las tasas de crecimiento demográfico de la ciudad confirma este fenómeno.

Cuadro 6. Migración según cohorte

Cohorte	*Nativo*	*Migrante*	*Total*
15-24	70.9%	29.1%	100.0%
25-34	67.6%	32.4%	100.0%
35-44	56.7%	43.3%	100.0%
45-54	52.4%	47.6%	100.0%
55-64	46.3%	53.8%	100.0%
65-74	51.7%	48.3%	100.0%
75 y +	32.0%	68.0%	100.0%
Total	59.9%	40.1%	100.0%

Fuente: Encuesta ENEU-CIESAS, 1994.

Cuadro 7. Lugar de nacimiento según cohorte

Cohorte	*Esta ciudad*	*Grande*	*Pequeña*	*Rural*	*Total*
15-24	71.2%	10.5%	9.0%	9.4%	100.0%
25-34	67.7%	11.8%	9.2%	11.3%	100.0%
35-44	56.7%	15.7%	9.9%	17.7%	100.0%
45-54	52.4%	19.0%	10.0%	18.7%	100.0%
55-64	46.4%	17.2%	15.9%	20.5%	100.0%
65-74	51.7%	20.2%	14.6%	13.5%	100.0%
75 y +	32.4%	25.5%	19.6%	22.5%	100.0%
Total	60.0%	14.8%	10.7%	14.6%	100.0%

Fuente: Encuesta ENEU-CIESAS, 1994.

La composición de los migrantes según el tamaño de la localidad de origen manifiesta oscilaciones interesantes (cuadro 8 y gráfica 1). En general, la mayor parte de los migrantes, en todas las cohortes, tiene un origen urbano, pero a lo largo del periodo se observan cambios en el peso

Cuadro 8. Migración según cohorte y tamaño de la localidad de origen

Cohorte y tamaño de la localidad de origen*	*a) 15 a 24*	*b) 25 a 34*	*c) 35 a 44*	*d) 45 a 54*	*e) 55 a 64*	*f) 65 a 74*	*g) 75 y más*
Nativos	476	443	343	210	111	92	33
Migrantes	193	211	262	191	128	86	69
Ciudad grande	70	77	95	76	41	36	26
Ciudad pequeña	60	60	60	40	38	26	20
Rural	63	74	107	75	49	24	23
Migrantes (%)	28.8	32.3	43.3	47.6	53.6	48.3	67.6
Ciudad grande	36.3	36.5	36.3	39.8	32.0	41.9	37.7
Ciudad pequeña	31.1	28.4	22.9	20.9	29.7	30.2	29.0
Rural	32.6	35.1	40.8	39.3	38.3	27.9	33.3
Total	100.0	100.0	100.0	100.0	100.0	100.0	100.0

* Las cohortes han sido organizadas de acuerdo con la edad que tenían en 1994 las personas entrevistadas. Cada cohorte reúne a las personas nacidas en un mismo periodo, en este caso, cada diez años.
Fuente: Encuesta ENEU-CIESAS, 1994.

que tienen las tres áreas de origen, cambios que pueden arrojar luz sobre las transformaciones en el contexto regional. En las dos cohortes más viejas (*f* y *g*), predominaban los migrantes procedentes de ciudades grandes (más de 100 000 habitantes), pero en las dos siguientes cohortes (*d* y *e*) empiezan a aumentar los que proceden del ámbito rural (localidades de menos de 15 000 habitantes) hasta que en la siguiente cohorte (la *c*, que hacia 1994 tenía entre 35 y 44 años) este tipo de migrantes se convierte en el grupo dominante. Las dos últimas cohortes (*a* y *b*) muestran que el origen de los migrantes vuelve a ser una ciudad grande.

Estos cambios parecen estar asociados con la dinámica económica de la ciudad y la región. Entre 1950 y 1970, la

Gráfica 1.

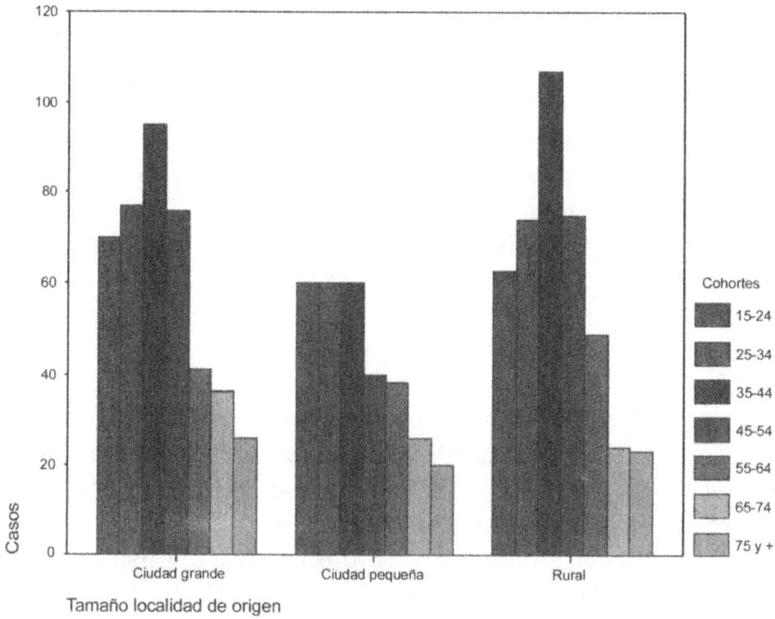

ciudad vivió el arranque de su proceso de industrialización; la tasa de crecimiento demográfico medio anual en ese periodo fue de 4.7%, y la PEA creció a una tasa de 3.3%. Las dos cohortes más viejas, que hacia 1994 tenían más de 65 años, ingresaron al mercado de trabajo en el periodo previo al despegue del proceso industrializador (antes de 1950). Con antecedentes más urbanos que rurales, se incorporaron a una ciudad que no ofrecía muchas oportunidades para el trabajo manual y cuyo mercado de trabajo era poco dinámico. Las dos cohortes siguientes (*d* y *e*), que en 1994 tenían entre 45 y 65 años, ingresaron al mercado de trabajo precisamente en el momento en que la ciudad comenzaba a tener más oportunidades laborales: los años cincuenta y sesenta. De hecho, la cohorte *e* representa el grupo inmigrante más numeroso. En ambas cohortes, es posible apreciar el creciente peso de los migrantes con orígenes rurales: la ciudad cuenta con más opciones de empleo para los trabajadores manuales. En la siguiente cohorte (la *c*), que se incorpora al mercado de trabajo en los años sesenta y setenta, observamos ya una preponderancia de la población rural. Las dos últimas cohortes, las más jóvenes, muestran el predominio de migrantes con antecedentes claramente urbanos: empieza a haber límites para las categorías manuales, y las nuevas opciones de inserción, si bien escasas, se encuentran en las categorías no manuales.

Como es claro, a lo largo de todo el periodo las ciudades pequeñas desempeñan un papel importante como centros proveedores de población migratoria. No debemos olvidar que el estado de Veracruz cuenta con una diversidad de ciudades pequeñas distribuidas a lo largo de todo su territorio. Sin embargo, en el curso del tiempo las localidades cambian de tamaño, de modo que si en las primeras décadas Veracruz no contaba con localidades de más de 100 000 habitantes, es posible afirmar que hasta los años setenta los migrantes que provenían de ciudades grandes tuvieron su origen en ciudades situadas fuera del estado. Esto indica la gran amplitud (prácticamente nacional) de la cuenca de reclutamiento de la ciudad de Veracruz. Pero también señala que la migración de origen urbano procedente del interior de Veracruz sólo puede atribuirse durante esos años a las ciudades pequeñas. Dado que en la entidad estas ciudades también mostraron ser destinos atractivos durante los años sesenta, es explicable que en la cohorte *c*, la migración que procede de esas ciudades posea los niveles más bajos. El hecho de que en las siguientes cohortes estas ciudades comiencen a tener mayor presencia como áreas de reclutamiento de la población migratoria puede ser indicio de que en las últimas décadas el estancamiento de la economía las ha vuelto menos atractivas en términos ocupacionales. En todo caso, el creciente peso de estas áreas urbanas como puntos de origen de la población migratoria parece conferir a Veracruz un nuevo papel en el sistema de ciudades de la entidad. Mientras que las ciudades grandes parecen conservar el mismo peso como proveedoras de migrantes a lo largo del periodo, lo que el campo pierde como área de reclutamiento, las ciudades pequeñas lo ganan. Veamos ahora en qué clase de ocupación se insertan los migrantes y si existen diferencias entre las diferentes cohortes.

MIGRACIÓN Y ESTRUCTURA OCUPACIONAL

Cuando se examinan las categorías ocupacionales que componen a la población ocupada en el área urbana de Veracruz (cuadro 9), se observa que las categorías no manuales, tales como profesionistas (libres y dependientes), técnicos y maestros, empleados de oficina y comercio y funcionarios, representan 40% de la población considerada. Esta estructura ocupacional ofrece más oportunidades de empleo en el sector terciario, y particularmente en los servicios llamados comunales (educación, salud) y en el comercio. Los empleados de comercio y oficina, junto con los autoempleados no profesionales, representan los estratos más numerosos dentro del conjunto. Las categorías vinculadas al trabajo manual representan, en cambio, 18.4% del total, lo que indica el peso relativamente bajo de las actividades manufactureras. Los trabajadores ubicados en los servicios personales, domésticos y de vigilancia, suman 11.9%. Los trabajadores asociados al comercio ambulante poseen una presencia casi marginal, semejante a la que aún conservan los trabajadores vinculados al campo.

La composición global de la población ocupada muestra la manera en que el desarrollo económico ha configurado una estructura ocupacional en la cual los estratos medios (empleados de oficina y comercio, por un lado, y maestros, técnicos y enfermeras, por otro) han contado con amplias posibilidades de crecer (representan 35.9%) pero en la cual el autoempleo también figura como una opción importante (19.5%), hasta ocupar un espacio ligeramente superior al del trabajo manual asalariado (18.4 por ciento).

Al examinar el peso que tiene la población inmigrante en cada categoría, podemos apreciar que su presencia se distribuye en toda la estructura ocupacional. El flujo de migrantes en sí mismo es heterogéneo: aunque tiene una

Cuadro 9. Distribución de la población ocupada en 1994, según condición migratoria y grupo ocupacional

Categoría ocupacional	*Nat.*	*Mig.*	*Total*
Patrón grande	1.9	1.1	1.6
Patrón chico	5.1	5.6	5.3
Profesional libre	0.6	0.7	0.7
Func. Prod. Espec.	1.4	3.6	2.3
Tec, Mtros., Art., Jefes	13.6	13.7	13.6
Emp. Ofic. y Com.	23.7	20.2	22.3
Trab. Man. Cal.	12.4	7.7	10.5
Trab. Man. no Cal.	8.7	6.8	7.9
Ambulantes	0.4	0.7	0.5
Serv. Pers. Instit.	7.6	6.3	7.1
Serv. Domest.	2.1	4.4	3.0
Patrón agropec.	0.1	0.3	0.2
Policías y soldados	2.0	1.5	1.8
Prof. Dep.	3.6	3.6	3.6
Trab. agrop.	0.0	0.4	0.2
Autoempleado no Prof.	16.9	23.5	19.5

Fuente: Encuesta ENEU-CIESAS, 1994.

presencia relativamente alta en ciertas categorías menos calificadas (como el servicio doméstico) y sobre todo en el autoempleo, también cabe observar una buena proporción de inmigrantes en algunas de las categorías más calificadas (funcionarios). Esto último obedece al hecho de que en Veracruz se concentra un significativo número de empresas y organismos gubernamentales cuyas funciones suelen trascender el ámbito regional, de modo que su personal directivo suele provenir de otras regiones, particularmente de la capital del país. De ello se desprende que la incorporación de los inmigrantes a la economía urbana no se ha reducido a las actividades usualmente consideradas más bajas en la jerarquía social, sino que este grupo ha tenido la oportunidad de acceder a ocupaciones no manuales y manuales calificadas.[11] Con todo, es posible pensar que la inserción actual de las poblaciones nativa e inmigrante en la estructura ocupacional sea resultado de desplazamientos realizados en el curso del tiempo o, dicho de otro modo, que su posición actual sea fruto de procesos de movilidad que las han alejado de las posiciones a las que se incorporaron originalmente. ¿El peso que en la actualidad tiene el autoempleo entre los migrantes es un fenómeno reciente? ¿En qué se distinguen los nativos de los migrantes? Para saber esto, es preciso examinar las trayectorias seguidas por ambas poblaciones.

MOVILIDAD DESDE LA POSICIÓN DE ORIGEN HACIA EL PRIMER EMPLEO

Desde una perspectiva global, se observan tres grandes flujos de movilidad. El primero muestra que la población que

[11] Este fenómeno coincide con los resultados de la investigación de Muñoz *et al.* (1977: 93) en relación con la inserción de los migrantes en la estructura ocupacional de la ciudad de México.

proviene de padres ocupados en actividades agrícolas suele iniciarse: *a)* en el mismo sector agrícola; *b)* en el autoempleo o como patrón chico (cuando son hijos de patrones agropecuarios), y *c)* en actividades vinculadas a los servicios y el trabajo manual en los estratos bajos de la estructura ocupacional (cuando son hijos de ejidatarios). El segundo muestra que el estrato medio constituye una esfera de mediación para todos los grupos sociales y que dentro de él cabe percibir ciertas diferencias en el modo en que cada estrato se introduce en él. Los estratos altos pueden iniciar a sus hijos en las categorías de técnico y maestro (12%), empleado de oficina y comercio (6.5%) y asalariado manual calificado (4.2%). Los estratos bajos también, pero con mayor presencia en las categorías de técnico (18%), empleado de oficina y comercio (23%) y manual calificado (20%). Pero el estrato de autoempleados y patrones chicos es el que más hijos introduce en términos relativos a este estrato: 25% para técnicos, 31.5% para oficinas y comercio, y 33% para manuales calificados. El tercero muestra que existe una suerte de barrera en relación con el ingreso al estrato alto: si bien el autorreclutamiento se presenta en todas las categorías, en el caso de este estrato las posibilidades de iniciarse en él, para el resto de la población, son reducidas. Sólo la categoría de autoempleados y el estrato medio (manuales calificados y técnicos y maestros) cuentan con márgenes de ingreso a este estrato, y ello sobre todo bajo la forma de profesionistas dependientes.

Estas tres formas de movilidad indican cómo el origen ocupacional influye en el nivel en el cual la población trabajadora inicia sus carreras, definiendo ciertos límites. Para los hijos de campesinos, por ejemplo, ¿a dónde ir, si la demanda en su sector tiende a disminuir? Lo más probable es que sea hacia un sector que requiera de poca calificación o que muestre cierta afinidad con el trabajo que ya saben desempeñar. Así, los que se incorporan a la ciudad suelen iniciarse en el servicio doméstico, el comercio ambulante, los servicios personales o como aprendices y auxiliares en el trabajo manual. El empleo en la construcción exige una preparación que coincide en parte con la que demanda el trabajo agrícola. El trabajo manual no calificado reúne en este sentido a una diversidad de ocupaciones en las cuales no siempre se requiere preparación. Las posibilidades de iniciarse en el estrato medio, donde prevalecen las ocupaciones no manuales, son sumamente bajas (menos del 5%): estas formas de iniciación exigen capacidades alejadas del campo cultural de los campesinos. Los nacidos en la ciudad tienen por ello más posibilidades, aun si provienen de padres dedicados a ocupaciones manuales, de tener acceso a empleos no manuales. Así, observamos que más de 20% de los hijos de asalariados manuales tienen oportunidad de empezar su vida laboral como técnico, maestro, empleado de oficina o de comercio. Participar de este mundo laboral abre a su vez nuevas posibilidades. Para los hijos de personas situadas en estas categorías, el acceso al trabajo no manual calificado resulta menos difícil: los hijos de trabajadores no manuales (maestros y técnicos, sobre todo) pueden iniciarse como profesionistas, aunque lo más común es que se inicien en la misma categoría en que se encuentran sus padres. La oportunidad que les brindó la estructura ocupacional urbana de ascender desde el trabajo manual hacia el no manual suele ser transmitida a la siguiente generación: una baja proporción (de 8 a 12%) de los hijos de personas insertas en las categorías no manuales ingresa al mercado laboral en ocupaciones manuales. Son más bien los autoempleados y los mismos trabajadores manuales los que incorporan a sus hijos al trabajo manual. De esta manera, la reproducción (o autorreclutamiento) en los estratos aparece como una tendencia que arraiga a los hijos en la misma posición laboral de los padres. Ahora será preciso preguntarse si este fenómeno tiene consecuencias en la vida labo-

Gráfica 2. Movilidad de antecedente a primer empleo: todas las cohortes

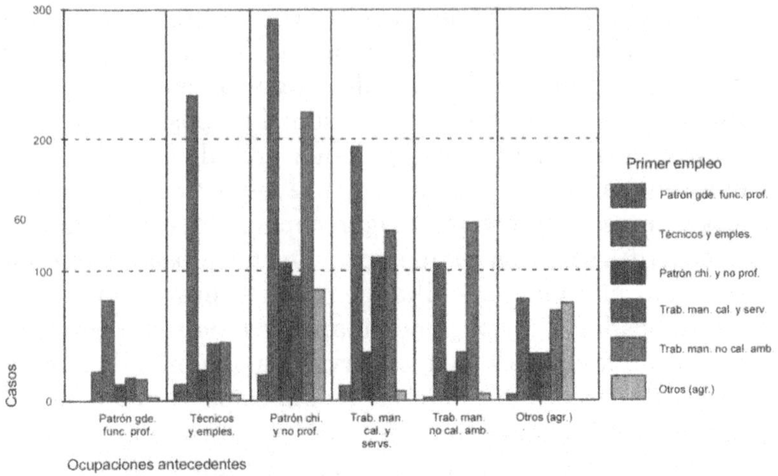

Gráfica 3. Movilidad de antecedente a primer empleo (ingresan después de la crisis)

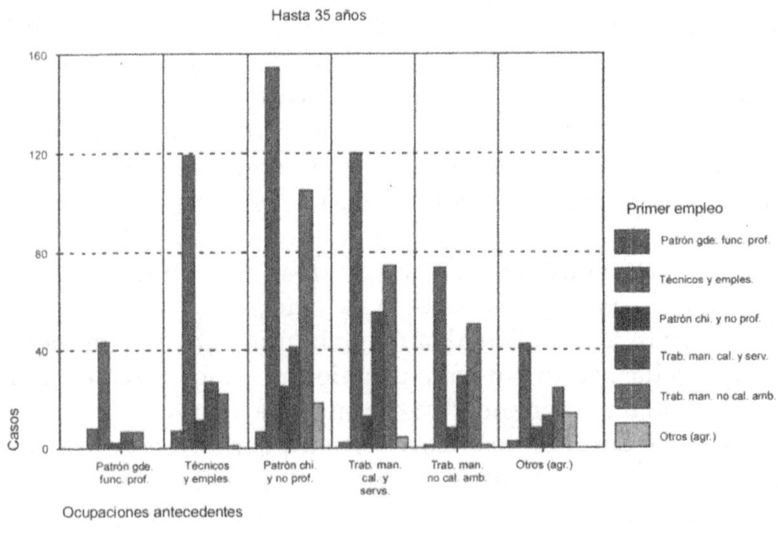

Gráfica 4. Movilidad de antecedente a primer empleo
(ingresan después de la crisis)

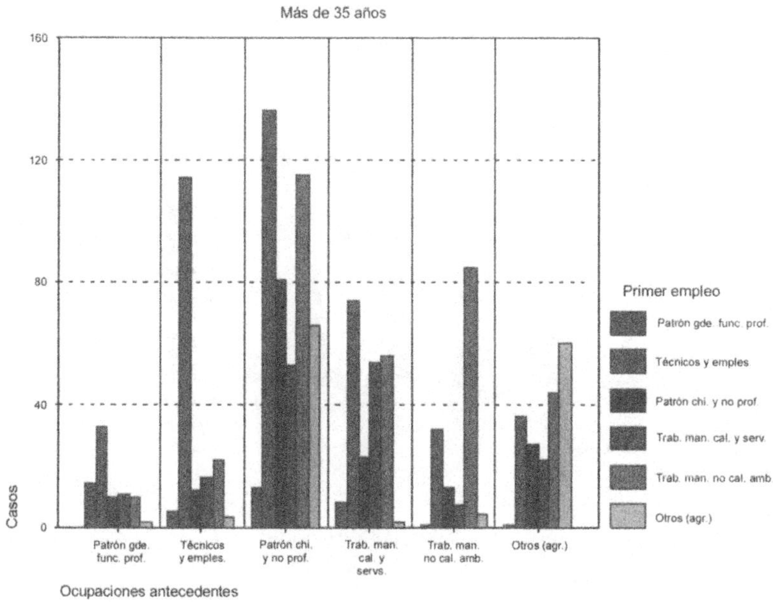

ral subsecuente. ¿La influencia del origen social tiene efectos adicionales en la trayectoria laboral? Para responder a esta interrogante necesitamos examinar la movilidad laboral desde la primera ocupación hasta la actual. ¿Hay diferencias importantes entre nativos y migrantes en relación con la primera ocupación?

LA PRIMERA OCUPACIÓN POR COHORTES: DIFERENCIAS ENTRE NATIVOS Y MIGRANTES

Desde una perspectiva global, el gran hito que permite hacer un contraste entre las cohortes se encuentra en la pri-

Gráfica 5.

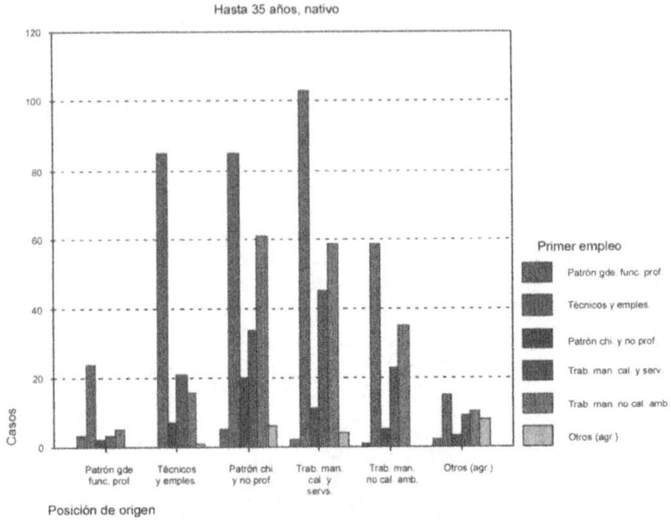

Gráfica 6.

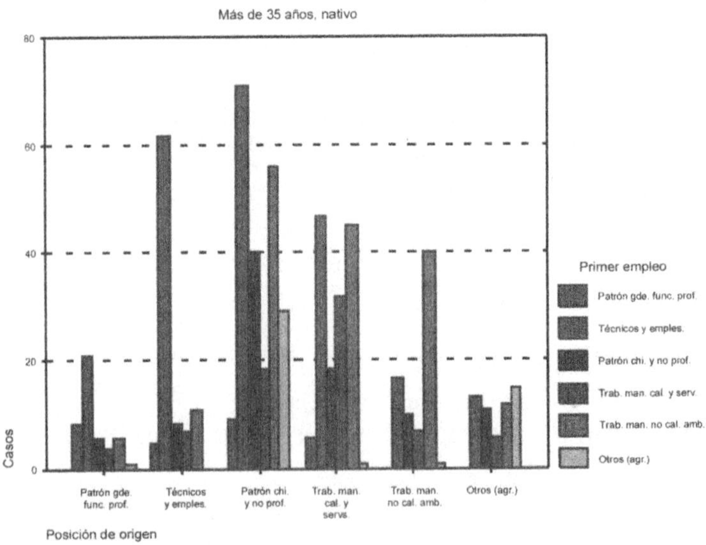

Gráfica 7.

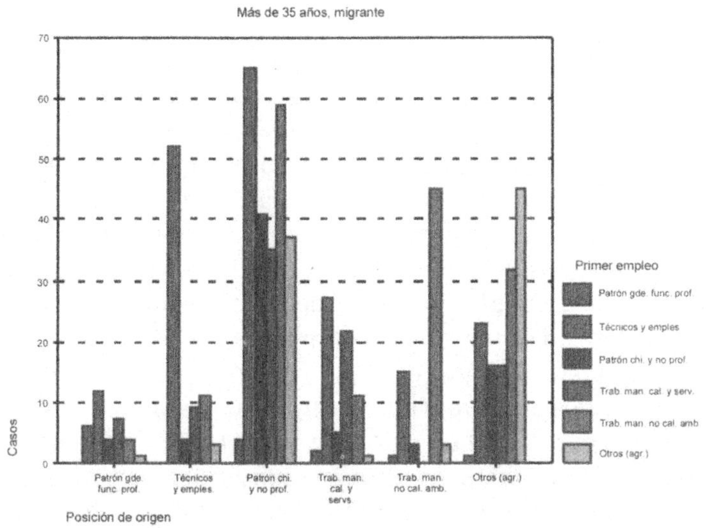

Gráfica 8.

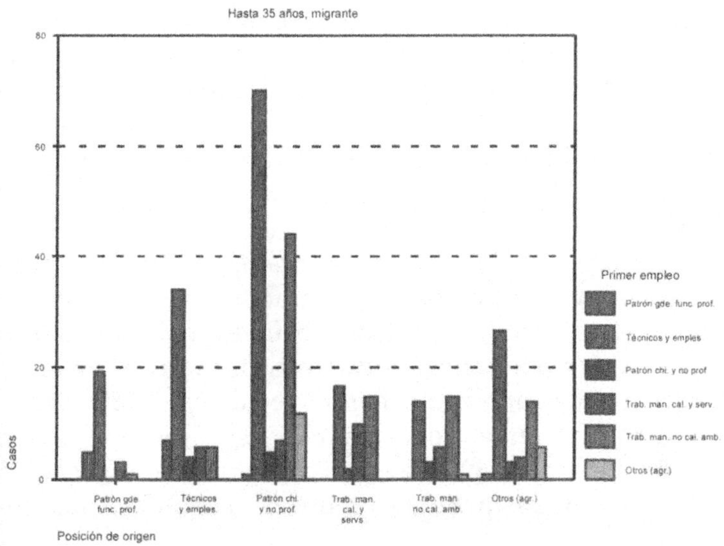

mera mitad de los años ochenta, cuando la economía mexicana sufre una franca crisis y abandona el modelo de desarrollo protegido por el Estado. Las cohortes que cuentan con menos de 35 años en 1994 han entrado a un mercado de trabajo que se está reorganizando, ya que empiezan a tener vigencia las políticas económicas liberales que configuran un escenario de oportunidades diferente al que encontraron las cohortes con mayor edad. En las gráficas 2, 3 y 4 podemos apreciar los contrastes entre ambos conjuntos. (En el anexo estadístico se encuentran las tablas de movilidad.) Se trata de dos conglomerados que se incorporan a mercados laborales con antecedentes diferenciados. Para la cohorte más joven (hasta 35 años) es claro que el antecedente laboral agrícola (padres en ocupaciones agropecuarias) ha disminuido y que las oportunidades de ingresar al mundo laboral en actividades agrícolas o en empleos manuales calificados se han reducido considerablemente. Para la mayor parte de este conjunto, la entrada a la economía se produce bajo la forma de técnicos y empleados de oficina y comercio. Si bien las cohortes más viejas (más de 35 años) también se iniciaban en empleos asociados al comercio y la oficina, estas opciones de entrada no tenían tanto peso, pues a su lado se hallaban las del autoempleo y las del trabajo manual calificado y no calificado. De hecho, en las cohortes más jóvenes se puede observar la contracción que ha experimentado el autoempleo como puerta de entrada al mundo laboral.

Veamos ahora qué ocurre al considerar la condición migratoria. Dada la diversidad de orígenes de los inmigrantes, no sorprende que su primer contacto con el mercado de trabajo abarque toda la estructura ocupacional. Sin embargo, al examinar por cohortes la naturaleza de su primera ocupación, pueden apreciarse algunos cambios significativos.

Mientras que en las cohortes más viejas (las que tienen más de 54 años: *e*, *f* y *g*) el trabajo agropecuario representó de 18% a 24% de las primeras ocupaciones, en las siguientes cohortes este tipo de iniciación laboral se reduce (disminuye hasta 7.3% en las que tienen menos de 35 años). Al mismo tiempo, es notable cómo el primer empleo en actividades no manuales muestra un aumento de las cohortes viejas a las jóvenes: esto es particularmente relevante en las ocupaciones vinculadas al trabajo de oficina y comercio. Esta tendencia nos indica cómo la estructura ocupacional ha ido abriendo, de cohorte en cohorte, más oportunidades al migrante en las ocupaciones no manuales. En el caso del trabajo manual calificado, las variaciones entre las cohortes parecen asociarse a los diferentes momentos de expansión y contracción de la industria en la ciudad: la cohorte de mayor edad se incorporó al mercado de trabajo precisamente en el momento (1955-1965) en que las empresas fabriles reclamaban más fuerza de trabajo calificada. En la cohorte más joven se registra una contracción de esta esfera de oportunidades.

Por lo que hace al autoempleo no profesional, también se registra una paulatina contracción de esta categoría como fuente de primer empleo. Mientras que en las cohortes más viejas el trabajo por cuenta propia no profesional constituyó una forma de iniciación laboral relativamente significativa, las cohortes más recientes encuentran cada vez menos oportunidades de iniciarse bajo esa opción.

Ambos procesos —la creciente importancia de las categorías no manuales y la progresiva disminución de las categorías manuales como primera forma de empleo— parecen indicar que la población migrante ha variado su composición, deviniendo en el curso del tiempo en un grupo con más aptitudes para las actividades no manuales; en todo caso el mercado de trabajo ha reducido la demanda de trabajadores manuales, asalariados y autoempleados. Así, las cohortes más jóvenes (*a* y *b*: postcrisis) ingresan en mayores proporciones a las categorías no manuales de lo que pudieron hacerlo las anteriores.

¿Qué diferencias existen entre la población migrante y la nativa en relación con la primer ocupación? En lo que toca al trabajo manual no calificado, tanto las cohortes jóvenes como las viejas parecen iniciarse en él en la misma proporción, sin distinguir entre migrantes y nativos: la cuarta parte de ambos conjuntos encuentra ahí una puerta de entrada.

Al igual que en los migrantes, también en los nativos es posible apreciar la creciente importancia de las actividades no manuales como puerta de entrada al mercado de trabajo. Pero los inmigrantes parecen contar con más posibilidades de iniciarse en actividades no manuales que requieren de mayor preparación: profesionistas libres y profesionistas dependientes. Ello podría ser señal de que, a medida que pasa el tiempo, a Veracruz se dirige una migración cada vez más calificada, lo cual está asociado a procesos de descentralización que de una u otra manera han beneficiado a la ciudad.

Dada la importancia que posee el autoempleo no profesional en la estructura ocupacional actual, es interesante observar que los nativos tienen más oportunidades que los migrantes de iniciarse bajo esta forma de empleo. Las variaciones de una cohorte a otra son significativas, pero en su conjunto casi todas las cohortes nativas parecen superar a las migrantes en la proporción de individuos que ingresan por esa vía al mercado de trabajo. Las excepciones corresponden a las cohortes de migrantes que se iniciaron laboralmente en los años cuarenta y cincuenta (*e* y *d*).

Como Blau y Duncan (1967) han mostrado, el concepto de cohorte está vinculado a diferentes historias ocupacionales. Esas diferencias en la historia ocupacional pueden ser trazadas a partir del periodo en el cual los individuos entraron por vez primera a la fuerza de trabajo: habiendo entrado en diferentes periodos, se enfrentaron con distintos tipos de oportunidades laborales y por tanto ingresaron a diversas ocupaciones. Sus carreras subsecuentes se hallan diversamente marcadas por la prosperidad y la depresión, los ciclos de la economía capitalista. Ello afecta la distribución de las ocupaciones y moldea su experiencia ocupacional ulterior. En virtud de los cambios que experimentó el mercado de trabajo en los años en que estas cohortes se desarrollaron, conviene observar de qué manera la población respondió a la reorientación de la política económica.

Veamos entonces qué forma adoptó la movilidad entre el momento de entrada al mercado de trabajo y el momento actual. Este tipo de análisis considera la trayectoria laboral seguida por la población trabajadora en el curso de su experiencia vital. En la teoría sociológica, esta forma de movilidad se conoce como movilidad intrageneracional, para distinguirla de la que sucede de una generación a otra (intergeneracional). Mientras que ésta muestra las determinaciones que una generación le transmite a otra, aquélla intenta advertir las trayectorias laborales (las carreras, los itinerarios) que los propios individuos han construido a lo largo de su vida.

MOVILIDAD INTRAGENERACIONAL Y CONDICIÓN MIGRATORIA

Un aspecto por considerar son las diferencias entre nativos y migrantes. Mientras que los primeros parecen contar con una ligera ventaja en las ocupaciones no manuales del estrato medio, los migrantes parecen obligados a situarse con más frecuencia en situaciones de autoempleo (cuadro 9). Estas diferencias se traducen en desniveles de ingreso que hacen que las condiciones de vida de uno y otro grupo tengan contrastes. Si bien la sociedad veracruzana pudo asimilar a los flujos migratorios en todos los ámbitos de su estructura ocupacional a lo largo del proceso de industrialización, el hecho de que en los últimos años esta estructura haya restringido las posibilidades de integración de los nuevos trabajadores en las categorías asalariadas —manuales y no manuales— ha implicado una redefinición de las formas en que se distribuye el empleo entre todos los grupos sociales.

En las cohortes de trabajadores más jóvenes hemos observado cómo la población migrante empieza a disminuir. Este fenómeno no puede disociarse de los cambios en la capacidad de la estructura ocupacional para asimilar a los inmigrantes. Dadas las crecientes limitaciones que el mercado de trabajo experimenta, la propia composición de los nuevos inmigrantes muestra cambios: la migración es más selectiva (ahora figuran más profesionistas), pero no ha dejado de haber un componente significativo de trabajadores manuales sin calificación.

Así, la reorganización del mercado de trabajo se ha traducido en cambios en los patrones de movilidad. Estos cambios afectan de modo diferencial a la población según su condición migratoria. Mientras que los nativos cuentan con más recursos —redes de apoyo, conocimiento del medio, escolaridad— para salir del estrato bajo hacia el estrato medio y mantenerse en él, los migrantes han perdido espacio entre las ocupaciones no manuales propias del estrato medio y han tenido que salir de las posiciones asalariadas manuales hacia el autoempleo.

Este doble movimiento ha incidido en una polarización del proceso de estratificación social. Los estratos medios, que anteriormente permitían la incorporación de los migrantes y abrían oportunidades para los estratos bajos y los autoempleados, ahora poseen límites para asimilar a más trabajadores. Y el trabajo manual asalariado, que antes incorporó a vastas capas de la población nativa e inmigrante, ahora limita su ingreso.

De este modo, la población trabajadora ha visto una contracción de sus márgenes de movilidad y ahora tiende a des-

Cuadro 10. El empleo actual según cohorte y condición migratoria

	Empleo actual						
Grupos edad	*Patrón gde. fun. prof.*	*Técnicos y emp.*	*Patrón chi. y autoempleo no prof.*	*Trab. Man. cal. y serv.*	*Trab. Man. no cal.*	*Otros (agr.)*	*Total*
Nativos							
Menos de 35	5.60%	42.90%	15.30%	24.20%	12.10%		100.00%
Más de 35	10.50%	29.10%	31.80%	18.60%	9.60%	0.20%	100.00%
Migrantes							
Menos de 35	7.20%	42.80%	17.90%	16.70%	14.50%	0.90%	100.00%
Más de 35	10.20%	27.10%	37.80%	14.50%	9.90%	0.50%	100.00%

plazarse hacia dos campos: el autoempleo y el empleo en el comercio y los servicios. Si bien en el interior de ambos campos los niveles de ingreso registran contrastes marcados, sabemos que en general se trata de ocupaciones mal remuneradas dada la pequeña escala y escasa productividad con que trabaja la mayor parte de las unidades económicas que ahí operan. Esto necesariamente se manifiesta en un deterioro de las oportunidades de reproducción de los sectores populares, los cuales experimentan la reestructuración económica como un proceso que reduce las oportunidades de movilidad ascendente y de bienestar material que brindaba el desarrollo económico anterior.

El nuevo horizonte de movilidad laboral tiene repercusiones en el conjunto de la estructura social. Al modificarse —recortarse y redistribuirse— las oportunidades de inserción en el trabajo asalariado, los sectores populares han respondido de diversas maneras. La caída de los ingresos económicos de la población trabajadora ha implicado dos respuestas fundamentales: por un lado, neutralizar esa pérdida a través de la búsqueda de generación de más ingreso (incorporación de más miembros al mercado de trabajo) y, por recomponer el proceso de reproducción a fin de sobrevivir con menos ingresos (la reducción del consumo de bienes mercantiles).

LA MOVILIDAD INTERGENERACIONAL EN SU CONJUNTO

Desde una perspectiva de conjunto, cabe señalar una serie de contrastes entre la composición social de la población trabajadora actual y la de sus ancestros, contrastes que nos permiten apreciar las grandes tendencias o procesos de redistribución que tienen lugar entre las diferentes categorías ocupacionales. Así, podemos observar que 11% de los padres o tutores de la población ocupada hacia 1994 en la ciudad de Veracruz se hallaban insertos en categorías ocupacionales vinculadas al mundo rural, mientras que sólo 0.4% de la población ocupada sigue asociado a estas categorías. Esta situación nos indica desde luego la importancia que tienen los antecedentes rurales en la composición de algunas categorías ocupacionales. Asimismo, podemos apreciar que 26.8% de la población ocupada posee padres situados en el estrato medio, mientras que hacia 1994 ese estrato albergaba a casi 47% de la población trabajadora. Igualmente importante es el hecho de que entre los ancestros de la población ocupada en 1994, 29.3% se reúne bajo la categoría de autoempleados, mientras que hacia 1994 esta categoría representaba 19.4%. También es significativo que el número de profesionistas que figuran entre los padres de la población trabajadora de 1994 sólo represente 1.7%, y que en ese año esta proporción se eleve hasta 4.3%. Todo ello define el marco, las grandes líneas que organizan los procesos de movilidad específicos que a continuación examinaremos: por un lado, el crecimiento de las categorías no manuales (estratos medio y superior); por otro, la contracción de las categorías campesinas (ejidatarios, trabajadores sin tierras y patrones agropecuarios) y de las categorías asociadas al trabajo por cuenta propia (autoempleados).

En términos generales, cabe identificar algunas tendencias en el campo de la movilidad intergeneracional. Por un lado, dado que un tercio de los padres de la población trabajadora se situaba en el autoempleo, éste figura como uno de los antecedentes más importantes de prácticamente todas las categorías ocupacionales. Esto es comprensible, pues como vimos con anterioridad, el trabajo por cuenta propia poseía en los años cuarenta mayor importancia de la que hoy tiene; de hecho, entre 1950 y 1990 asistimos a una contracción del empleo por cuenta propia, la cual se explica por la progresiva incorporación de las nuevas generaciones de trabajadores al trabajo asalariado. Las tablas de movilidad revelan que han sido precisamente las categorías asociadas al trabajo manual asalariado (calificado y no calificado) las que han acogido las mayores proporciones (de 28 a 30%) de la fuerza de trabajo con orígenes en el autoempleo. Sin embargo, las mismas tablas indican que el autoempleo manifiesta una tendencia a transmitirse de una generación a otra: 37% de los individuos que hoy se encuentran autoempleados provienen de padres que ya lo eran.

Por otro lado, observamos que el estrato medio muestra una tendencia hacia el autorreclutamiento, de modo que más de 50% (y a veces hasta 60%) de la población cuyos padres se situaban en este estrato sigue en él. Paralelamente, las posibilidades para ingresar a él proviniendo de categorías situadas en el estrato bajo aumentan a medida que las ocupaciones del estrato medio pierden complejidad. Así, teniendo antecedentes en el estrato bajo, es más probable incorporarse a un trabajo manual calificado que a un empleo de oficina o de comercio, o a una ocupación como técnico o maestro.

Del mismo modo, es más probable el ingreso al estrato alto si se proviene de una categoría como la de técnico y maestro, que si se tienen antecedentes en empleos de oficina y comercio. En consecuencia, las posibilidades de movilidad ascendente ocurren en general a corta distancia y en proporciones acotadas por la presencia de altos niveles de autorreclutamiento.

Desde una perspectiva global, podemos apreciar que la mayor parte de las categorías ocupacionales experimentaron una movilidad ascendente. Las dos categorías que más individuos reclutan a partir de otras son, por un lado, la de oficinistas y empleados de comercio y, por otro, la de autoempleados, las cuales también son las que registran las más altas tasas de salida. Se trata, como dirían Blau y Duncan, de categorías distribuidoras de fuerza de trabajo:

llegan a ellas de distintos orígenes y salen de ellas hijos con diferentes destinos. Las categorías de distribución son canales de movilidad ascendente: hacia ellas se dirigen los de origen bajo; de ellas salen hacia destinos más altos; simultáneamente, ofrecen refugio a la movilidad descendente, permitiendo que los hijos no exitosos de los trabajadores no manuales mantengan su estatus de cuello blanco, y que los hijos no exitosos de los trabajadores manuales encuentren trabajo en el mercado urbano.

En la ciudad de Veracruz, el desarrollo económico permitió durante varias décadas (1950-1980) que el proceso de movilidad ascendente beneficiara al conjunto de la población trabajadora. El proceso de industrialización contribuyó a que las oportunidades de incorporarse al trabajo asalariado crecieran, al mismo tiempo que multiplicó las opciones laborales en los sectores —comercio y servicios— que eran necesarios para su despliegue. Apenas es necesario recordar que Veracruz, además de contar con una importante zona portuaria, ha sido durante muchos años uno de los principales destinos turísticos del país, lo cual alentó la creación de empleos en empresas asociadas al comercio, los hoteles y restaurantes.

Sin embargo, en los últimos años, la ciudad ha experimentado algunos cambios. Como ya vimos, al examinar la movilidad intrageneracional y las diferencias en las formas de incorporarse al primer empleo entre las distintas generaciones, a principios de los años ochenta el estancamiento económico y más tarde la reestructuración del sector industrial han modificado drásticamente las posibilidades de que la estructura ocupacional siga asimilando el creciente flujo de fuerza de trabajo que el crecimiento demográfico natural y la migración arrojan al mercado de trabajo.

Los estratos medios, que antes abrían oportunidades para los estratos bajos y los autoempleados, en los años noventa empezaron a mostrar límites para asimilar a más trabajadores. Y el trabajo manual asalariado, que antes incorporó a vastas capas de la población nativa e inmigrante, más que atraer, empezó a expulsar fuerza de trabajo. En estas circunstancias, las categorías distribuidoras parecen modificar sus funciones, de modo que los individuos situados en los estratos medios, impedidos de ascender, se mantienen con más dificultad en el mismo estrato y empiezan a dirigirse hacia el autoempleo, al tiempo que los que están en el autoempleo y el estrato bajo encuentran más obstáculos para salir de ahí hacia otros destinos. La contracción del empleo en los establecimientos que antes procuraban puestos estables y con prestaciones (formales) ha suscitado el crecimiento de los empleos precarios, mal remunerados, inestables y sin prestaciones (informales).

Sin embargo, la alteración de los patrones de movilidad no afecta de la misma manera a toda la población. El análisis de la movilidad intrageneracional mostró que nativos y migrantes experimentan de modo diferente los cambios en el contorno económico.

ALGUNAS CONCLUSIONES

El análisis de la movilidad ocupacional ha mostrado que la condición migratoria es un factor importante en la definición de las posibilidades de ascender o descender en la escala ocupacional. Sin embargo, es necesario subrayar que el grupo migrante no constituye un grupo homogéneo, sino que en él es posible apreciar la presencia de individuos que provienen de localidades de diferente tamaño y con distintas experiencias laborales antes de arribar a la ciudad. Esta heterogeneidad en los orígenes posee particular significación desde el punto de vista de las posibilidades de inserción urbana, ya que si se tienen antecedentes en ocupaciones agrícolas o no agrícolas, o si se proviene de padres ejidatarios o no ejidatarios, el devenir ocupacional registra variaciones importantes.

Como vimos, el espectro de posibilidades accesibles al migrante abarca desde las categorías propias del estrato alto (patrón grande, profesionista, funcionario), hasta las que son típicas del estrato bajo (trabajo doméstico, vendedor ambulante, servicios personales). Desde una perspectiva de conjunto, se observa que los estratos que más población migrante absorben son el estrato medio (41.6%) y el estrato de los autoempleados no profesionistas (23.5%). Unidos, ambos ocupan hoy a 65% de la población no nativa. Si bien es claro que, en el estrato medio, las opciones de inserción se concentran en los empleos de oficina y comercio, en el caso del autoempleo se trata de una opción que se caracteriza por su heterogeneidad, tanto en el terreno de los ingresos como en el de las posibilidades de estabilidad. Como sabemos, el autoempleo o trabajo por cuenta propia es en sí mismo heterogéneo, pues constituye una relación social en la cual participan lo mismo un chofer, una cocinera, un albañil, un técnico o un comerciante en pequeño.

Una parte significativa de los migrantes ha logrado ingresar, en proporciones superiores a los nativos, al estrato alto en calidad de patrón (chico y grande), profesionista (libre y dependiente) y funcionario. Por tanto, es posible afirmar que la ciudad y su mercado de trabajo han sido un destino no sólo de la población con menos recursos que aspira a mejorar su posición laboral y su ingreso (migración selectiva), sino también de la población que, habiendo recibido educación y heredado capital, encuentra en ellos el sitio ideal para disfrutar de mejores condiciones de bienestar y movilidad.

Sin embargo, si bien la condición de migrante constituye un factor explicativo de las diferentes condiciones ocupacionales de la población trabajadora, también es preciso reconocer que la población nativa parece contar con algunas ventajas en la estructura ocupacional de la ciudad. Como hemos mostrado, los nativos cuentan con mejores condiciones para arraigarse en las categorías medias (principalmente las ocupaciones no manuales) y sobre todo en las categorías manuales (calificadas y no calificadas). Tratándose de posiciones laborales en las cuales pesa la presencia de antecedentes urbanos, los migrantes parecen contar, en un periodo de inestabilidad laboral y de escasez de puestos de trabajo, con menos recursos para evitar ser desplazados hacia el autoempleo o hacia ocupaciones en el estrato bajo. No obstante, es preciso decir que las consecuencias de este proceso no impactan del mismo modo a todos, ya que el autoempleo no siempre está asociado a condiciones laborales más negativas para el migrante. Como han mostrado Balán y colaboradores, los migrantes son individuos que poseen una disposición más creativa para enfrentar dicho proceso.

Por su propia naturaleza, la migración tiene un efecto desorganizador. Un poco provoca el rompimiento de la rutina y hace a los hombres más conscientes y más sensibles a las diferentes alternativas. El emigrante debe encontrar un lugar para sí en la estructura ocupacional de la nueva comunidad y, al hacerlo, puede colocarse en situaciones nuevas que no habría encontrado ni eran posibles en su antigua comunidad. En contraste, el originario puede no tener que enfrentarse al reto implícito en cambiar de comunidad, así como también de empleo. Podría adoptar la actitud de menor resistencia y permitir que la inercia del medio familiar lo mantuviera en el mismo trabajo. El originario que tiene una ocupación tradicional no calificada, quizá la misma que ha ocupado su padre, puede inconscientemente resignarse a esa situación, e incluso no buscar otros empleos que pudieran mejorar su posición. En general, los emigrantes son más propensos a mantener un ojo abierto para lograr una mejor posición. No tienen la desventaja de estar fijos en un empleo, vecindario o contexto familiar que pueda oponerse al cambio.[12]

La trayectoria seguida por la población nativa, tanto de una generación a otra como a lo largo de su propia experiencia vital, parece confirmar esta reflexión. La evidencia de procesos de autorreclutamiento entre la población trabajadora asalariada manual nativa y entre los trabajadores que se encuentran en las esferas más burocratizadas de la economía urbana de Veracruz (administración pública y educación), muestra que las ventajas que la experiencia urbana puede brindarles en términos de estabilidad laboral, también puede implicar una desventaja en la perspectiva de buscar alternativas ocupacionales con mayor ingreso u oportunidades de movilidad ascendente.

Las tablas de movilidad permiten esbozar algunas secuencias de promoción ocupacional que ha seguido la población nativa. Por ejemplo, es posible advertir que hay un hilo conductor entre el trabajo manual asalariado, la posición de técnico y maestro, y la categoría de patrón chico; o bien, que hay una relación de afinidad entre las ocupaciones de oficina, de profesionista dependiente y de funcionario. Del mismo modo, es dable observar que entre el autoempleo y el trabajo asalariado existe una amplia gama de vasos comunicantes. De alguna manera, entre cada una de estas categorías existe una red de relaciones, la cual propicia la promoción o la movilidad, sea de una generación a otra, o bien en el curso de una misma trayectoria laboral, en función de los cambios en el contexto histórico o en el ciclo de vida.

Desde esta perspectiva, cabe advertir algunas diferencias entre nativos y migrantes. Por ejemplo, mientras que entre los primeros es más probable que los hijos del estrato

[12] Balan *et al.*, *op. cit.*, pp. 217-219.

medio ingresen al mismo estrato del padre, entre los migrantes es más probable que se registren movimientos de ascenso. Mientras que el autoempleo tiene orígenes más populares entre los migrantes (pues fluyen hacia él sobre todo personas cuyo padre era campesino o también autoempleado), entre los nativos esta categoría incorpora a una parte significativa de los descendientes del estrato medio.

Ahora bien, cuando la estructura económica y el mercado de trabajo entran en un periodo de reordenamiento, como es el caso en México a partir de los años ochenta, las categorías distribuidoras parecen experimentar algunas modificaciones en sus funciones distributivas. Como ya hemos apuntado, el estrato medio, que había permitido durante el periodo de industrialización la movilidad ascendente a miles de individuos provenientes del estrato bajo y del campo, empieza a convertirse en un refugio cada vez más precario para los descendientes del mismo estrato medio. Este cambio de función afecta tanto a nativos como a migrantes, en la medida en que los primeros encuentran más dificultades para mantenerse en el mismo estrato, y los segundos ven contraerse las oportunidades de incorporarse al trabajo no manual. Dado que todo ello ocurre en medio de un proceso en el cual el trabajo manual asalariado también experimenta una contracción significativa, y dado que tradicionalmente esta esfera ha sido acaparada por la población nativa, es claro que los márgenes de movilidad de la población migrante experimentan una reducción sensible. En estas circunstancias, el autoempleo, es decir, los trabajos por cuenta propia, empiezan a cobrar mayor importancia, sobre todo para los migrantes, quienes, como hemos visto, en la actualidad cuentan aquí con más efectivos que la población nativa. Sin embargo, al mismo tiempo que el autoempleo se expande, una suerte de polarización se registra en su interior: a la población migrante, que suele ingresar por esa vía al mercado de trabajo urbano, se añade ahora un vasto sector de trabajadores urbanos que, al ser expulsados del trabajo manual y del estrato medio por efecto de la crisis, compiten con los primeros en medio de altos niveles de desempleo. En su conjunto, estos fenómenos han contribuido a acentuar la desigualdad social, lo cual no puede dejar de manifestarse en un deterioro de las oportunidades de reproducción de los sectores populares.

BIBLIOGRAFÍA

AGUILAR, Adrián Guillermo y Boris GRAIZBORD (1993), *Las ciudades pequeñas en el cambio regional. Estructura del empleo 1970-1990*, Zamora, Michoacán, El Colegio de Michoacán, XV Coloquio de Antropología e Historia Regionales.

AMÉZCUA, Héctor (1981), "Industria y clase obrera en Veracruz", *Márgenes*, núm. 1, Xalapa, Facultad de Sociología-Universidad Veracruzana.

BALÁN, Jorge, Harley BROWNING y Elizabeth JELIN (1977), *El hombre en una sociedad en desarrollo*, México, Fondo de Cultura Económica.

BATAILLON, Claude (1997), Espacios mexicanos contemporáneos, México, Fondo de Cultura Económica / El Colegio de México.

BERTAUX, Daniel (1977), *Destins personnels et structure de classe*, Francia, Presses Universitaires de France.

BLAU, Peter M. y Otis Dudley DUNCAN (1967), *The American occupational structure*, Estados Unidos, Free Press Edition, 1978. (Primera edición, 1967.)

CAMBREZY, Luc (1988), *La dispersión de la población de 1920 a 1980 en el centro del estado de Veracruz*, Xalapa, INIREB-ORSTOM.

GARCÍA, Brígida (1988), *Desarrollo económico y absorción de fuerza de trabajo en México: 1950-1980*, México, El Colegio de México.

GARZA, Gustavo (1980), *Industrialización de las principales ciudades de México*, México, El Colegio de México.

GARZA, Gustavo y Salvador RIVERA (1994), *Dinámica macroeconómica de las ciudades de México*, México, INEGI, El Colegio de México, UNAM.

HIERNAUX, Daniel (1998), "Reestructuración económica y cambios territoriales en México. Un balance 1982-1995", en Carlos A. DE MATOS *et al.* (comps.), *Globalización y territorio. Impactos y perspectivas*, Santiago de Chile, Fondo de Cultura Económica y Pontificia Universidad Católica de Chile.

HOFFMANN, Odile (1985), *Movimientos demográficos y economía cafetalera en el centro del estado de Veracruz*, Xalapa, Veracruz, INIREB-ORSTOM.

INEGI (1997), *Perspectiva estadística de Veracruz, Aguascalientes, México.*

MUÑOZ Humberto, Orlandina DE OLIVEIRA y Claudio STERN (1977), *Migración y desigualdad en la ciudad de México*, México, El Colegio de México / UNAM.

OCDE (1998), *Desarrollo regional y política estructural en México*, París, Organización para la Cooperación y el Desarrollo Económicos.

OLVERA, Alberto (s. f.), "La estructura económica y social de Veracruz hacia 1930, un análisis inicial", en *Anuario del Centro de Estudios Históricos III*, Instituto de Investigaciones Humanísticas, Universidad Veracruzana, Xalapa, Veracruz, pp. 9-59.

RAMOS BOYOLI, Luis (1974), "Distribución y evolución de las actividades urbanas del estado de Veracruz", *Dualismo*, núm. 6, Xalapa, Universidad Veracruzana.

REVEL MOUROZ, Jean (1980), *Aprovechamiento y colonización del trópico húmedo mexicano*, México, Fondo de Cultura Económica.

ROBERTS, Bryan (1980), *Ciudades de campesinos. La economía política de la urbanización en el tercer mundo*, México, Siglo XXI editores.

RODRÍGUEZ, Hipólito (1996), "Movilidad social y espacio urbano en dos ciudades del Golfo de México", tesis de doctorado en Ciencias Sociales, CIESAS Occidente, Universidad de Guadalajara.

———— (1996), "TAMSA, historia laboral y urbana", *Ciudades*, núm. 31, México, RNIU.

SALINAS GARCÍA, Jorge (1981), "El proceso de industrialización del estado de Veracruz", tesis de licenciatura, Facultad de Economía-Universidad Veracruzana.

SOBRINO, Jaime (1997), "Cambios en la localización industrial", Adrián AGUILAR y Francisco RODRÍGUEZ (comps.), *Economía global y proceso urbano en México*, México, UNAM-CRIM.

VERDUZCO, Gustavo (1982), *Campesinos itinerantes, colonización, ganadería y urbanización en el trópico petrolero de México*, México, El Colegio de Michoacán.

Tabla 1. Movilidad desde la ocupación del padre hacia el primer empleo, según condición migratoria y cohorte (porcentajes verticales)

Migración	*Grupos edad*	*Ocupación padre*	*Primer empleo*						*Total*
			Patrón gde. fun. prof.	*Técnicos y emp.*	*Patrón chi. y no prof.*	*Trab. man. cal. y serv.*	*Trab. man. no cal.*	*Otros (agr.)*	
	Hasta 35 años	Patrón gde. Fun. prof.	23.1%	6.5%	4.2%	2.2%	2.7%		4.8%
		Técnicos y emp.		22.9%	14.6%	15.6%	8.6%	5.3%	16.8%
		Patrón chi. y no prof.	38.5%	22.9%	41.7%	25.2%	32.8%	31.6%	27.3%
		Trab man. cal. y serv.	15.4%	27.8%	22.9%	33.3%	31.7%	21.1%	29.0%
		Trab. man. no cal.	7.7%	15.9%	10.4%	17.0%	18.8%		15.9%
		Otros (agr.)	15.4%	4.0%	6.3%	6.7%	5.4%	42.1%	6.1%
		Total	100.0%	100.0%	100.0%	100.0%	100.0%	100.0%	100.0%
Nativo	Más de 35 años	Patrón gde. Fun. prof.	28.6%	9.1%	6.5%	5.4%	3.5%	2.1%	7.2%
		Técnicos y emp.	17.9%	26.8%	8.6%	9.5%	6.5%		14.5%
		Patrón chi. y no prof.	32.1%	30.7%	43.0%	24.3%	32.9%	61.7%	34.7%
		Trab. man. cal. y serv.	21.4%	20.3%	19.4%	43.2%	26.5%	2.1%	23.2%
		Trab. man. no cal.		7.4%	10.8%	9.5%	23.5%	2.1%	11.7%
		Otros (agr.)		5.6%	11.8%	8.1%	7.1%	31.9%	8.9%
		Total	100.0%	100.0%	100.0%	100.0%	100.0%	100.0%	100.0%
	Hasta 35 años	Patrón gde. Fun. prof.	35.7%	10.5%		8.3%	1.1%		7.7%
		Técnicos y emp.	50.0%	18.8%	23.5%	16.7%	6.3%		15.7%
		Patrón chi. y no prof.	7.1%	38.7%	29.4%	19.4%	46.3%	63.2%	38.4%
		Trab. man. cal. y serv.		9.4%	11.8%	27.8%	15.8%		12.2%
		Trab. man. no cal.		7.7%	17.6%	16.7%	15.8%	5.3%	10.8%
		Otros (agr.)	7.1%	14.9%	17.6%	11.1%	14.7%	31.6%	15.2%

Migrante	Más de 35 años	Total	100.0%	100.0%	100.0%	100.0%	100.0%	100.0%	100.0%
		Patrón gde. Fun. prof.	42.9%	6.2%	5.5%	7.9%	2.5%	1.1%	5.5%
		Técnicos y emp.		26.8%	5.5%	10.1%	6.8%	3.3%	12.7%
		Patrón chi. y no prof.	28.6%	33.5%	56.2%	39.3%	36.4%	41.1%	38.7%
		Trab man. cal. y serv.	14.3%	13.9%	6.8%	24.7%	6.8%	1.1%	10.9%
		Trab. man. no cal.	7.1%	7.7%	4.1%		27.8%	3.3%	10.8%
		Otros (agr.)	7.1%	11.9%	21.9%	18.0%	19.8%	50.0%	21.4%
		Total	100.0%	100.0%	100.0%	100.0%	100.0%	100.0%	100.0%

Tabla 2. Movilidad desde la ocupación del padre hacia el primer empleo, según condición migratoria y cohorte (porcentajes horizontales)

Migración	*Grupos edad*	*Ocupación padre*	*Primer empleo*						*Total*
			Patrón gde. fun. prof.	*Técnicos y emp.*	*Patrón chi. y no prof.*	*Trab. man. cal. y serv.*	*Trab. man. no cal.*	*Otros (agr.)*	
	Hasta 35 años	Patrón gde. Fun. prof.	8.1%	64.9%	5.4%	8.1%	13.5%		100.0%
		Técnicos y emp.		65.4%	5.4%	16.2%	12.3%	0.8%	100.0%
		Patrón chi. y no prof.	2.4%	40.3%	9.5%	16.1%	28.9%	2.8%	100.0%
		Trab man. cal. y serv.	0.9%	46.0%	4.9%	20.1%	26.3%	1.8%	100.0%
		Trab. man. no cal.	0.8%	48.0%	4.1%	18.7%	28.5%		100.0%
		Otros (agr.)	4.3%	31.9%	6.4%	19.1%	21.3%	17.0%	100.0%
		Total	1.7%	48.1%	6.2%	17.5%	24.1%	2.5%	100.0%
Nativo	Más de 35 años	Patrón gde. Fun. prof.	17.4%	45.7%	13.0%	8.7%	13.0%	2.2%	100.0%
		Técnicos y emp.	5.4%	66.7%	8.6%	7.5%	11.8%		100.0%
		Patrón chi. y no prof.	4.0%	31.8%	17.9%	8.1%	25.1%	13.0%	100.0%
		Trab. man. cal. y serv.	4.0%	31.5%	12.1%	21.5%	30.2%	0.7%	100.0%
		Trab. man. no cal.		22.7%	13.3%	9.3%	53.3%	1.3%	100.0%
		Otros (agr.)		22.8%	19.3%	10.5%	21.1%	26.3%	100.0%
		Total	4.4%	35.9%	14.5%	11.5%	26.4%	7.3%	100.0%
Migrante	Hasta 35 años	Patrón gde. Fun. prof.	17.9%	67.9%		10.7%	3.6%		100.0%
		Técnicos y emp.	12.3%	59.6%	7.0%	10.5%	10.5%		100.0%
		Patrón chi. y no prof.	0.7%	50.4%	3.6%	5.0%	31.7%	8.6%	100.0%
		Trab. man. cal. y serv.		38.6%	4.5%	22.7%	34.1%		100.0%
		Trab. man. no cal.		35.9%	7.7%	15.4%	38.5%	2.6%	100.0%
		Otros (agr.)	1.8%	49.1%	5.5%	7.3%	25.5%	10.9%	100.0%

	Más de 35 años	Total	3.9%	50.0%	4.7%	9.9%	26.2%	5.2%	100.0%
		Patrón gde. fun. prof.	17.6%	35.3%	11.8%	20.6%	11.8%	2.9%	100.0%
		Técnicos y emp.		65.8%	5.1%	11.4%	13.9%	3.8%	100.0%
		Patrón chi. y no prof.	1.7%	27.0%	17.0%	14.5%	24.5%	15.4%	100.0%
		Trab. man. cal. y serv.	2.9%	39.7%	7.4%	32.4%	16.2%	1.5%	100.0%
		Trab. man. no cal.	1.5%	22.4%	4.5%		67.2%	4.5%	100.0%
		Otros (agr.)	0.8%	17.3%	12.0%	12.0%	24.1%	33.8%	100.0%
		Total	2.3%	31.2%	11.7%	14.3%	26.0%	14.5%	100.0%

Tabla 3. Movilidad desde la ocupación del padre hacia el primer empleo, según condición migratoria y cohorte (absolutos)

Migración	*Grupos edad*	*Ocupación padre*	*Primer empleo*						*Total*
			Patrón gde. fun. prof.	*Técnicos y emp.*	*Patrón chi. y no prof.*	*Trab. man. cal. y serv.*	*Trab. man. no cal.*	*Otros (agr.)*	
	Hasta 35 años	Patrón gde. fun. prof.	3	24	2	3	5		37
		Técnicos y emp.		85	7	21	16	1	130
		Patrón chi. y no prof.	5	85	20	34	61	6	211
		Trab. man. cal. y serv.	2	103	11	45	59	4	224
		Trab man. no cal.	1	59	5	23	35		123
		Otros (agr.)	2	15	3	9	10	8	47
		Total	13	371	48	135	186	19	772
Nativo	Más de 35 años	Patrón gde. fun. prof.	8	21	6	4	6	1	46
		Técnicos y emp.	5	62	8	7	11		93
		Patrón chi. y no prof.	9	71	40	18	56	29	223
		Trab man. cal. y serv.	6	47	18	32	45	1	149
		Trab man. no cal.		17	10	7	40	1	75
		Otros (agr.)		13	11	6	12	15	57
		Total	28	231	93	74	170	47	643
	Hasta 35 años	Patrón gde. fun. prof.	5	19		3	1		28
		Técnicos y emp.	7	34	4	6	6		57
		Patrón chi. y no prof.	1	70	5	7	44	12	139
		Trab. man. cal. y serv.		17	2	10	15		44
		Trab man. no cal.		14	3	6	15	1	39
		Otros (agr.)	1	27	3	4	14	6	55

Migrante	Más de 35 años	Total	14	181	17	36	95	19	362
		Patrón gde. fun. prof.	6	12	4	7	4	1	34
		Técnicos y emp.		52	4	9	11	3	79
		Patrón chi. y no prof.	4	65	41	35	59	37	241
		Trab. man. cal. y serv.	2	27	5	22	11	1	68
		Trab. man. no cal.	1	15	3		45	3	67
		Otros (agr.)	1	23	16	16	32	45	133
		Total	14	194	73	89	162	90	622

Tabla 4. Movilidad desde el primer empleo al empleo actual según condición migratoria y cohorte (absolutos)

Migración	*Grupos edad*	*Ocupación padre*	*Primer empleo*						*Total*
			Patrón gde. fun. prof.	*Técnicos y emp.*	*Patrón chi. y no prof.*	*Trab. man. cal. y serv.*	*Trab. man. no cal.*	*Otros (agr.)*	
	Hasta 35 años	Patrón gde. fun. prof.	10	2					12
		Técnicos y emp.	20	209	25	34	12		300
		Patrón chi. y no prof.		4	28	6	3		41
		Trab man. cal. y serv.	4	33	10	59	14		120
		Trab. man. no cal.	2	31	34	55	48		170
		Otros (agr.)	1	5	4	6	3		19
		Total	37	284	101	160	80		662
Nativo	Más de 35 años	Patrón gde. fun. prof.	15	3	4	1		1	24
		Técnicos y emp.	20	86	26	19	4		155
		Patrón chi. y no prof.	2	12	34	3	2		53
		Trab. man. cal. y serv.	4	11	16	17	7		55
		Trab. man. no cal.	5	15	45	30	27		122
		Otros (agr.)	1	3	17	13	3		37
		Total	47	130	142	83	43	1	446
	Hasta 35 años	Patrón gde. fun. prof.	9	1	1				11
		Técnicos y emp.	9	104	21	16	4	1	155
		Patrón chi. y no prof.		3	10	3	1		17
		Trab man. cal. y serv.	2	7	4	16	4		33
		Trab. man. no cal.	2	13	20	17	31		83
		Otros (agr.)	1	8	1	1	6	2	19

Migrante	Más de 35 años	Total	23	136	57	53	46	3	318
		Patrón gde. fun. prof.	5	2	4	1			12
		Técnicos y emp.	22	55	33	10	6	1	127
		Patrón chi. y no prof.	4	2	32	5	3		46
		Trab. man. cal. y serv.	4	16	20	15	7		62
		Trab. man. no cal.	4	22	43	15	18		102
		Otros (agr.)	3	15	24	14	7	1	64
		Total	42	112	156	60	41	2	413

Tabla 5. Movilidad desde el primer empleo al empleo actual según condición migratoria y cohorte (porcentajes horizontales)

Migración	*Grupos edad*	*Ocupación padre*	*Primer empleo*						*Total*
			Patrón gde. fun. prof.	*Técnicos y emp.*	*Patrón chi. y no prof.*	*Trab. man. cal. y serv.*	*Trab. man. no cal.*	*Otros (agr.)*	
	Hasta 35 años	Patrón gde. fun.. prof.	83.3%	16.7%					100.0%
		Técnicos y emp.	6.7%	69.7%	8.3%	11.3%	4.0%		100.0%
		Patrón chi. y no prof.		9.8%	68.3%	14.6%	7.3%		100.0%
		Trab. man. cal. y serv.	3.3%	27.5%	8.3%	49.2%	11.7%		100.0%
		Trab. man. no cal.	1.2%	18.2%	20.0%	32.4%	28.2%		100.0%
		Otros (agr.)	5.3%	26.3%	21.1%	31.6%	15.8%		100.0%
		Total	5.6%	42.9%	15.3%	24.2%	12.1%		100.0%
Nativo	Más de 35 años	Patrón gde. fun. prof.	62.5%	12.5%	16.7%	4.2%		4.2%	100.0%
		Técnicos y emp.	12.9%	55.5%	16.8%	12.3%	2.6%		100.0%
		Patrón chi. y no prof.	3.8%	22.6%	64.2%	5.7%	3.8%		100.0%
		Trab man. cal. y serv.	7.3%	20.0%	29.1%	30.9%	12.7%		100.0%
		Trab. man. no cal.	4.1%	12.3%	36.9%	24.6%	22.1%		100.0%
		Otros (agr.)	2.7%	8.1%	45.9%	35.1%	8.1%		100.0%
		Total	10.5%	29.1%	31.8%	18.6%	9.6%	0.2%	100.0%
	Hasta 35 años	Patrón gde. fun. prof.	81.8%	9.1%	9.1%				100.0%
		Técnicos y emp.	5.8%	67.1%	13.5%	10.3%	2.6%	0.6%	100.0%
		Patrón chi. y no prof.		17.6%	58.8%	17.6%	5.9%		100.0%
		Trab man. cal. y serv.	6.1%	21.2%	12.1%	48.5%	12.1%		100.0%
		Trab. man. no cal.	2.4%	15.7%	24.1%	20.5%	37.3%		100.0%
		Otros (agr.)	5.3%	42.1%	5.3%	5.3%	31.6%	10.5%	100.0%

Migrante	Más de 35 años	Total	7.2%	42.8%	17.9%	16.7%	14.5%	0.9%	100.0%
		Patrón gde. fun. prof.	41.7%	16.7%	33.3%	8.3%			100.0%
		Técnicos y emp.	17.3%	43.3%	26.0%	7.9%	4.7%	0.8%	100.0%
		Patrón chi. y no prof.	8.7%	4.3%	69.6%	10.9%	6.5%		100.0%
		Trab man. cal. y serv.	6.5%	25.8%	32.3%	24.2%	11.3%		100.0%
		Trab. man. no cal.	3.9%	21.6%	42.2%	14.7%	17.6%		100.0%
		Otros (agr.)	4.7%	23.4%	37.5%	21.9%	10.9%	1.6%	100.0%
		Total	10.2%	27.1%	37.8%	14.5%	9.9%	0.5%	100.0%

Tabla 6. Movilidad desde el primer empleo al empleo actual según condición migratoria y cohorte (porcentajes verticales)

Migración	*Grupos edad*	*Ocupación padre*	*Primer empleo*						*Total*
			Patrón gde. fun. prof.	*Técnicos y emp.*	*Patrón chi. y no prof.*	*Trab. man. cal. y serv.*	*Trab. man. no cal.*	*Otros (agr.)*	
Nativo	Hasta 35 años	Patrón gde. fun. prof.	27.0%	0.7%					1.8%
		Técnicos y emp.	54.1%	73.6%	24.8%	21.3%	15.0%		45.3%
		Patrón chi. y no prof.		1.4%	27.7%	3.8%	3.8%		6.2%
		Trab man. cal. y serv.	10.8%	11.6%	9.9%	36.9%	17.5%		18.1%
		Trab. man. no cal.	5.4%	10.9%	33.7%	34.4%	60.0%		25.7%
		Otros (agr.)	2.7%	1.8%	4.0%	3.8%	3.8%		2.9%
		Total	100.0%	100.0%	100.0%	100.0%	100.0%		100.0%
	Más de 35 años	Patrón gde. fun. prof.	31.9%	2.3%	2.8%	1.2%		100.0%	5.4%
		Técnicos y emp.	42.6%	66.2%	18.3%	22.9%	9.3%		34.8%
		Patrón chi. y no prof.	4.3%	9.2%	23.9%	3.6%	4.7%		11.9%
		Trab man. cal. y serv.	8.5%	8.5%	11.3%	20.5%	16.3%		12.3%
		Trab. man. no cal.	10.6%	11.5%	31.7%	36.1%	62.8%		27.4%
		Otros (agr.)	2.1%	2.3%	12.0%	15.7%	7.0%		8.3%
		Total	100.0%	100.0%	100.0%	100.0%	100.0%	100.0%	100.0%
	Hasta 35 años	Patrón gde. fun. prof.	39.1%	0.7%	1.8%				3.5%
		Técnicos y emp.	39.1%	76.5%	36.8%	30.2%	8.7%	33.3%	48.7%
		Patrón chi. y no prof.		2.2%	17.5%	5.7%	2.2%		5.3%
		Trab. man. cal. y serv.	8.7%	5.1%	7.0%	30.2%	8.7%		10.4%
		Trab. man. no cal.	8.7%	9.6%	35.1%	32.1%	67.4%		26.1%
		Otros (agr.)	4.3%	5.9%	1.8%	1.9%	13.0%	66.7%	6.0%

Migrante	Más de 35 años	Total	100.0%	100.0%	100.0%	100.0%	100.0%	100.0%	100.0%
		Patrón gde. fun. prof.	11.9%	1.8%	2.6%	1.7%			2.9%
		Técnicos y emp.	52.4%	49.1%	21.2%	16.7%	14.6%	50.0%	30.8%
		Patrón chi. y no prof.	9.5%	1.8%	20.5%	8.3%	7.3%		11.1%
		Trab. man. cal. y serv.	9.5%	14.3%	12.8%	25.0%	17.1%		15.0%
		Trab. man. no cal.	9.5%	19.6%	27.6%	25.0%	43.9%		24.7%
		Otros (agr.)	7.1%	13.4%	15.4%	23.3%	17.1%	50.0%	15.5%
		Total	100.0%	100.0%	100.0%	100.0%	100.0%	100.0%	100.0%

TRAYECTORIAS LABORALES DE HABITANTES RURALES: UN ESTUDIO DE CASO EN UNA ZONA DEL CENTRO DE MÉXICO

GUSTAVO VERDUZCO IGARTÚA

En este trabajo presentaremos información acerca de algunas características de las trayectorias laborales de los habitantes rurales de una región del centro de México. La importancia del mismo puede destacarse a partir de dos consideraciones: por un lado, porque en México llevamos un buen número de años con escasas investigaciones sobre el sector rural, tema del que se escribió mucho en otros años pero del que actualmente se conoce poco. En este sentido, la información que se presentará también servirá para proyectar una imagen quizás distinta a la que prevalece en nuestras mentes urbanas acerca de un sector rural que por lo común se considera como una realidad relativamente estática, homogénea y enmarcada más en realidades del pasado que del presente. En segundo lugar, tantos años de crisis económicas, desde la de 1982, nos han llevado a enfocar nuestras consideraciones bajo los supuestos, a veces no explícitos, de que esas crisis han tenido impactos similares a lo largo del espacio nacional, como si los territorios tuvieran que mostrar unas dinámicas casi únicas a pesar de sus grandes diferencias. A menudo nos olvidamos de que no en vano el análisis regional —como una subdisciplina de estudio— nos ha llevado a cuestionar el débil optimismo de nuestro conocimiento a partir de las grandes visiones nacionales.

Asimismo, y en este sentido una vez más, la orientación a casos particulares restringidos a pequeñas regiones o comunidades reafirma su importancia pues permite profundizar en aspectos de la problemática que no pueden observarse a partir de datos agregados o de encuestas planeadas para una escala nacional.

Como se verá, la dinámica socioeconómica de cierta intensidad que se revela en una región del México central deja entrever aspectos importantes de las diferencias territoriales ante impactos globales como han sido los procesos de apertura y de reestructuración económica que tuvieron lugar en el país a lo largo de las últimas dos décadas.

Desde el punto de vista de los procesos socioeconómicos más amplios, es bien sabido que la reestructuración económica fue trasformando las diversas instituciones que tenían que ver con el sector rural, comenzando con el generoso sistema crediticio que, aunque beneficiaba quizás más a sus funcionarios, ayudaba a mantener un *statu quo* dudosamente productivo pero jugoso en términos políticos.

Por ello, aunque de manera breve, en los párrafos que siguen expondré rápidamente algunos rasgos de los cambios que tuvieron lugar en el ámbito de las políticas gubernamentales orientadas hacia el campo. Más adelante también presentaré ciertos datos que nos permitirán conocer las características del desarrollo regional de la zona que nos ocupa, teniendo como telón de fondo el conjunto de procesos socioeconómicos más generales que sabemos que tuvieron lugar en el país durante las últimas décadas. Este preámbulo será útil para preparar el objetivo central del trabajo, que es interpretar el significado de las trayectorias laborales de los habitantes de una pequeña región desde el punto de vista del proceso de movilidad social, examinada a partir de algunos indicadores básicos; de ahí que por ello resulta indispensable ubicar los posibles alcances de este proceso en el marco específico de las transformaciones regionales más amplias puesto que se trata del escenario concreto donde los actores sociales se han desarrollado. Las personas de quienes recibimos la información directa son hombres y mujeres de distintas edades que han tomado sus decisiones según se han presentado los hechos y las diversas circunstancias de su entorno.

El cuestionario estuvo inspirado en la técnica de las historias de vida que fue utilizada por primera vez en México en el clásico estudio sobre Monterrey realizado a finales de los años sesenta por Balán, Browning y Jelin (1973). Años después, Muñoz, Oliveira y Stern (1977) hicieron un estudio semejante en la ciudad de México y, un poco más tarde, quien esto escribe realizó otro parecido en la ciudad de Zamora, Michoacán (1992).

La técnica de las historias de vida, como se sabe, es muy útil para captar distintos aspectos que tienen que ver no sólo con los cambios laborales de los entrevistados, sino también con otros tipos de transformaciones que han experimentado a través de sus vidas por ejemplo, la construcción de activos diversos.

El análisis generacional y por cohortes de edad nos permite aprehender aspectos de las características del cambio social y económico que han tenido lugar en contextos más amplios, sean éstos el país o la región, según se reflejan en las trayectorias de vida de las personas entrevistadas. La consideración de este tipo de eventos (la influencia de los cambios más amplios en las vidas de los entrevistados), constituye un punto central para el análisis del cambio estructural.

Por razones de espacio he decidido presentar aquí una versión corta, de tal manera que sólo expondré los aspectos que permiten entrever de manera resumida el alcance de algunos cambios observados.

CAMBIOS Y VICISITUDES DE LA POLÍTICA AGROPECUARIA

La política agropecuaria empezó a verse mucho más limitada a partir de los últimos años del gobierno del presidente De la Madrid (quien estuvo en el poder de 1982 a 1988), en acuerdo con los programas de estabilización y ajuste. De 1986 en adelante, se presentaron varios malos años agrícolas y una situación de descapitalización generalizada junto con una política de precios negativa para el sector, aunada a una política comercial y monetaria adversa. En 1987-1989, la tasa de crecimiento del PIB sectorial fue negativa. La producción de los principales alimentos (frijol, maíz, arroz y trigo), disminuyó de 19.6 millones de toneladas en 1981 a 16 millones de toneladas en 1989, lo que afectó la disponibilidad de alimentos para la población. Por ello las importaciones tuvieron que ir en aumento. En promedio se importó 24% de la demanda total de básicos en esos dos años, pero los requerimientos de importación se incrementaron desde 1986. En términos prácticos se tomaron diversas medidas: en primer lugar, se procedió a reestructurar la situación crediticia hasta casi llegar a igualar el costo porcentual promedio del dinero, por lo que ésta se volvió inútil. Por otra parte, aunque paulatinamente se fueron liberando los precios para asemejarlos a los internacionales, se mantuvo el tope de precios en el maíz y el frijol; asimismo, se dio un conjunto de decisiones erráticas que causaron desconcierto y desaliento entre muchos productores ya que, mientras por un lado se impulsó el cultivo de algún producto (como el sorgo), por el otro, se abrió la importación del mismo al momento de la cosecha, provocando problemas serios para su comercialización. Las repercusiones de estas medidas se reflejaron en que, por ejemplo, para el ciclo de primavera-verano de 1990, 70% de los clientes del Banco de Crédito Rural se encontraron con cartera vencida y dejaron de ser sujetos de crédito.

Más adelante, con la llegada al poder del presidente Salinas, se planteó una estrategia global para el desarrollo del sector agropecuario llamada "Programa Integral de Modernizacion del Campo".

El criterio central fue diferenciar a los productores dependiendo de sus ingresos y de su potencial productivo. Para ello se redefinieron las funciones de las diversas instituciones del sector financiero rural. Asimismo, se procedió a tipificar a los diversos productores en las siguientes categorías: *1)* productores de zonas marginadas; *2)* productores con potencial productivo, y *3)* productores que actúan dentro de la agricultura comercial.

La banca comercial (reprivatizada a partir de 1991), junto con FIRA (Fideicomisos Instituidos en Relación con la Agricultura) y el Banco de Comercio Exterior, darían su apoyo a los distintos tipos de empresarios agrícolas de altos ingresos, mientras que el Banco de Crédito Rural (organismo de representación estatal) se orientaría al apoyo de los productores de bajos ingresos pero con potencial productivo. Estos productores tendrían acceso a financiamiento con tasas preferenciales y serían quienes podrían ser capaces de producir algunos excedentes de granos básicos.

Por otra parte, los campesinos más pobres estuvieron, hasta 1993, recibiendo atención a través del Programa Nacional de Solidaridad (Pronasol). Éste contaba con dos tipos de apoyos, los productivos y los sociales. Podían solicitar apoyo crediticio para cultivar, los productores que se hubieran encontrado en cartera vencida con el Banco de Crédito Rural (la institución oficial de gobierno para apoyar la agricultura) en el año previo. Cada productor podía recibir cada año casi lo equivalente a un salario mínimo mensual por hectárea (110 dólares) para la producción de maíz y frijol. Los jornaleros y en general el proletariado rural recibían apoyo a través del programa social Pronasol. En este caso se trataba de impulsar pequeños proyectos productivos (apoyo a la microindustria), así como de asistencia social (a través de programas nutricionales, educativos y de vivienda).

El breve resumen anterior deja ver claramente la orientación práctica que el gobierno le dio al campo mexicano a partir de los criterios que la banca internacional y el FMI le habían marcado. Se trataba de una estrategia que, dentro del conjunto de los nuevos planes económicos neoliberales, se pensó sería la adecuada para amortiguar la crisis del sector agropecuario. En este sentido, sin embargo, los planes salinistas consolidaron un conjunto de prácticas que ya se venían dando en aquellos años (Appendini *et al.*,1995). Más adelante, los programas para el campo no cambiaron sustancialmente. Con Zedillo, el Pronasol se transformó en el programa "Progresa", para después pasar al de "Oportunidades", durante el gobierno del presidente Fox. En todos estos casos se trató de una estrategia de corte asistencialista para apoyar a los más pobres del campo con ampliación hacia los pobres urbanos. Por otra parte, Procampo también continuó el en apoyo a los productores maiceros y se procedió a reestructurar el sistema financiero a través de un remozamiento institucional llamado "Financiera Rural", sin que este nuevo apoyo haya implicado una orientación diversa de la estrategia productiva claramente indicada desde los tiempos de Salinas y que favorece al sector rural de mayores recursos productivos.

Sin duda alguna se han logrado al menos tres objetivos: por un lado, en la medida en que los programas Pronasol, Progresa y Oportunidades hayan sido eficientes, millones de familias rurales (y luego también las urbanas), habrán recibido ciertos beneficios económicos mínimos junto con un paquete sanitario y educativo también mínimo; en segundo término, los pequeños y grandes productores maiceros se han visto estimulados para la producción de un grano básico a pesar de la competencia del maíz de nuestros socios estadounidenses. Por último, los miles de productores con poca tierra y recursos escasos que por tal motivo no pueden ser competitivos en otros cultivos alternativos en las circunstancias actuales, se han visto presionados o para vender sus terrenos o para alquilarlos a quienes sí cuentan con recursos. En este sentido hemos de recordar que los cambios al artículo 27 de la Constitución permiten desde hace más de una década la venta de las parcelas ejidales.

De lo anterior puede concluirse que, con excepción de los pocos medianos y grandes productores agropecuarios que a lo largo de los años han logrado ser competitivos, además de haberse podido librar de los ahogos financieros, la situación de los últimos años ha seguido siendo desfavorable para el conjunto de los habitantes rurales del país, más aún después del retiro del fuerte gasto que el gobierno le asignaba al campo todavía a mediados de los años ochenta. Actualmente, a lo más, se amortigua la pobreza de millones de hogares con los apoyos mínimos de Oportunidades y de Procampo.

De ahí que las grandes tendencias sociodemográficas que se venían dando en otros lustros continuaron su curso aceleradamente siguiendo las dinámicas impuestas por la urbanización así como por la apertura al exterior materializada de manera clara por el Tratado de Libre Comercio con América del Norte. Las demandas del sector urbano mexicano siguieron absorbiendo a la fuerza de trabajo rural excedente (Chávez Galindo, 1999), mientras el dinamismo de la economía estadounidense continuó demandando con intensidad una mano de obra barata de baja calificación. El resultado ha sido un reforzamiento de la expulsión del campo a las ciudades mexicanas, así como también un crecimiento de la emigración a Estados Unidos proveniente todavía en gran medida de las zonas rurales, sólo que actualmente están implicadas casi todas las regiones del país, mientras que hace veinte años se restringía el monto anual de los migrantes así como el de sus zonas de origen a sólo ciertas áreas (Zúñiga y Hernández León, 2005; Durand y Massey, 2003; Verduzco, 2003).

La visión anterior resume un conjunto de procesos que han impactado los modos de vida de los habitantes de las zonas rurales mexicanas y que, como decíamos antes, nos ayudarán a comprender el significado de las trayectorias laborales de los miembros de los hogares rurales objeto de esta presentación.

EL CONTEXTO SOCIOECONÓMICO DE LA ZONA DE ESTUDIO

A continuación presentaremos algunos resultados de investigación a partir de una muestra de 31 localidades menores en los municipios queretanos de Tequisquiapan, Ezequiel Montes, San Juan del Río y Cadereyta, en la región central del estado de Querétaro. Casi la totalidad de las localidades tenían menos de 1 500 habitantes en el año 2000 y ninguna excedía los 2 500. Se obtuvo una muestra al azar representativa, estadísticamente hablando, de todos los hogares de esas localidades a principios del año 2002. Se levantaron en total 756 encuestas cuyas respuestas son el ingrediente principal que aquí se ofrece.

La selección de la zona de estudio tuvo que ver con dos circunstancias. La primera, por tratarse de una zona rural muy próxima a centros urbanos que habían experimentado un proceso de industrialización tardío y rápido cuya dinámica también había servido para impulsar un cierto proceso de desconcentración de la ciudad de México. Esos centros urbanos son en primer lugar la ciudad de Querétaro y, en segundo, San Juan del Río, más cercano a los lugares del estudio. De esa zona en particular se ha hablado en la literatura urbana y regional como aquella que se ha dinamizado a partir del impulso de polos de desarrollo promovidos parcialmente por los gobiernos estatal y federal (Garza, 1980). Uno de los objetivos de este estudio era conocer las repercusiones de esos cambios regionales en las trayectorias laborales y de bienestar de los hogares de las localidades menores, las que por lo general son consideradas como más apegadas a las actividades agropecuarias; de ahí que, continuando la tendencia que han seguido muchos pueblos, una hipótesis común a estos lugares en México sería que las crisis de la agricultura junto con la escasez de demanda laboral hubieran promovido un amplio proceso de emigración de una buena parte de la población precisamente hacia esos nuevos polos de desarrollo: San Juan del Río y la ciudad de Querétaro. Pero también sería factible encontrar importantes flujos temporales de migrantes laborales quienes, por estar en la zona central del país, podrían incluir como destino a la zona metropolitana de la ciudad de México. Además, por la ampliación tan clara de los flujos de migración a Estados Unidos a lo largo de todo el país, especialmente durante las últimas décadas, seguramente encontraríamos muestras de este fenómeno en las historias laborales de los habitantes de esta pequeña región. Asimismo, por tratarse de una zona rural donde han prevalecido las actividades agropecuarias, encontraríamos sobre todo hogares con varios tipos de campesinados, aunque mayormente inmersos en una situación de proletarización como ha sido común en el país desde hace ya muchas décadas.

Pero antes de abordar directamente los resultados de la encuesta, convendrá primero echar una mirada a algunos indicadores básicos que ayudarán a ubicar algunos aspectos de la dinámica económica y demográfica que ha tenido lugar en aquella zona del país.

El estado de Querétaro es una entidad que, aunque en la actualidad tiene una ciudad capital de tamaño mediano con cambios socioeconómicos intensos que llevan a pensar en un desarrollo positivo, en su interior existen unas cuantas poblaciones que apenas son de relativa importancia para sus pequeñas regiones de abasto. En general, el estado en su conjunto sería considerado más bien como pobre si no fuera por la localización estratégica de su capital, a la entrada de una amplia planicie (el Bajío), rica en tierras y productos desde los tiempos coloniales.

Por otra parte, San Juan del Río, la segunda ciudad estatal y muy próxima a nuestra zona de estudio, ha podido sacar provecho de su localización a un lado de la carretera federal que conduce a la ciudad de México, así como por estar a la entrada de una planicie fértil y bien irrigada. De ahí que históricamente ha destacado como una población de importancia por ser cabeza de una zona agrícola rica. Además, en las últimas décadas ha participado parcialmente del desarrollo industrial que conjuntamente se ha iniciado en la ciudad capital.

En la escala estatal, la ciudad de Querétaro concentra las mayores cifras en casi todo: población, sectores de actividad económica y valor agregado; San Juan del Río le sigue, es cierto, pero muy de lejos a pesar de mostrarse también como una ciudad dinámica.

A partir de los años setenta, las ciudades de Querétaro y en menor medida San Juan del Río empezaron a crecer con un dinamismo mayor que el del conjunto de las ciudades del país. Se debió, sin duda alguna, a su localización geográfica junto con la instrumentación de proyectos específicos para impulsar la industria.

De entonces para acá, particularmente la ciudad de Querétaro ha aumentado su población atrayendo gente de fuera, tanto del interior del estado como de otros estados cercanos y de la zona metropolitana de la ciudad de México. Algo similar ocurrió con San Juan del Río, aunque a una escala mucho menor. Entre 1970 y 2000, la ciudad de Querétaro creció a una tasa de 3.7% anual y San Juan del Río a una tasa de 3.5%, cifras muy por arriba del conjunto del país así como de otras ciudades mexicanas para esos mismos años. Al año 2000 los municipios conurbados que forman la ciudad de Querétaro contaban con 715 994 habitantes y San Juan del Río contaba con 99 483 (INEGI, 2000, Censo de Población).

Entre 1970 y 2000, el estado se urbanizó. De tener en 1970 a 64% de su población en localidades menores a 2 500 habitantes, en 2000 sólo tenía en esa categoría a 32%; en contrapartida, la mitad de la población queretana ya vivía en localidades de más de 15 000 habitantes (INEGI, 2000, Censo de Población).

En términos productivos, el peso de la actividad agropecuaria bajó fuertemente, de tener una participación de 18% en 1970, a sólo 3% en el año 2000, de manera parecida al resto del país para esos mismos años. Por otra parte, aunque el estado de Querétaro entró tardíamente al proceso industrial moderno, apenas en los años sesenta, las industrias, especialmente de alimentos, metal mecánica y química, se instalaron con mucho éxito sobre todo en la ciudad capital, pero también con participación de San Juan del Río. Como muestra, podemos observar que el PIB estatal ha ido a contrapelo del nacional ya que, por ejemplo, entre 1993 y 2003, la tasa media de crecimiento anual fue de 5%, mientras que la del país apenas alcanzó 2.7%. El PIB manufacturero estatal, por otra parte, ha sido de 5.8%, mientras que el del país fue de 2.8% para ese mismo periodo (INEGI, Banco de Información Económica). En términos generales y con las limitaciones del caso, podemos decir que en esos años le ha ido mejor a Querétaro que al país.

La región de estudio que comprende parte de los municipios de San Juan del Río, Ezequiel Montes, Cadereyta y todo el entorno rural del municipio de Tequisquiapan, tiene en general una situación de urbanización relativamente alta ya que San Juan y Tequisquiapan se encuentran entre el 20% de los municipios del país con mejores niveles de urbanización, sin embargo Ezequiel Montes, pero sobre todo Cadereyta, tienen niveles más bien bajos. En este sentido, la región ofrece un cuadro de cierta heterogeneidad, al menos visto desde esta perspectiva general.

En cuanto a la actividad económica, San Juan del Río y Tequisquiapan se encuentran entre el 13% de los municipios del país con la menor proporción de población ocupada en el sector primario; entre el 7% de los municipios del país con mayores proporciones de población ocupada en el sector secundario y entre el 28% de los municipios con más proporción de población ocupada en el terciario (INEGI, Regiones socioeconómicas).

Por otro lado, en el conjunto de variables de ocupación, como son la proporción de la PEA, la proporción de la población ocupada y, en términos relativos, la proporción de la PEA femenina, la región entera sobresale entre el 18% de los municipios del país. Entre 1990 y el año 2000, la tasa de ocupación del país creció apenas 3.6% anual, mientras que la del estado de Querétaro lo hizo en 5.2% y la de la región en estudio en 5.0 (véase anexo 2 al final).

Según los indicadores anteriores, la región ofrece una situación excepcional que no es privativa del municipio de San Juan del Río, como podría pensarse, sino que, con algunas variaciones, también se observa en los otros tres municipios (para complementar la visión de la zona a partir de varios indicadores puede consultarse el anexo estadístico 2 al final del capítulo).

Como se puede observar en los cuadros del anexo referido, las tasas específicas de ocupación por sexo para el conjunto del estado de Querétaro y para la región de estudio (los cuatro municipios) siguen una misma tendencia con variaciones menores. Entre 1970 y el año 2000 las tasas generales de ocupación crecieron de casi 44 a 49% para el estado, y de casi 44 a casi 50% para la región. En el caso de las mujeres, las tasas de ocupación pasaron de 14.7% para el conjunto del estado de Querétaro en 1970, a 32.1% en el año 2000. Para la región, subieron de 12.2 a 32.3% en el mismo periodo. En los datos del anexo también pueden observarse las variaciones de la población ocupada según los sectores de la actividad económica con sus diferencias entre el conjunto del estado, la región de estudio y cada municipio. Los incrementos en la manufactura, el comercio, el transporte y los servicios son una constante del estado, la región como conjunto y cada uno de los municipios de la misma, a la vez que se reflejan las variaciones locales. Por otra parte, también se observa una fuerte baja del empleo en la agricultura a lo largo de esos años.

De acuerdo con estos indicadores, es claro que tanto el estado de Querétaro como la región en estudio han mostrado cambios positivos importantes a lo largo de las últimas décadas. Por otra parte, las informaciones previas también son coherentes con las informaciones que obtuvimos de las entrevistas con informantes clave de la zona. Aparte de lo que se percibe a través de los datos estadísticos, son muchos los cambios reportados por ellos. En primer lugar, en la pequeña ciudad de Tequisquiapan y sus alrededores han tenido lugar importantes desarrollos de conjuntos habitacionales y hoteles para los turistas de fin de semana quienes en su mayoría proceden de la ciudad de México; éstas son actividades que se ampliaron fuertemente durante las últimas décadas, de ahí que muchos de los nuevos empleos hayan tenido lugar en las actividades de la construcción, los servicios diversos (inmobiliarios, de servicio doméstico, jardinería, etc.), así como en el comercio y el transporte. Asimismo, la empresa de producción de pollo Pilgrim's Pride reestructuró a una empresa antecesora, propiedad de empresarios queretanos, y continuó en la región pero con una nueva organización y forma productiva, a la vez que en un proceso de expansión que contribuyó, más que con la ampliación del empleo directo, con una cierta demanda de servicios diversos de apoyo veterinario y de alimentación, a la vez que de transporte.

Por otra parte, en el proceso de reestructuración agropecuaria que tuvo lugar en la zona, pasaron a privilegiarse los granos forrajeros y la producción de alfalfa, con lo que se redinamizaron las actividades de engorda de ganado y de producción de leche, sobre todo en el municipio vecino de Ezequiel Montes. Asimismo, muchos pequeños talleres de ropa comenzaron a maquilar diferentes tipos de vestimentas, a partir de empresas estadounidenses con casas de enlace en Guadalajara. Estos talleres se localizaron en los pequeños pueblos de la zona.

Al tiempo de la realización del trabajo de campo, era usual que los autobuses de transporte de personal de las empresas mayores de San Juan del Río tuvieran rutas precisas para recoger y dejar a los trabajadores en los pueblos de los cuatro municipios.

CRECIMIENTO Y TAMAÑO DE LAS LOCALIDADES DE LA ZONA DE ESTUDIO

Entre 1970 y 2000 se produjeron cambios muy definidos en la distribución territorial de la población. Las transformaciones económicas relacionadas con las variaciones de la agricultura, la industria y los servicios, el proceso de urbanización y el desarrollo de las comunicaciones, son factores que empujaron a un profundo reordenamiento territorial de la población.

Al explorar el ritmo de crecimiento según el tamaño de las localidades, se observa que las menores de 500 habitantes han tenido un crecimiento poblacional bajo, mientras que aquellas un poco mayores, de 501 a 1 500 habitantes, han tenido un crecimiento acelerado. Se trata en buena medida de traspasos de población de unas localidades a otras dentro de los mismos municipios a partir de ventajas relativas de localización por situarse algunas de ellas sobre caminos de cierta importancia.

Pero los cambios en el tamaño de las localidades reflejan transformaciones sociales y económicas más profundas: la evolución de los mercados regionales de trabajo, los cambios económicos sectoriales y el desarrollo de los medios de transporte son factores determinantes de la distribución territorial de la población y de los procesos que empujaron a una mayor concentración relativa de la misma. Para discriminar algunas tendencias buscamos relacionar el ritmo de crecimiento de la población en las localidades y el ritmo de cambio de la PEA ocupada en el sector primario en los mismos lugares. A continuación presentamos brevemente un perfil de los cambios más importantes en ese sentido.

Las comunidades de los cuatro municipios experimentaron un proceso de cambio que combinó la disminución absoluta del empleo en el sector primario con el crecimiento del empleo en la industria, el comercio y los servicios. Las diferencias más importantes entre las localidades de la zona tienen que ver con la intensidad con que se presentaron los cambios. Los sitios donde la disminución del empleo primario ha sido más lenta son los que presentaron menores tasas de crecimiento de población y son también los de menor tamaño medio. El mercado de trabajo en estas localidades aún mantuvo fuertes vínculos con el sector primario. Esta relación se ha convertido en una barrera que ha limitado el crecimiento demográfico.

Las comunidades que han combinado una acelerada disminución del empleo en las actividades primarias con un aumento del empleo en la industria, el comercio y los servicios, por el contrario, son las que presentaron las tasas de crecimiento demográfico más altas y, consecuentemente, un mayor tamaño medio.

Los cambios en la estructura sectorial del empleo se originaron en dos fenómenos convergentes. El primero estuvo ligado con la crisis económica y social que afectó a la agricultura y la ganadería, y cuyas principales manifestaciones fueron: descapitalización, bajos rendimientos, ausencia de economías de escala, escasa rentabilidad y alta exposición a riesgos. Estos factores forzaron a una disminución notable de la demanda de trabajo de la agricultura y la ganadería a pesar de los cambios que se introdujeron en el proceso de reestructuración. El segundo fenómeno estuvo relacionado con la expansión de la demanda de trabajo en la industria, los servicios y el comercio en los principales centros urbanos de la región, y que incluso se extendió a localidades de tipo rural o semirrural, principalmente la maquila tradicional de confección de ropa.

Los puntos anteriores nos dejan ver que estamos en presencia de un proceso extendido y sostenido de desruralización del empleo en localidades que, por su tamaño, usualmente serían definidas como rurales, aunque este proceso no debe ser confundido con una desaparición total del campesino, entendida como el fin de la economía familiar apoyada en la propiedad de pequeñas unidades productivas, el empleo de fuerza de trabajo familiar y la producción para el autoabasto. Lo que estas tendencias reflejan en la escala regional es una aguda baja del empleo agrícola al lado de un proceso de reestructuración de la economía campesina que ha implicado una mayor tasa de empleo fuera de la unidad campesina familiar y una contracción del trabajo en los predios familiares (Christian Muñoz, 2003).

RESULTADOS GENERALES DE LA ENCUESTA

Los hogares

A continuación se presentarán primero algunas características generales de los hogares de la muestra junto con sus referentes nacional y estatal ya que, cuando ello es posible, permite comparar la información obtenida en las comunidades con los perfiles semejantes en los contextos más amplios. Asimismo hemos de tener en cuenta las informaciones presentadas antes sobre los acontecimientos económicos que tuvieron lugar en el país especialmente durante el último cuarto de siglo así como los datos más específicos para la zona de estudio.

De los hogares seleccionados, 77% son de jefatura masculina y 23% de jefatura femenina. En el país estos mismos valores son de 79 y de 21% respectivamente de acuerdo con los datos censales de 2000.

De los hogares de la muestra, 79% es de tipo nuclear y 21% de tipo extenso. Los mismos valores, tanto para el estado de Querétaro como para la región, son de 73 y 23%; para el país son de 67 y 31%, respectivamente. Según el tipo de hogares, la región se muestra en un proceso de transición más intenso que el país como conjunto, pues hay que tener en cuenta que la muestra corresponde a comunidades pequeñas localizadas en un entorno rural.

Los hogares con cinco miembros y más son 75% de la muestra, mientras que en el país son 59% y en el estado de Querétaro, 63%. Así, la muestra tiene hogares mayores que el contexto amplio del país, probablemente por tratarse de un entorno muy definido por los acontecimientos de los últimos años, que ha facilitado la permanencia de los más jóvenes por más tiempo, así como por aceptar a otros parientes distintos de los miembros inmediatos del grupo nuclear. Los hogares de la muestra se integran de la manera siguiente:

Jefes (as)	756
Cónyuges	653
Hijos	3 111
Hermanos	44
Padres o madres	62

"Otros parientes"	292
Sin parentesco	34
Total de miembros	4 952

Esto da 6.5 miembros por hogar, de los que 4.1 miembros son hijos(as), y 0.5 son miembros emparentados con el jefe(a) pero no hijos. En los hogares, 50.2% son hombres y 49.8% son mujeres; 21% está encabezado por mujeres, de manera semejante a lo que sucede en el resto del país. La mayor parte de los jefes(as) de los hogares son adultos jóvenes y adultos de 30 a 49 años de edad (57%), aunque no hemos de pasar por alto que casi una tercera parte son adultos maduros (29.6%). La edad promedio de los jefes es de 37.3 años. (Pueden consultarse algunos cuadros con información específica en el anexo 1.)

Del total de los hogares, 38% se encuentra en la etapa inicial del ciclo familiar, que es cuando todos los hijos son menores de 16 años. En el lado contrario, 23% se encuentran en la etapa avanzada del ciclo, cuando todos los hijos son mayores de 16 años. En 45 hogares (6%) no hay hijos.

Pesan un poco más los hogares de la muestra con mayor número de dependientes, aunque en casi una cuarta parte los hijos tienen más de 16 años.

Escolaridad

Desde el punto de vista educativo la muestra es muy homogénea entre los jefes de los hogares, ya sean hombres o mujeres. Entre los jefes hombres sólo 33% terminaron la primaria, pero hasta 50% tienen muy baja escolaridad, pues o no fueron a la escuela o cursaron apenas algunos años; su escolaridad promedio es de sólo 4.2 años. En el caso de las mujeres que son jefas de hogar, su escolaridad es todavía un poco menor, con un promedio de 4 años. Además, un grupo mayor que el de los hombres (53%) o no fueron a la escuela o apenas asistieron unos cuantos años (veánse los cuadros del anexo 1). Estos datos aparecen muy bajos al compararlos con los del país, pero todavía más al confrontarlos con los del estado de Querétaro. En el primer caso la escolaridad promedio de los hombres es de 7.6 años y la de las mujeres de 7.1; para Querétaro es de 7.8 y 7.1 respectivamente (Censo de Población, 2000).

Para todos los integrantes de la muestra, es decir para todos los miembros de los hogares, el promedio de años de escolaridad es de 5.7, cifra que, aunque es mayor que la de los jefes solos, es todavía menor que la de las medias nacional y estatal mencionadas antes. En este último grupo 70% tiene primaria completa o menos, situación que nos permite ver el rezago educativo que aún existe, a pesar de incluir a los más jóvenes.

Es claro, por tanto, que aunque la escolaridad ha ido aumentando al poderse integrar a los más jóvenes, los niveles son todavía muy bajos en estos pequeños pueblos de la región. Contrasta además con el hecho de ser una región de transición donde, como se verá, estos pueblos ya tienen una estructura ocupacional relativamente heterogénea.

Es cierto que, en una visión retrospectiva, al comparar a los diversos grupos de edad encontramos que, mientras entre los jefes de hogar jóvenes (de 21 a 39 años) 47% terminó la primaria y 23% terminó también la secundaria completa, entre los jefes de 40 a 59 años de edad las cifras son de 26 y 5% respectivamente. El contraste es mayor entre los de 60 años y más, ya que en ese grupo sólo 11% terminó la primaria y ninguno concluyó la secundaria.

Comparación entre esta generación de jefes y la previa

Sin embargo, las diferencias son más amplias cuando comparamos a los jefes de los hogares de esta generación con los de la generación de sus padres. En ese caso, 70% de los padres de los jefes(as) de los hogares no estudiaron y sólo 17% pasó del tercer año de primaria, situación que nos deja ver que la zona estaba muy rezagada en términos escolares desde hace muchos años, a pesar de no ser una región aislada ni alejada de los centros de comunicación mayores.

Pero insistimos una vez más en que no debemos olvidar que estamos ante una muestra de hogares de pueblos muy pequeños, donde además sabemos por las entrevistas que la instalación de las escuelas en los pueblos fue relativamente tardía en comparación con otras zonas.

Ocupación

De los jefes de los hogares, 97% tienen trabajo de tipo manual (albañiles, jardineros, obreros, trabajos en la agricultura, trabajos domésticos de limpieza, trabajos de artesanías, etc.). Este dato reafirma el carácter proletario de las comunidades y nos aporta un rasgo muy claro de las mismas. Se trata de pequeños pueblos que han albergado mayormente a los integrantes de la clase trabajadora rural. Por ello, en el mismo sentido de la insistencia del párrafo previo, hay que recordar que en la muestra no estuvieron incluidas las cabeceras municipales, por lo que los cambios observados en las trayectorias laborales no pueden reflejar otros aspectos de la dinámica socioeconómica regional que seguramente sí se revelan en el caso de las pequeñas ciudades de la zona.

La mitad de los jefes de los hogares trabajan en sus propias comunidades y la otra mitad en alguna otra localidad de la zona. Algo muy similar sucede entre los miembros de la siguiente generación, es decir, la de sus hijos. En este sentido, la región se distingue de otras áreas rurales del país por la relativa integración ocupacional que existe en ese territorio que, por sus características orográficas (planicies) y de excelente comunicación, ha facilitado que las personas puedan ir a venir a sus trabajos sin tener que trasladar sus domicilios. Éste es un dato que merece ser resaltado, ya que no se trata sólo de que haya habido mayor oferta y diversidad del empleo en la región, sino además de que, por la facilidad que permite la geografía junto con las comunicaciones actuales, ha sido posible que una mitad de los entrevistados pueda ir y venir a su trabajo diariamente, mientras que la otra mitad ni siquiera tenga que trasladarse a otra localidad para emplearse.

Sin embargo, por lo que se pudo saber a través de otro tipo de entrevistas directas, en otros años la zona expulsó mano de obra, situación que también se puede constatar al considerar en la encuesta los datos de las historias laborales de las personas de más edad.

Anteriormente la gente iba a trabajar por temporadas principalmente a la ciudad de México. También hubo participación de un número importante de personas de las generaciones anteriores en la migración laboral a Estados Unidos.

Actualmente, de los jefes de los hogares, sólo 3% trabajan en la ciudad de México o en Estados Unidos: en cambio, de sus hijos en edad de trabajar, 9% están actualmente en Estados Unidos. En términos relativos, si observamos el fenómeno laboral migratorio en una visión longitudinal, seguramente éste ha descendido a partir de la existencia de una mayor oferta laboral en la región, aunque desde hace algunos años se perciba cierto aumento, sobre todo en las migraciones a Estados Unidos, que últimamente han afectado a los más jóvenes. Sin embargo, comparativamente con el resto del país, la migración actual a Estados Unidos es baja en las comunidades de la muestra.

Al presente la región es un lugar con arraigo de sus pobladores, probablemente debido a los muchos cambios que han ocurrido en ella y que han promovido el empleo en la misma.

Cambios laborales

Para conocer la dinámica laboral, se ofrecerán algunos datos sobre las trayectorias de los jefes de los hogares a partir de información acerca de lo que acontecía en diversos momentos de sus vidas. Esto se hará de manera resumida para facilitar la exposición.

Cuando los jefes de los hogares tenían entre 5 y 12 años, 68% colaboraba en las labores de la familia: 53% en la agricultura, 5% en otro tipo de actividad, 10% en las tareas domésticas. Sólo 13% tenía un trabajo remunerado.

La situación anterior se debía a que 64% de los padres de los jefes de los hogares tenía un trabajo ligado a la agricultura, situación que contrasta con el presente y nos permite evaluar el alcance de las transformaciones de la estructura económica regional entre apenas una generación y la siguiente, aunque los datos del párrafo previo nos indican que una proporción importante de los actuales jefes de los hogares participó en la infancia en trabajos agrícolas, sólo que luego muchos de ellos cambiaron de sector de actividad.

Al momento de la encuesta, apenas una quinta parte de los jefes de los hogares cultivaban la tierra, la mayoría en terrenos más bien pequeños, de 10 hectáreas o menos, como ejidatarios, propietarios o rentistas; sólo unos cuantos tenían o usufructuaban un poco más de tierra (véase el cuadro en el anexo). Estos datos nos dan una clara idea sobre la profundidad de los cambios en esa pequeña región, pues durante su infancia más de la mitad de los jefes de los hogares colaboraron en las labores agrícolas de sus padres mientras que ahora son relativamente pocos quienes trabajan la tierra. Por otra parte, no sólo hay escaso acceso a tierras de cultivo, sino que los que tienen esa posibilidad consiguen terrenos muy pequeños que difícilmente podrían aportarles ingresos suficientes para subsistir.

Por otra parte, los cambios ocupacionales se aprecian también muy claramente al comparar las ocupaciones de los jefes de los hogares en los distintos grupos de edad. Ello nos permite observar el alcance de los cambios a través del tiempo. Tenemos así, por ejemplo, que mientras la mayor parte de los jefes de 60 y más años trabaja actualmente en el campo y unos cuantos en la construcción, son mucho más los jefes de 40 a 59 años que laboran en la construcción, y menos de ese grupo de edad trabajan en las actividades agrícolas. Además, los jefes de hogar de 21 a 39 años ya casi no trabajan en el campo y la mayor parte tiene ocupaciones novedosas para la región, como ser obreros o trabajar en oficios diversos o en actividades de servicio. Estas diferencias ofrecen otra dimensión del alcance de los cambios regionales, como se observa en el cuadro A.

Los datos anteriores se refieren a las diferencias entre los jefes de los hogares hombres a partir de tres grupos de edad. Vemos cómo la dedicación al campo (como usufructuario, propietario, rentista o asalariado) baja de 40 a 11.5%, pero, como veremos enseguida, la situación se observa to-

Cuadro A. Ocupación de los jefes hombres de los hogares según grupos de edad (principales ocupaciones)

	De 60 años y más	*De 40 a 59 años*	*De 21 a 39 años*
Campo	40.0%	27.8%	11.5%
Construcción	8.5%	27.0%	29.0%
Comercio	6.8%	5.5%	3.3%
Obrero	0.8%	4.6%	12.8%
Servicios	5.0%	14.3%	17.4%
Otras principales	19.5%	13.4%	12.5%
	80.6%	92.6%	86.5%
Total Abs. 547	118	328	101

davía mucho más cambiante al considerar el perfil ocupacional de los miembros que trabajan en la generación de los hijos e hijas de los actuales jefes de los hogares. En esa generación el perfil es el siguiente:

Obreros	21.3%
Construcción	17.3%
Campo (jornal)	14.3%
Empleados, secretarias, choferes y profesionistas	17.0%
Servicios (diversos)	30.1%
	100.0%

En la generación de los hijos no sólo hay una mayor proporción de obreros, sino que los ocupados en servicios diversos constituyen una cierta mayoría. Además, aparecen ya los empleados, los profesionistas, las secretarias y los choferes, es decir, los que tienen un trabajo calificado no manual.

Lo expuesto deja ver que los cambios laborales efectivamente han sido muy amplios sobre todo entre las generaciones. Sin embargo, no debemos pasar por alto que aún se aprecia con relativa importancia entre los hijos el trabajo en el campo y en la construcción, ya que ambas proporciones suman casi una tercera parte (31.6%); en este sentido, los datos reafirman que muchos de estos hijos todavía mantienen el mismo tipo de empleo que sus padres.

De todas formas, es claro que los cambios han sido muy extensos. En otras zonas del país se han observado transformaciones semejantes, aunque en periodos previos y generalmente unidos a dinámicas migratorias de llegada a zonas urbanas. En cambio en esta región pareciera que, al menos en los pueblos pequeños, no se han dado flujos importantes de movilizaciones laborales temporales que nos podrían proyectar otros perfiles en las trayectorias ocupacionales como ha sucedido en muchos de los entornos rurales del país donde ha sido común que sus residentes tengan que salir a trabajar a las ciudades cercanas a sus zonas, ya se trate de la ciudad de México, Guadalajara o Monterrey. En esta zona los pobladores han estado cambiando laboralmente a pesar de residir en comunidades pequeñas de no más de 2 500 habitantes en un contexto rural. Ésta es una peculiaridad que debe ser resaltada pues refleja los procesos de una dinámica particular que está enmarcada en un conjunto de circunstancias que también tienen que ver con las características de un territorio, pues seguramente no habría ocurrido algo similar si se tratara, por ejemplo, de una región montañosa donde por ciertas circunstancias se hubiera podido dar una situación de nuevas ofertas laborales.

Ingresos de los jefes de los hogares

Como complemento de la visión anterior sobre el empleo, pasemos ahora a examinar la situación de los principales ingresos monetarios. Los ingresos semanales de los jefes(as) de los hogares son:

Menos de $400	27%
De $401 a $799	42%
De $800 a $999	14%
$1 000 y más	16%
(Abs.700)	

Comparativamente con el resto del país, los jefes de los hogares de la muestra tienen ingresos promedio menores juzgando sólo por el ingreso del jefe, ya que en el país 35% de la población ocupada gana tres salarios mínimos o más, mientras que sólo 16% de los jefes de los hogares recibía cantidades similares. Sin embargo, hemos de volver a notar que en su mayor parte las comunidades de la muestra son pequeñas y más directamente conectadas a un entorno rural, mientras que los datos nacionales se encuentran influidos por el perfil urbano del país.

Pero de acuerdo con los niveles de pobreza establecidos por el Comité Técnico para la Medición de la Pobreza en México (2002), 75% de los hogares de la muestra se encontrarían en los niveles de pobreza: 54% en el nivel de mayor intensidad y 21% en los niveles menos agudos. Sólo 25% no serían considerados como pobres.[1]

Aunque en promedio en los hogares trabajan 1.8 miembros del hogar además del jefe, no todos colaboran con parte de sus ingresos a los gastos de los hogares. En éstos hay en total 1 347 personas que aunque trabajan no aportan ingresos a los hogares. Solamente 731 personas (54%) de quienes trabajan aportan ingresos a sus hogares. De éstas, 21% son cónyuges y 70% son hijos o hijas. De estos últimos, son 327 hijos y 230 hijas.

De los hijos que aportan ingresos al hogar, 37% tiene entre 16 y 20 años de edad, y 38% entre 21 y 29. Las aportaciones semanales van desde \$2 hasta \$3 000 pesos. De los hijos e hijas que aportan, 76 % lo hace con cantidades menores a \$200 pesos por semana; en cambio, 72% de los cónyuges aporta cantidades mayores a \$205 pesos por semana. En ese sentido, y como sería de esperarse, en general hay más apoyo económico de los cónyuges que de los hijos.

[1] El nivel 1, necesario para adquirir la canasta básica de alimentos, en el sector rural determina la cantidad de \$15.43 pesos diarios por persona para tal fin. En el nivel 2, para satisfacer necesidades de alimentación, salud, vestido, vivienda, transporte y educación, el monto es de \$18.90 pesos por persona. En el nivel 3, para cubrir los requerimientos anteriores más los otros bienes y servicios "indispensables", la cantidad es de \$28.10 pesos por persona por día.

Sin embargo, hemos de tener en cuenta que los datos acerca de los ingresos no son ni completos ni exactos, ya que ése no era el objetivo principal de la encuesta; de todas formas, son informaciones con la suficiente solidez como para aportarnos una imagen clara del conjunto de las diferencias que existen entre los hogares.

Al analizar las diferencias entre ocupación e ingresos, es muy claro que los hogares se distinguen más por aspectos relacionados con la edad de sus integrantes, empezando por la de los jefes del hogar, que por variables de otra índole como la escolaridad o las posibilidades de acceso a las tierras de cultivo. En este sentido, hemos de tener en cuenta que la mayor parte de los habitantes han seguido trayectorias de vida muy semejantes entre sí y que ello les ha conferido una relativa igualdad, al menos en los pequeños poblados de la zona.

Casi todos los padres de los jefes de los hogares actuales, es decir, los pertenecientes a la generación anterior, trabajaban en actividades relacionadas con el campo. Lo mismo pasó con los actuales jefes de los hogares cuando todavía siendo niños tuvieron que trabajar o ayudar en sus casas. Se ha tratado de historias muy parejas, muy semejantes entre sí.

Ciertamente, quienes son hijos de ejidatarios y quienes han recibido tierras para continuar con esas labores, tienden a diferenciarse un poco del resto. Como tendencia ahora se distinguen por tener menor ingreso que los demás, pero sobre todo por ser un grupo con mayor proporción de adultos maduros y pocos jóvenes.

Como se veía en páginas previas, a mayor edad hay más personas en los trabajos del campo quienes, además, tienen menor escolaridad e ingresos. Ésta es una característica recurrente en el análisis de los datos.

Para terminar, veamos cómo los rangos de ingreso tienen también alguna concordancia con los grupos de edad.

Cuadro B

Grupo de edad de los jefes de los hogares	*Hasta $590*	*De $600 a $999*	*Más de $1 000*
60 años	82%	7%	11%
40-59 años	50%	35%	15%
21-39 años	43%	38%	19%

Puede observarse que, en términos relativos, se da cierta asociación (no estadística) entre la edad y los ingresos y que, también en términos relativos, a mayor juventud hay mayor proporción con mejores ingresos. Es notoriamente clara la diferencia entre los mayores de 60 años y los jóvenes de 21 a 39, pero también se reflejan algunas diferencias, aunque menores, entre este grupo de edad y el intermedio de 40 a 59 años.

En general las ocupaciones que tienden a redituar ingresos más bajos son las actividades agrícolas, las artesanías, el servicio doméstico y el comercio. Las ocupaciones que, en la región, tienden a producir mejores ingresos son: los oficios, las actividades de la construcción y los servicios diversos. La ocupación que en la región empuja los ingresos hacia el medio es la de obrero.

Interrelación entre edad, ocupación e ingresos

Las observaciones anteriores son importantes sobre todo si consideramos que los jefes de los hogares de la muestra ofrecen un perfil contundente como trabajadores manuales. Ésta es la característica que prevalece a lo largo de las trayectorias laborales a pesar de los cambios que han tenido lugar en la región. Además, si seguimos sus historias laborales, hemos de tener en cuenta que casi todos ellos proceden de hogares donde el padre se dedicaba al campo. También hemos observado que en su mayoría los jefes de los hogares encuestados proceden de hogares cuyos jefes tenían niveles de escolaridad nulos o muy bajos. Asimismo, hemos visto que las diferencias de edad son el punto que establece algunas diferencias más claras pues implica mejoras en la escolaridad y acceso a trabajos más variados. Podemos decir que a mayor juventud hay una ocupación distinta y mejores ingresos.

Las migraciones laborales

Recordemos que, en general, en México ha sido común que quienes viven en zonas rurales han estado conectados de alguna manera con experiencias migratorias, ya sea porque los jefes de los hogares deban salir de sus localidades o regiones para trabajar a otros lugares durante la semana, o bien porque realicen salidas frecuentes, aunque temporales, a veces con estancias muy largas como sucede ahora con quienes salen a trabajar a Estados Unidos; o también porque si, por diversas razones ellos no lo hacen, sus hijos e hijas deban hacerlo en cualquiera de las formas ya mencionadas. Por ello a continuación se ofrecen algunos datos que nos permiten formarnos una idea no sólo acerca de la extensión del fenómeno en los hogares, sino de la probable intensidad del mismo a partir de la recurrencia a la migración.

Dadas las características del país así como las regionales, tanto por la cercanía con la ciudad de Querétaro como con el Distrito Federal, suponíamos que habría una gran migración hacia esos dos lugares y, como es frecuente ahora en otras zonas del centro, también a Estados Unidos. Esto es algo que también comentaban a veces algunos informantes clave de la región antes de la aplicación del cuestionario. Por ello, y como se afirmabaantes, fue necesario prever que ese instrumento pudiera captar adecuadamente los diversos aspectos de los movimientos migratorios que podrían estar ocurriendo en los pueblos encuestados.

De todos los miembros de los hogares de 16 años y más (3 348), sólo 431 personas (13%) han ido una vez a trabajar a Estados Unidos durante más de un mes, y apenas 5.2% han hecho ese viaje dos veces. Esta información nos deja ver que, comparativamente con otras zonas del país, las migraciones laborales a Estados Unidos son de baja intensidad aun si consideramos las migraciones de los hijos mencionadas más arriba.

En cuanto a las migraciones laborales hacia las ciudades de México y Querétaro, la encuesta revela que de los mayores de 16 años, únicamente 5.7% ha trabajado en el Distrito Federal por más de un mes en dos ocasiones, situación que también deja ver como de baja incidencia a ese tipo de movilizaciones. Por lo que respecta a las movilizaciones laborales por un mes o más a la ciudad de Querétaro, apenas 9% de los jefes de los hogares han ido al menos una vez, y muy pocos de los otros miembros de los hogares lo han hecho.

Como se aprecia en estas informaciones, las migraciones, tanto a la ciudad de México como a algún otro lugar, han tenido baja presencia en los hogares; sobre todo, es aún más baja la recurrencia. Pero no hay que olvidar que el cuestionario no podía captar a quienes siendo oriundos de la zona viven ahora en otros lugares del país, ya sea la ciudad de México o la de Querétaro. Si hubo o no migraciones definitivas a esos lugares no lo podemos saber con exactitud, y sólo tenemos referencias indirectas a partir de informantes clave y de comentarios sueltos de algunos encuestados que nos refirieron tener parientes viviendo en esas ciudades, por lo que sólo podríamos decir aquí que hay indicios de que hubo cierta emigración de la zona aunque creemos que no ha sido de importancia.

Sin embargo, como se expresaba al inicio de la investigación, pensábamos que los distintos tipos de migraciones laborales (a Estados Unidos y a la ciudad de México principalmente) tendrían una presencia mucho mayor entre los pobladores de la región; los datos ahora no parecen sustentar esas impresiones.

Acerca de si tuvieron problemas para conseguir trabajo alguna vez, 44% respondió afirmativamente, y 37% mencionó que eso ocurrió en 1994 y 1995. Claramente es una cifra alta sobre todo para un periodo tan corto y definido. Aquí es evidente la crisis de ese tiempo, como había aparecido en las entrevistas previas realizadas en varias comunidades.

Sobre todo los jefes de los hogares que trabajan en la construcción mencionan haber tenido este problema entonces, situación que parece lógica, ya que el tipo de crisis de esos años afectó fuertemente no sólo a quienes tenían préstamos hipotecarios, sino que las características de la misma impidieron que hubiera financiamiento en la construcción y el desarrollo inmobiliario, actividades importantes en la región por la existencia de fraccionamientos urbanos para casas de fin de semana, particularmente en la pequeña ciudad de Tequisquiapan. Era lógico, por tanto, que quienes construían las casas vieran mermada la demanda y se encontraran de pronto sin trabajo. Recordemos también que para el conjunto del país, el PIB global cayó en 1995 a –6.2 con respecto al año previo pero el PIB referido a la construcción se fue hasta –23.5% en relación con el año anterior.

CONCLUSIONES

Quisiera iniciar esta sección final del trabajo insistiendo una vez más en la calidad y limitación del mismo al estar circunscrito no sólo a una región específica, sino a las informaciones de sus habitantes rurales. Llama la atención que, a diferencia de otras zonas también rurales, sus habitantes hayan podido cambiar de las actividades agrícolas de sus padres a otras, primero en la construcción y luego a varias más, unas relacionadas con la manufactura y otras con servicios diversos, sin tener que abandonar su residencia habitual en los pequeños pueblos de la zona. A pesar de que no contamos con datos comparativos similares para otros contextos, la poca información que existe sugiere que, por lo general, los habitantes rurales suelen insertarse en los circuitos de trabajo orientados a Estados Unidos o bien a otros nacionales conectados con las grandes ciudades del país. Por lo general esto se realiza bajo la modalidad de viajes semanales de ida y vuelta entre campo y ciudad, o a partir de largas estadías que mantienen al jefe del hogar o a varios de sus miembros separados entre sí por periodos muy amplios, incluso de años. Otra variante frecuente ha sido la emigración definitiva de familias completas. En este sentido, la dinámica laboral de la zona de estudio parece haber favorecido un relativo mayor arraigo de sus habitantes, no obstante que sus bajos ingresos no parecerían ser un estímulo suficiente, al menos desde el punto de vista estrictamente económico. Sin embargo, los resultados que aquí se ofrecen nos ayudan a reflexionar acerca de los alcances que cierto tipo de desarrollo ha tenido en la conformación de un mercado laboral que ha logrado mantenerse en la zona a pesar de la mediocridad de los logros.

En el sentido del párrafo anterior, vale la pena tratar de evaluar, aunque sea muy someramente, los alcances de esos cambios económicos que tuvieron lugar en las ciudades de Querétaro y San Juan del Río. En otras páginas se mencionaba que los municipios de la zona de estudio sobresalían entre los del país con mayor población relativa en las actividades de manufactura y de servicios, pero ¿qué significa esto en el contexto queretano y del país? En primer lugar, es importante mencionar que el PIB de Querétaro es muy pequeño, de 1.7% del nacional mientras, por ejemplo, el de Guanajuato, estado vecino con varias ciudades medianas y una grande, es de 3.5%, o sea del doble; sin embargo, se trata de dos entidades con grandes diferencias en población: mientras Querétaro sólo tiene 1 404 306 habitantes, en el estado de Guanajuato habitan 4 663 032 personas (Censo de Población, 2000). Por ello, si mejor consideramos el PIB por habitante, la situación favorece al estado de Querétaro, ya que ahí es de $18 883 por habitante, mientras en el estado de Guanajuato llega a $12 160 pesos, de acuerdo con las cifras del año 2003. Por otra parte, en Jalisco, donde habitan más de seis millones de personas, el PIB per cápita es de $15 130 pesos o sea todavía un poco inferior al queretano (cifras del INEGI para 2000 y 2003). En este sentido diríamos que, comparativamente con otros estados, Querétaro sobresale del resto pero, ¿qué importancia económica tienen San Juan del Río y los municipios de la zona de estudio frente a la zona conurbada de la ciudad de Querétaro? En las actividades de servicios, que es una de las principales, los cuatro municipios llegan a la quinta parte del valor total de la entidad (27%). En la actividad manufacturera y comercial, la capital estatal representa 81% del valor total, mientras los cuatro municipios de la zona de estudio apenas alcanzan 16%. En realidad en la entidad queretana la concentración de las actividades económicas no agrícolas tiene lugar en su capital y es poco, relativamente hablando, lo que pasa fuera de ahí.

Las cifras anteriores pueden darnos una idea sobre los limitados alcances del valor económico de dos de las actividades importantes de la zona de estudio frente a la dinámica de la ciudad capital, así como lo que podrían significar en comparación con otras entidades del país que han mostrado algunos avances. Por ello más bien podríamos decir que las nuevas ofertas de trabajo que han podido ser satisfechas con la fuerza de trabajo de las comunidades de la zona son reflejo de una dinamismo económico modesto que ha tenido lugar alrededor de las pequeñas ciudades secundarias, principalmente San Juan del Río y Tequisquiapan.

Queda claro que los cambios se han dado a pesar de los relativamente bajos niveles escolares de los lugareños pueblerinos aunque, en buena medida, es por ello que casi todos los jefes de los hogares continúan realizando trabajos manuales a pesar de los cambios en las actividades laborales. Por otro lado, es cierto que ya se perciben traspasos laborales relativamente importantes de las actividades manuales a las no manuales entre los hijos de los entrevistados, es decir, entre los integrantes de la siguiente generación aunque, como vimos, una tercera parte de ellos conservan las mismas ocupaciones que sus padres.

En suma, ésta sería la visión sobre la dinámica laboral del proletariado rural de la zona de estudio. Se trata de una trayectoria modesta que ha ocurrido en el marco temporal de un país azotado por crisis económicas diversas y continuas, pero también en un contexto territorial que, con limitaciones, se ha visto favorecido por ciertos procesos económicos que permitieron la ampliación de la oferta laboral no agrícola en un territorio donde en otros años se había experimentado un gran impulso agropecuario. Sin embargo, aquella relativa bonanza agropecuaria que significó una también relativa estabilidad laboral y productiva fue, a pesar de todo, muy limitada para los habitantes rurales no sólo porque sus ingresos eran muy bajos, sino también porque los raquíticos servicios educativos y sanitarios se habían volcado a las zonas urbanas dejando desprotegidas las rurales. A la postre, el resultado ha sido el observado entre la población rural encuestada: un rezago educativo de más de tres años en relación con la media nacional.

Sin embargo, en una visión optimista hacia el futuro, quizás en la medida en que el actual rezago educativo se supere, ello ayudará a que los nietos de los actuales jefes de hogar consigan trabajos mejor remunerados en la misma región. Tal vez esta posibilidad no será remota, sobre todo porque se vislumbra un rápido proceso de conurbación entre la ciudad de Querétaro y la de San Juan del Río a partir de una mayor expansión de las industrias, así como por la construcción del aeropuerto internacional de Querétaro en los municipios intermedios entre la zona de estudio y la capital. Esos procesos, sin duda alguna, ampliarán más la oferta laboral regional, que seguramente favorecerá a la clase trabajadora rural, sobre todo si para ese futuro no lejano habrán tenido acceso a mejores niveles de escolaridad.

BIBLIOGRAFÍA

APPENDINI, Kirsten, Armando BARTRA y Hubert CARTON DE GRAMMONT (1995), *El impacto social de las políticas de ajuste en el campo mexicano*, México, Plaza y Valdés / Instituto Latinoamericano de Estudios Transnacionales.

BALÁN Jorge, Harley BROWNING y Elizabeth JELIN (1973), *Men in a developing society: geographic and social mobility in Monterrey, Mexico*, Austin, Institute of Latin American Studies, University of Texas.

COMITÉ TÉCNICO PARA LA MEDICIÓN DE LA POBREZA (2002), *Medición de la pobreza. Variantes metodológicas y estimación preliminar*, México, SEDESOL, Serie Documentos de investigación.

CHÁVEZ GALINDO, Ana María (1999), *La nueva dinámica de la migración interna en México de 1970 a 1990*, Cuernavaca, México, Universidad Nacional Autónoma de México-CRIM.

DURAND, Jorge, Douglas S. MASSEY (2003), *Clandestinos: migración México-Estados Unidos en los albores del siglo XXI*, Zacatecas, México, Universidad Autónoma de Zacatecas.

GARZA VILLARREAL, Gustavo (1980), *Industrialización de las principales ciudades de México: hacia una estrategia espacio-sectorial de descentralización industrial*, México, El Colegio de México.

INSTITUTO NACIONAL DE ESTADÍSTICAS GEOGRAFÍA E INFORMÁTICA (INEGI), Banco de Información Económica.(www.inegi.gob.mx).

———, Censos de Población y Vivienda, 1970, 1980, 1990, 2000, México (inegi.gob.mx).

———, Regiones socioeconómicas (www.inegi.gob.mx).

MUÑOZ, Christian (2003), "Construcción de capital social en comunidades campesinas: visión del contexto regional", *Cuadernos de Investigación*, México, Centro de Estudios Sociológicos-El Colegio de México.

MUÑOZ, Humberto, Orlandina DE OLIVEIRA y Claudio STERN (1977), *Migración y desigualdad social en la ciudad de México*, México, El Colegio de México.

VERDUZCO IGARTÚA, Gustavo (1992), *Una ciudad agrícola: Zamora*, México, El Colegio de México / El Colegio de Michoacán.

——— (2003), "La geografía del espacio rural y las migraciones a Estados Unidos", en María Eugenia NEGRETE SALAS, Silvana LEVI y John PAGE (coords.), *Entre fenómenos físicos y humanos*, México, El Colegio de México.

ZÚÑIGA, Víctor y Rubén HERNÁNDEZ-LEÓN (comps.) (2005), *New destinations: Mexican immigration in the United States*, Nueva York, Russell Sage Foundation.

ANEXO 1

Cuadro 1. Edad de los jefes de hogar (hombres y mujeres)

Edad de los jefes(as)	*Abs.*	%
16 a 20	6	0.8
21 a 29	95	12.6
30 a 39	209	27.6
40 a 49	222	29.4
50 a 59	106	14.0
60 y más	118	15.6
Total	756	100.0

Cuadro 2. Escolaridad de los jefes hombres

Edad de los jefes	*Abs.*	%
Sin escolaridad	129	22.2
Primaria incompleta	161	27.8
Primaria completa	189	32.6
De 7 a 9 años	81	14.0
Más de 10 años	20	3.4
Total	580	100.0

Cuadro 3. Escolaridad de las jefas mujeres

Edad de las jefas	*Abs.*	%
Sin escolaridad	47	26.7
Primaria incompleta	47	26.7
Primaria completa	58	33.0
De 7 a 9 años	19	10.8
Más de 10 años	5	2.8
Total	176	100.0

Cuadro 4. Escolaridad de todos los integrantes de la muestra

Edad	*Abs.*	%
Sin escolaridad	952	19.2
Primaria incompleta	1 108	22.4
Primaria completa	1 423	28.7
De 7 a 9 años	1 125	22.7
Más de 10 años	319	6.4
Total	4 925	99.5
No aplica	25	.5
Total	4 952	100.0

Cuadro 5. Acceso a tierras de cultivo por parte del jefe(a)

Edad	%
Sin acceso	79.0
Hasta 3 has	6.8
De 3 a 5 has	6.1
De 6 a 10 has	7.1
De 11 a 15 has	0.8
16 y más has	0.2
(abs. 756)	

Cuadros elaborados por Christian Muñoz para el proyecto de investigación.

Cuadro 1. Estado de Querétaro. Evolución de la población total, la población económicamente activa y la población ocupada por sexo, 1970-2000

Querétaro	*1970*	*1990*	*2000*	*TCMA*$^{70\text{-}90}$	*TCMA*$^{90\text{-}00}$
Población	485 523	1 051 235	1 404 306	3.9	2.9
Hombres	243 193	516 168	680 966	3.8	2.8
Mujeres	242 330	535 067	723 340	4.0	3.1
Pob. 12 años y +	289 815	692 601	982 878	4.4	3.6
Hombres	143 798	335 624	468 106	4.3	3.4
Mujeres	146 017	356 977	514 772	4.5	3.7
PEA	127 216	298 222	485 917	4.3	5.0
Hombres	105 795	225 088	320 459	3.8	3.6
Mujeres	21 421	73 134	165 458	6.3	8.5
PO	120 934	288 994	479 980	4.4	5.2
Hombres	101 815	217 442	315 951	3.8	3.8
Mujeres	19 119	71 552	164 029	6.8	8.7

Fuente: IX Censo de Población y Vivienda, 1970; INEGI (1990), XI Censo General de Población y Vivienda; INEGI (2000), XII Censo General de Población y Vivienda.

Cuadro 2. Estado de Querétaro. Estructura del empleo por sectores, 1970-2000

Querétaro	*1970*	%	*1990*	%	*2000*	%	*TCMA*$^{70\text{-}90}$	*TCMA*$^{90\text{-}200}$
Población ocupada	128 084	100	288 994	100	479 980	100	3.2	5.2
Agricultura y ganadería	61 549	48.1	51 771	17.9	41 479	8.6	–0.7	–2.2
Minería y petróleo	3 385	2.6	2 004	0.7	1 890	0.4	–2.0	–0.6
Industria manufacturera	16 316	12.7	73 315	25.4	125 175	26.1	6.0	5.5
Construcción	7 750	6.1	30 925	10.7	48 433	10.1	5.5	4.6
Electricidad y agua	368	0.3	1 518	0.5	1 776	0.4	5.7	1.6
Comercio	8 709	6.8	34 041	11.8	73 176	15.2	5.4	8.0
Transporte	2 231	1.7	10 171	3.5	20 774	4.3	6.1	7.4
Servicios	15 147	11.8	67 153	23.2	131 891	27.5	5.9	7.0
Gobierno	3 643	2.8	9 373	3.2	18 680	3.9	3.7	7.1

Fuente: IX Censo de Población y Vivienda, INEGI (1990), XI Censo General de Población y Vivienda, INEGI (2000), XII Censo General de Población y Vivienda.

Cuadro 3. Región de estudio. Estructura del empleo por sectores, 1970-2000

Región	*1970*	%	*1990*	%	*2000*	%	*TCMA*$^{70\text{-}90}$	*TCMA*$^{90\text{-}200}$
Población ocupada	29 565	100	63 247	100	106 104	100	3.0	5.3
Agricultura y ganadería	15 163	51.3	10 543	16.7	9 243	8.7	–1.4	–1.3
Minería y petróleo	1 024	3.5	631	1.0	514	0.5	–1.9	–2.0
Industria manufacturera	3 289	11.1	20 095	31.8	37 498	35.3	7.3	6.4
Construcción	2 427	8.2	8 490	13.4	11 483	10.8	5.0	3.1
Electricidad y agua	68	0.2	379	0.6	442	0.4	6.9	1.5
Comercio	1 696	5.7	6 136	9.7	14 449	13.6	5.1	8.9
Transporte	512	1.7	1 940	3.1	4 154	3.9	5.3	7.9
Servicios	2 469	8.4	11 716	18.5	22 673	21.4	6.2	6.8
Gobierno	814	2.8	1 251	2.0	1 938	1.8	1.7	4.5

Fuente: IX Censo de Población y Vivienda, 1970; INEGI (1990), XI Censo General de Población y Vivienda; INEGI (2000), XII Censo General de Población y Vivienda.

Cuadro 4. Estado de Querétaro, Región de Estudio y Municipios. Distribución de la ocupación por rama, sexo y municipio, 1990-2000

Municipio/Sexo	*Población ocupada*	*Agricultura*		*Minería*		*Manufactura*		*Construcción*		*Electricidad y agua*		*Comercio*		*Transporte*		*Servicios*		*Gobierno*	
		1990	*2000*	*1990*	*2000*	*1990*	*2000*	*1990*	*2000*	*1990*	*2000*	*1990*	*2000*	*1990*	*2000*	*1990*	*2000*	*1990*	*2000*
Querétaro	100	17.9	8.6	0.7	0.4	25.4	26.1	10.7	10.1	0.5	0.4	11.8	15.2	3.5	4.3	23.2	27.5	3.2	3.9
Hombres	100	22.8	12.1	0.9	0.6	25.9	26.5	13.9	14.8	0.6	0.5	10.3	12.8	4.3	6.2	15.7	19.6	3.0	3.7
Mujeres	100	3.1	2.0	0.1	0.0	23.8	25.3	1.0	0.9	0.3	0.2	16.1	20.0	1.1	0.8	46.1	42.6	3.9	4.2
Región	100	16.7	8.7	1.0	0.5	31.8	35.3	13.4	10.8	0.6	0.4	*9.7*	13.6	*3.1*	3.9	*18.5*	21.4	*2.0*	2.7
Hombres	100	21.2	12.4	1.3	0.7	28.6	31.9	17.5	16.2	0.7	0.5	*9.0*	11.5	*3.8*	5.8	*12.9*	15.8	*2.0*	2.8
Mujeres	100	2.7	1.7	0.1	0.1	41.4	41.9	0.8	0.6	0.3	0.2	*11.9*	17.7	*0.8*	0.4	*35.8*	31.9	*1.9*	2.5
Cadereyta	100	24.1	17.9	3.9	2.1	18.9	23.8	22.6	19.3	0.9	0.4	5.9	10.9	1.7	2.8	12.8	16.2	1.2	2.7
Hombres	100	29.3	23.7	4.7	3.0	13.8	17.7	28.1	27.6	1.0	0.4	5.8	8.7	2.1	4.0	6.9	9.0	1.1	2.2
Mujeres	100	4.2	5.0	0.5	0.3	38.5	37.3	1.7	0.7	0.5	0.2	5.9	15.7	0.4	0.2	35.8	32.2	1.5	3.9
E. Montes	100	26.2	15.0	0.6	0.6	24.0	25.5	13.9	13.1	0.8	0.6	13.0	18.1	2.0	2.7	15.8	19.5	1.3	2.3
Hombres	100	31.9	20.8	0.8	0.9	21.0	19.8	18.1	19.4	0.9	0.8	12.7	16.9	2.4	4.1	9.4	13.3	0.9	1.7
Mujeres	100	8.1	4.0	0.1	0.1	33.5	36.4	0.4	1.2	0.4	0.2	13.8	20.5	0.5	0.0	36.5	31.4	2.6	3.3
San Juan del Río	100	13.6	6.0	0.4	0.2	36.2	38.9	10.0	8.3	0.5	0.4	10.6	13.9	3.9	4.5	19.9	22.4	2.5	2.9
Hombres	100	18.0	8.8	0.5	0.3	33.1	36.3	13.3	12.4	0.6	0.6	9.8	11.8	4.8	6.7	14.9	17.5	2.7	3.2
Mujeres	100	1.1	0.7	0.0	0.0	44.9	43.8	0.6	0.5	0.2	0.2	12.6	17.7	1.1	0.5	34.1	31.4	2.0	2.3
Tequisquiapan	100	14.9	9.1	0.6	0.3	33.4	35.1	15.5	13.3	0.5	0.3	8.9	12.1	2.2	3.2	20.8	22.2	1.2	2.2
Hombres	100	18.2	12.8	0.7	0.5	32.8	32.2	20.1	19.8	0.6	0.4	7.5	9.3	2.8	4.7	14.4	16.0	1.2	2.3
Mujeres	100	4.2	2.1	0.0	0.0	35.4	40.8	0.9	0.6	0.2	0.2	13.3	17.5	0.3	0.2	41.4	34.1	1.3	2.0

Fuente: INEGI (1990), XI Censo General de Población y Vivienda; INEGI (2000), XII Censo General de Población y Vivienda.

Cuadro 5. Estado de Querétaro. Tasas específicas de ocupación según sexo, 1970-2000

Grupo de	*1970*			*1990*			*2000*		
edad	*Total*	*Hombres*	*Mujeres*	*Total*	*Hombres*	*Mujeres*	*Total*	*Hombres*	*Mujeres*
Total	43.9	73.6	14.7	43.1	67.1	20.5	49.4	68.5	32.1
12-14	16.3	23.7	8.4	6.9	9.5	4.4	6.5	8.4	4.7
15-19	42.1	64.6	19.4	35.6	48.4	23.4	38.3	46.0	31.2
20-24	50.9	83.7	19.9	53.5	77.8	32.0	58.2	76.7	42.2
25-29	50.6	88.6	14.6	57.1	89.2	27.9	63.7	89.0	41.5
30-34	52.1	90.2	13.4	57.8	91.8	25.7	64.4	91.6	40.8
35-39	51.3	90.6	13.2	56.9	91.4	23.5	65.4	91.9	41.3
40-44	51.6	89.4	14.0	55.2	90.1	21.1	64.3	90.8	39.6
45-49	51.7	88.9	14.0	51.7	87.5	16.8	60.7	88.1	34.7
50-54	49.4	88.4	13.3	47.0	82.8	13.1	55.2	82.9	28.8
55 y +	43.6	76.2	12.4	31.7	59.3	7.1	32.7	54.3	13.6

Fuente: IX Censo de Población y Vivienda, 1970; INEGI (1990), XI Censo General de Población y Vivienda 1990; INEGI (2000), XII Censo General de Población y Vivienda.

Cuadro 6. Región de estudio. Tasas específicas de ocupación por sexo, 1970, 1990 y 2000

Grupo de edad	*1970*			*1990*			*2000*		
	Total	*Hombres*	*Mujeres*	*Total*	*Hombres*	*Mujeres*	*Total*	*Hombres*	*Mujeres*
Total	43.6	74.8	12.2	42.9	67.1	20.2	49.9	69.6	32.3
12-14	17.8	27.0	7.8	7.8	10.5	5.1	8.0	9.9	6.0
15-19	43.1	69.1	16.3	41.8	53.8	30.4	45.9	52.3	39.9
20-24	49.8	85.7	14.5	55.4	80.4	33.7	61.5	81.0	45.6
25-29	50.2	88.9	12.5	54.9	88.3	24.4	62.4	90.1	39.3
30-34	50.7	89.1	10.6	55.0	90.0	21.6	62.8	91.9	38.1
35-39	49.4	90.1	10.5	53.3	89.6	18.4	63.6	91.6	37.8
40-44	50.9	89.3	11.3	51.3	87.2	16.1	61.8	90.1	35.7
45-49	49.4	88.5	11.5	49.2	85.5	13.1	56.8	86.2	29.3
50-54	49.2	87.1	12.1	44.8	80.5	10.1	52.3	81.2	23.9
55 y +	43.8	77.1	11.7	30.4	57.8	5.9	31.2	52.8	12.2

Fuente: IX Censo de Población y Vivienda, 1970; INEGI (1990), XI Censo General de Población y Vivienda; INEGI (2000), XII Censo General de Población y Vivienda.

DISCUSIÓN GENERAL

Patricio Solís
Fernando Cortés
Agustín Escobar

Los capítulos que componen este libro aportan una variedad de análisis sobre un fenómeno poco estudiado en México: el cambio en las condiciones de competencia ocupacional y social a raíz del desplome del modelo económico basado en la sustitución de importaciones. Así, dan un nuevo sustento al conjunto de análisis que, a través de la estructura del ingreso, o de la evolución del empleo urbano o manufacturero, han señalado que a partir de los años setenta ocurren cambios sustantivos en la estructura social mexicana. Cada capítulo aporta sus propias conclusiones. En este apartado final se detallan hallazgos comunes y se propone una serie de problemas que surge a partir de sus aportaciones.

La tendencia general encontrada se resume en una mayor rigidez. Con el cambio estructural aumenta la adscripción, el peso del origen en el destino social. Disminuyen las oportunidades *relativas* de movilidad en el conjunto de la estructura ocupacional. Esto se puede señalar tanto respecto de la movilidad intergeneracional como de la movilidad de trayectoria o intrageneracional. Significa que, hasta la fecha de la última encuesta (2000) por lo menos, para los originarios de los estratos y clases bajos la disminución de oportunidades ha sido más grave que para el conjunto. Este hallazgo es tanto más robusto cuanto que los diversos autores llegan a esta conclusión a través de análisis metodológicamente distintos de cinco bases de datos diferentes, con varios niveles de cobertura territorial y social, y diferentes épocas (desde 1965 hasta 2000). Además, las fechas de las encuestas posteriores a la crisis económica (1994 a 2000) sugieren que este fenómeno dista de ser coyuntural.

Esta mayor rigidez está atravesada por un conjunto de factores complejos que parecen ser propios de la nueva estructura social de México. En primer lugar, la presencia acentuada de mujeres en prácticamente todos los estratos ocupacionales modifica sustancialmente dicha cerrazón, al señalar que la misma afecta de manera diferencial a hombres y mujeres. Aunque uno de los análisis muestra que en el estrato más alto y entre los hijos de los autoempleados y pequeños empresarios los diferenciales de oportunidades por género han disminuido, en el resto de las clases sociales no sucede así. Y de manera aún más pertinente para el cambio estructural, ese análisis sugiere que las consecuencias del más rápido ingreso de las mujeres al mercado de trabajo están aún en proceso, y que por lo tanto el análisis (hasta 1994) dista de ser concluyente.

En segundo lugar, las diferencias locales y regionales conducen a situaciones contrastantes, en las que el sentido de ubicación de cada estrato es específico. Las oportunidades absolutas de movilidad social —a diferencia de las relativas— varían entre ciudades y regiones. Tres capítulos (sobre Monterrey, una región de Querétaro y la ciudad de Veracruz) muestran que el cambio estructural ha planteado una resignificación de la economía y la sociedad en el territorio mexicano. No sólo hay diferencias entre las regiones y ciudades, sino que éstas se reubican con el cambio estructural. Veracruz deja de atraer migrantes de una cuenca nacional, y por el contrario absorbe alguna población estatal y se vuelve expulsora. Monterrey por el contrario sigue siendo un polo de atracción nacional, aunque el destino ocupacional de los migrantes ha variado con el tiempo. Ambos análisis muestran además los rumbos diversos de estas formas de inserción migrante y de la flexibilidad o rigidez de las estructuras de oportunidades. Mientras que Monterrey parece constituir —como siempre lo ha sido— un escenario de creación de oportunidades absolutas de movilidad social, en Veracruz los migrantes dejan de tener acceso al empleo manual calificado y seguro y se vierten masivamente hacia un sector terciario notablemente precarizado. Sin embargo, este sector terciario de autoempleo y servicios personales y turísticos diversos también es refugio para los hijos de obreros que ya no pueden heredar los puestos de sus padres. Al mismo tiempo, y paradójicamente, una clasificación gruesa de los estratos ocupacionales muestra coincidencias entre Veracruz y Monterrey. Los estratos manuales altos, junto con el autoempleo y los estratos no manuales bajos, siguen funcionando como distribuidores, es decir como ocupaciones de llegada y salida abundantes. Uno de los intereses del análisis de Querétaro —el único estudio del tema que se basa en una muestra rural regional amplia— es que muestra que la desconcentración económica y demográfica de la ciudad de México hacia esta región Centro-Norte hace inmigrar las oportunidades de empleo y ocupación, lo que permite a la población rural mantener su residencia al tiempo que ocurre una diversificación y una urbanización significativas de su empleo, lo que frena su emigración.

Una complejidad adicional —que plantea retos para los diversos análisis— es que la *calidad de las oportunidades*, y por ende de las ocupaciones en cada estrato, varía sustancialmente con el cambio estructural que ha vivido el país. Esto se observa con toda claridad en el caso de Monterrey, que compara dos encuestas a 35 años de distancia. La feminización de un conjunto de ocupaciones comparativamente altas en la estructura ocupacional ha coincidido con la depreciación de las mismas: una variedad amplia de empleos técnicos y profesionales ya no brinda el estatus, los ingresos y la seguridad que otorgaba hace treinta años. Aunque México sigue siendo una sociedad desigual, el privilegio que antes acarreaba la sola ocupación está fuertemente mediado por otras características laborales: el sector económico, el tipo de empresa, la capacidad individual de un profesionista o pequeño comerciante de desempeñarse de manera independiente en el mercado de trabajo, o la baja probabilidad de una maestra de tener acceso a un puesto sindicalizado y seguro. Este descenso en la calidad de las oportunidades se asocia con una desigualdad creciente porque mientras en los años sesenta y setenta las grandes empresas se comprometían a invertir en la capacitación de sus trabajadores, ahora se exige a las familias que hagan todos los gastos necesarios para que los candidatos a un empleo lleguen a él con la capacidad esperada. El nivel económico de la familia determina cada vez más las oportunidades educativas y formativas de sus miembros, y por esta vía sus logros ocupacionales y sociales.

Por último, en su conjunto los análisis sugieren la necesidad de replantear las comparaciones entre países desarrollados "postindustriales" en relación con México y otros países de América Latina. Los análisis encuentran (en diversas medidas, según sus ámbitos y enfoques) tres fenómenos relacionados: en primer lugar, que subsiste la pérdida de importancia de la agricultura como ocupación, y la migración rural-urbana como puerta de entrada a los mercados de trabajo. Los análisis de los años ochenta mostraron que la migración interna urbana-urbana revestía una importancia creciente. Sin embargo, este volumen muestra que la rural-urbana sigue siendo significativa, aunque el monto de los flujos, las oportunidades de inserción de los migrantes y la selectividad de los mismos ha variado notablemente. La pérdida de importancia del sector primario ha continuado, y las ciudades siguen recibiendo flujos rurales. Por otra parte, el empleo manufacturero e industrial ha perdido el peso sustancial que llegó a tener en los años setenta. Esto se observa en general, pero sorprende que suceda incluso en la ciudad que aparentemente hizo su reconversión más exitosa al nuevo modelo: Monterrey. En el caso de Veracruz, la desindustrialización se asocia claramente con la caída y privatización de las grandes empresas paraestatales y de su red de proveedores protegidos en el modelo de industrialización por sustitución de importaciones. La diversidad de enfoques hace una aportación notable con el caso de Querétaro, donde por el contrario ocurre una industrialización formal ruralizada que parece mostrar una nueva forma viable de desarrollo del empleo manufacturero, que no acarrea el abandono por parte de los hogares de sus raíces agrícolas (nueva ruralidad). En tercer lugar, los desempleos primario y secundario afectan claramente a la nueva estructura laboral, que se terciariza notablemente. Sin embargo, esta terciarización es muy heterogénea, en muy buena medida precarizada, pero tan diversa que todos los análisis indican que incluye actividades, capacidades, ingresos y articulaciones económicas de muy heterogénea índole e intensidad.

El fenómeno general de terciarización heterogénea —que muestran los análisis ocupacionales y del empleo desde los años ochenta— lleva a plantear dos preguntas relacionadas. En primer lugar, si se trata de un sector terciario estrechamente vinculado con las nuevas formas de acumulación, de empresa y de trabajo que sustentan el nuevo modelo económico, o si por el contrario consiste en un depósito ampliado de actividades residuales —casi marginales— de una nueva estructura que es relativamente más débil en su capacidad de brindar cohesión y sentido al conjunto de los actores sociales. En este segundo caso, los patrones de movilidad denotarían que los empleos terciarios son cada vez más "trampas" o "callejones sin salida". Los análisis presentados en este libro, especialmente el de Coubès, tienden a señalar, sin ser plenamente concluyentes, que la naturaleza residual o supernumeraria de la terciarización reciente es más marcada.

En segundo lugar, cabe proponer que el hallazgo común sobre la terciarización heterogénea debe confrontarse con los análisis de países desarrollados y posindustriales donde también existe una terciarización clara, pero íntimamente articulada con la innovación y el aumento de productividad de la economía en su conjunto. En esos países también hay diversidad: en Estados Unidos han resurgido los servicios personales no calificados, provistos crecientemente por inmigrantes, pero los mismos coexisten en la ciudad global con un conjunto de servicios profesionales que, si bien brindan escasa estabilidad, están altamente remunerados y ofrecen servicios de gran valor y muy productivos para las empresas.

Pero el libro es sobre México. Los análisis de los años sesenta y setenta (Balán, Browning y Jelin, 1973 y Muñoz, Oliveira y Stern, 1977) proponen que el mercado aún no era un mecanismo eficiente y comprehensivo de movilización de la fuerza de trabajo hacia las oportunidades que le permitieran brindar su máxima potencialidad productiva a la sociedad y a la propia fuerza de trabajo. La estructura mostraba altos niveles de movilidad social, pero ésta se relacionaba con la velocidad del cambio en la estructura del empleo (movilidad absoluta), más que con la distribución equitativa de oportunidades para todos. Nuestros análisis son muy sugerentes respecto del funcionamiento del mercado y su eficiencia en términos de provisión de la fuerza de trabajo adecuada a las empresas, y su capacidad de brindar equidad de oportunidades. Zenteno y Solís controlan por educación en el análisis de la movilidad social, pero habría que profundizar en todas las formas de provisión de capital humano (en su sentido amplio) al analizar el desempeño de los individuos en la estructura ocupacional. Creemos que el mercado sigue siendo un agente débil en ambos sentidos. Si es así, cabe preguntarse cuáles fueron y son ahora los mecanismos de distribución de fuerza de trabajo y de oportunidades.

El aumento en la desigualdad de oportunidades, que equivale a mayor rigidez de la estructura, lleva a preguntarse si existía en México, antes del cambio de modelo, un sistema más equitativo de provisión de oportunidades para todos, y particularmente para los provenientes de las clases más bajas, mismo que se ha debilitado o ya no existe. Esta cuestión es abordada de manera típica en la bibliografía por medio del análisis de la provisión de servicios sociales básicos a las clases sociales bajas. Pero aunque puede concebirse de manera estrecha en términos de la provisión de salud y educación (y los servicios aún más básicos como caminos, agua o electricidad), la cuestión consiste en establecer si el Estado y la sociedad, a través de diversas instituciones, crean una población (y una ciudadanía) con suficiente homogeneidad como para que los agentes de mercado posean información y acceso mutuo generalizado, por una parte, y por otra para que no segreguen ni discriminen sistemáticamente. Según esta posición, los regímenes de bienestar (Esping-Andersen, 1993) son determinantes de la fluidez de la estructura social.

En este sentido, sugerimos que la mayor rigidez observada no habla ni de un deterioro del mercado ni del abandono de la provisión de servicios básicos para la población de las clases más bajas. Hay múltiples indicios de que la generalidad en la provisión de estos servicios, por el contrario, ha mejorado, aunque la calidad de los mismos está altamente estratificada. Convendría explorar si la respuesta se ubica en otras áreas. El sistema político corporativo formado en los años veinte y desarrollado gradualmente hasta los años setenta ligó su capacidad de control con la capacidad del Estado de proveer oportunidades a clientes políticos significativos. Estos clientes políticos eran tanto obreros como campesinos en un principio, a los que posteriormente se agregaron otros grupos sociales. El Estado, como creador directo de empleo y de nichos económicos y empresas, y como garante de los derechos laborales y sindicales, funcionó como un gran redistribuidor de fuerza de trabajo, de manera corporativa. Esta capacidad se debilita a mediados de los años setenta y caduca definitivamente durante los ochenta, cuando se detiene el crecimiento del empleo público y se reducen drásticamente sus salarios, al tiempo que se emprende una flexibilización de las condiciones de reclutamiento, trabajo y despido. Entonces, es posible que la creciente rigidez se explique por la desaparición de la capacidad del Estado de garantizar estas condiciones a las clases bajas.

La anterior pérdida de capacidad del Estado, en vez de dejar el sitio a mecanismos puros de mercado, parece reforzar la capacidad de los estratos medios y privilegiados de restringir el acceso a las mejores ocupaciones. Es posible que el capital social y su muy desigual distribución hayan tomado el lugar del Estado. Esto parece suceder de manera uniforme y general. Por ejemplo, la noción de capital social, aplicada a las mujeres jóvenes de los estratos privilegiados, podría explicar por qué éstas parecen tener oportunidades similares a las de sus hermanos (además de que pueden ser atrayentes para los patrones en un contexto en que se les remunera menos que a los hombres).

En síntesis, nuestros análisis sugieren que, en el cambio de modelo, las instituciones que median entre los individuos y las oportunidades son efectivamente fundamentales. Empero, creemos que una mirada estrecha que sólo enfoque la extensión de servicios básicos puede no captar el conjunto de esas condiciones e instituciones. Sobresale, posiblemente, la influencia del Estado sobre la economía y el debilitamiento de su capacidad regulatoria. Las reformas que han otorgado un papel primordial al mercado no han avanzado en asegurar que el mercado funcione con equidad. Desde hace unos años, el Estado interviene de una nueva manera sobre la población pobre, para lograr que los jóvenes provenientes de las clases bajas lleguen al mercado con capacidades físicas y educativas menos desiguales (el programa Progresa-Oportunidades, que en 2005 llega a cinco millones de familias). Estas reformas operan sobre la oferta de trabajadores potenciales. Pero al mismo tiempo el peso de los patrones y de las redes sociales a través de las cuales fluyen información y recursos han facilitado que la demanda refuerce la segregación y la desigualdad sociales. Cabe sugerir que nuestros análisis muestran la necesidad de profundizar en la influencia de las instituciones y las regulaciones en los montos y las formas de la movilidad social.

El conjunto de textos, en nuestra opinión, alcanza el objetivo de establecer y medir algunos de los principales aspectos del cambio en el sistema de movilidad social mexicano. Al hacer esto, recupera intereses y visiones de la sociología latinoamericana de los años sesenta y setenta. Entonces, los estudios parciales o especializados buscaban contribuir a la comprensión de la estructura social o económica en su conjunto, así como de sus cambios. La movilidad social constituía uno de los aspectos fundamentales de estos análisis porque develaba la manera en que el conjunto institucional de una sociedad podía reproducir la desigualdad o, por el contrario, brindar equidad. Si la estructura ocupacional resume las jerarquías y desigualdades sociales, el estudio de la movilidad dentro de esta estructura muestra cómo se producen y reproducen esas jerarquías y desigualdades.

En este sentido, el cambio sustancial que parece haber tenido lugar en la estructura de oportunidades y en la calidad relativa de las ocupaciones que la componen puede atentar contra la precisión de los resultados de nuestros análisis. Si es cierto que existe una nueva estructura, es necesario preguntar cuál es la relación que guardan sus componentes. En primer lugar, la exclusión laboral de algunos grupos, que es mucho menos significativa en México que en otros países de Latinoamérica, no sólo limita la capacidad estructurante de las ocupaciones, sino de los análisis que se ciñen a ésta.

En segundo lugar, los estudios de movilidad social, hasta los años ochenta, se centraron en la movilidad masculina bajo el supuesto de que la posición social o de clase de las familias dependía de los hombres, y que la incorporación laboral femenina era sustancial y efectivamente subordinada. La posición social masculina no interesaba como tal, sino porque constituía el marcador de la ubicación de la familia, unidad que reproducía el sistema. La nueva situación de las mujeres y por lo tanto las nuevas mezclas ocupacionales de las unidades domésticas, en buena medida llegan a cuestionar este supuesto. Pero los análisis complejos de movilidad social que partan de esta situación están pendientes.

En tercer lugar, la importancia numérica creciente de un sector terciario precario pero heterogéneo, así como de los micronegocios, pueden llevar a pensar que hacen falta nuevas distinciones conceptuales y por lo tanto una nueva clasificación de la estructura ocupacional. Sin embargo, a pesar de utilizar categorías gruesas y heterogéneas, los estudios incluidos en este libro llegan a conclusiones precisas y relevantes. Es posible que el incremento en la movilidad social hacia ocupaciones precarias del terciario sea uno de los hallazgos más significativos de este volumen, en tanto afecta el acceso a las oportunidades sociales y representa una tendencia real y muy problemática. El estudio de Coubès profundiza en un aspecto de esta terciarización. Se mueve así en un nivel de análisis específico que aporta al análisis general. Es posible que otros cortes conceptuales de este proceso —centrados por ejemplo en la informalidad, la desalarización o la precariedad— hagan otros tipos de aportaciones. Creemos que el diálogo entre estos análisis especializados y los de corte más clásico sobre el conjunto de la estructura deben nutrirse mutuamente, y que los primeros pueden hacer aportaciones que ayuden a construir mejores explicaciones de la distribución de las oportunidades sociales.

En cuarto lugar, la migración laboral (que juega un papel fundamental en Veracruz a raíz de la caída del modelo anterior, pero que se ha generalizado al país) sugiere que el ámbito necesario de análisis es mayor en dos sentidos: la *exclusión* territorial de población, que de otra manera estaría en algún punto de la estructura nacional de ocupaciones, reclama ser analizada como parte de la evolución de la estructura. Pero por otra parte, la presencia de migrantes internacionales como activos de los hogares, porque remiten remesas y así permiten la reproducción de sus familias, debe tenerse en cuenta como un nuevo factor de ubicación en la jerarquía social, aunque se base en una ocupación extremadamente mal calificada y poco remunerada en términos de la estructura de otro país.

En síntesis, los hallazgos referidos plantean desafíos relevantes que abren una agenda de investigación futura. Falta actualizar los estudios a la situación del país, para lo cual será necesario obtener nueva información que permita registrar cambios con posterioridad al año 2000. Es necesario incorporar el sentido de la exclusión social y relacionarla con la terciarización heterogénea observada. Hay que recuperar analíticamente la nueva agencia femenina en la estructura de clase, así como reconocer y detallar el papel de los migrantes y las remesas en la distribución de las oportunidades sociales. Este volumen señala, entonces, la necesidad de nuevos avances en el estudio de la movilidad social.

BIBLIOGRAFÍA

ESPING-ANDERSEN, Gøsta (1993), *Changing classes stratification and mobility in post-industrial societies*, Londres, Newbury Park, Sage Publications.

BALÁN, J., Harley L. BROWNING, y E. JELIN (1977), *El hombre en una sociedad en desarrollo. Movilidad geográfica y social en Monterrey*, México, Fondo de Cultura Económica.

MUÑOZ, H., O. DE OLIVEIRA y C. STERN (1977), *Migración y desigualdad social en la ciudad de México*, México, UNAM, Instituto de Investigaciones Sociales.

Este facsimilar de
Cambio estructural y movilidad social en México
es propiedad de El Colegio de México
y se terminó de imprimir en Librántida bajo
el modelo de distribución bajo demanda.
www.librantida.com

Made in the USA
Monee, IL
18 October 2026

66035455R00225